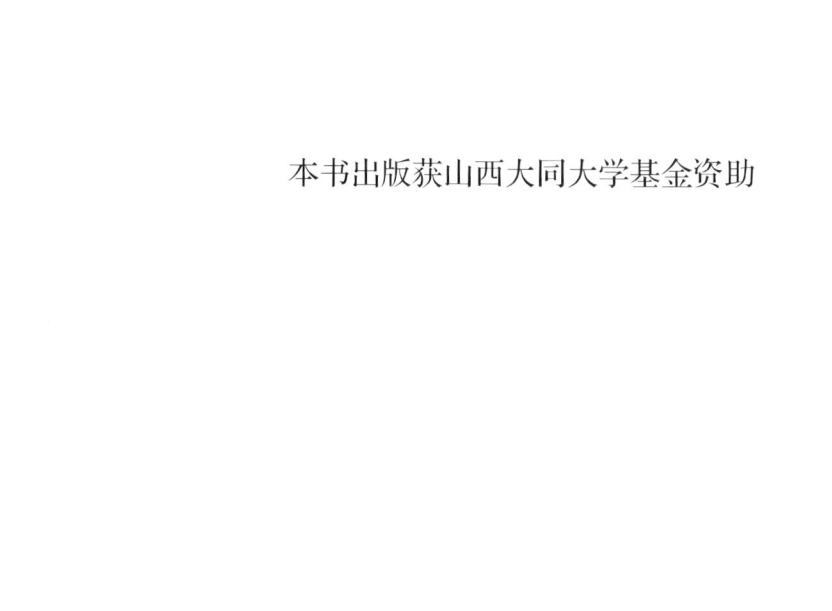

本书出版获山西大同大学基金资助

# 加拿大
广播政策变迁与目标研究

姜文斌 著

中国社会科学出版社

# 图书在版编目（CIP）数据

加拿大广播政策变迁与目标研究/姜文斌著. —北京：中国社会科学出版社，2017.5
ISBN 978 - 7 - 5203 - 0063 - 6

Ⅰ.①加… Ⅱ.①姜… Ⅲ.①广播事业—方针政策—研究—加拿大 Ⅳ.①G229.711.0

中国版本图书馆 CIP 数据核字（2017）第 060629 号

| | | |
|---|---|---|
| 出 版 人 | | 赵剑英 |
| 责任编辑 | | 刘晓红 |
| 责任校对 | | 王纪慧 |
| 责任印制 | | 戴　宽 |
| 出　　版 | | 中国社会科学出版社 |
| 社　　址 | | 北京鼓楼西大街甲 158 号 |
| 邮　　编 | | 100720 |
| 网　　址 | | http://www.csspw.cn |
| 发 行 部 | | 010 - 84083685 |
| 门 市 部 | | 010 - 84029450 |
| 经　　销 | | 新华书店及其他书店 |
| 印　　刷 | | 北京明恒达印务有限公司 |
| 装　　订 | | 廊坊市广阳区广增装订厂 |
| 版　　次 | | 2017 年 5 月第 1 版 |
| 印　　次 | | 2017 年 5 月第 1 次印刷 |
| 开　　本 | | 710×1000　1/16 |
| 印　　张 | | 17.25 |
| 插　　页 | | 2 |
| 字　　数 | | 239 千字 |
| 定　　价 | | 79.00 元 |

凡购买中国社会科学出版社图书，如有质量问题请与本社营销中心联系调换
电话：010 - 84083683
版权所有　侵权必究

# 序

2016年2月19日，中共中央总书记习近平在北京主持召开党的新闻舆论工作座谈会并发表重要讲话。习总书记强调，党的新闻舆论工作是党的一项重要工作，是治国理政、定国安邦的大事，要适应国内外形势发展，从党的工作全局出发把握定位，坚持党的领导，坚持正确政治方向，坚持以人民为中心的工作导向，尊重新闻传播规律，创新方法手段，切实提高党的新闻舆论传播力、引导力、影响力、公信力。近些年，我国广播电视部门作为新闻舆论工作的主力军，以政企分开、政事分开、转企改制为突破口，积极稳妥地推进管理体制和经营机制改革，促进了新闻舆论工作水平的整体提升和新闻事业的快速发展。当前，我国广播电视领域改革已进入攻坚阶段，改革与发展正面临着体制机制创新、产业政策创新、产品内容创新、应用技术创新等多方面的挑战，这需要以克难攻坚的勇气，锐意改革，不断创新，为建立适应社会主义市场经济要求的广播电视管理体制和运行机制而不懈努力。

如何进一步深化我国广播电视体制改革，政府和学界都在积极探讨政策、方法与路径，有选择地借鉴西方发达国家的广播电视改革的经验，结合我国具体国情进行创新是重要途径之一。姜文斌博士即将出版的这部专著《加拿大广播政策变迁与目标研究》，以加拿大广播政策为研究对象，基于文化产业研究、传媒研究、公共政策研究的相关理论，既对加拿大广播政策的历史演变进行了比较完整的考察，又从监管体制、政治目标、社会文化目标、经济目标等角度对加拿大广播政策进行了比较全面的分析，并在与其他西方国家的比较中进一步明确了加拿大广播政策的共性与特性，最后结合我国的具体国情提出加拿大广播政策中可供借鉴的独到建议。这部著作的出版将为进一步深化我国广播电视体制机制和政策制度的改革提供可供借鉴的新视野、新思路和新方法。

历经80余年的演变，基于独特的国情，加拿大形成了也许是世界上最庞大和最复杂的广播电视体制，它既不同于英国式的公共服务广播电视体制，也不同于美国式的完全商业化的广播电视体制，而是形成了自身独特的广播电视政策体系与制度框架，在西方国家传媒领域独树一帜，具有重要地位和影响。值得注意的是，加拿大广播电视产业所处的国内和国际环境与我国有很多相似之处，因此，加拿大广播电视产业所形成的政策、制度经验，更值得我国高度重视和学习借鉴。

第一，加拿大广播业实现市场化运作。广播电视是对个人和社会最具影响力的传统媒介，广播电视业既有产业属性，又有意识形态属性。加拿大重视广播电视业的产业属性，按市场化方式运行和发展，市场机制在广播电视产业运行中发挥主导作用，公共广播公司与私营广播公司在市场上平等竞争，形成了比较成熟的市场运作模式和管理经验。在加拿大，广播电视产业的产值达到数十亿加元，在国民经济中占有举足轻重的位置。在我国，广播电视产业作为一种文化产业，其产业属性也已得到国家政策的确认，广播电视改革的重点是"大力开发广播影视业的产业属性"，改革的中心环节是要让广播电视系统中的经营性事业单位转制为企业，按市场化、产业化方式运作，以适应社会主义市场经济的要求，充分解放文化生产力。本书通过对基于市场机制运行的加拿大广播电视产业及其监管体制的考察，将为深化我国广播电视产业的市场化改革提供经验参考。

第二，加拿大对广播业实行较严格监管。广播电视产业是一种文化产业，对个人及社会的影响巨大，如果完全交由市场机制支配，有可能会造成对公共利益的损害。加拿大广播产业虽然按市场机制运行，但并不等于国家不干预市场；相反，出于维护国家认同和文化主权的需要，加拿大对广播产业的监管相对比较严格，广播产业被赋予国家目标和政治使命。相比其他一些西方国家，加拿大的广播政策有较浓厚的政治色彩，政治成为伴随加拿大广播政策演变的突出特征。此外，广播的公共受托人理念在加拿大根深蒂固，加拿大社会素有支持公共服务广播的传统，政府不但保留公共广播作为其广播系统的重要支柱，而且要求私营广播也承担较多公共服务义务。在我国广播电视产业化改革中，中央也强调要把社会效益放在首位。因此，相比管制较松的一些西方国家的广播产业，加拿大与我国有更多契合点。因此，本书研究加拿大广播产业在市场化运作环境下，政府如何通过政策和监管体系来促使广播电视产业实现公共政策中的政治、文化、社会目标的，这将为我国当前进行的广播电视市场化改革如何应对市场缺陷提供经验借鉴。

第三，加拿大实行管办分离的管理体制与机制。加拿大的广播监管机构在历史上也曾身兼管理者和经营者双重身份，直到1958年才成立独立的公共监管机构。我国广播电视行政部门的角色在过去也基本是集兴办、经营、监管三位于一体，这一方面造成政府包揽过多，管得过死，负担很重；另一方面也造成广播电视机构对政府过于依赖，丧失了竞争能力和活力。因此，当前我国广播电视体制改革的一个重点是广播电视行政部门从"办广播"向"管广播"转变。本书对加拿大广播监管机构的职能转变过程及意义的分析，对我国广播电视行政部门正在进行的"管办分离"改革有一定借鉴意义。

第四，加拿大实行"文化例外"政策。众所周知，加拿大与世界上文化最强势的国家相邻。在边境开放、语言相通的情况下，加拿大政府面临在邻国美国的强势文化影响下保持国家认同和文化主权的挑战。在世界多极化、经济全球化深入发展的背景下，我国也有维护国家文化安全的艰巨任务，特别是在新媒体环境下，美国、日本、韩国等西方资本主义国家的流行文化产品对我国观众影响很大。在国际上，中国和加拿大两个国家都主张在经济全球化背景下的"文化例外"、文化多样性政策。因此，加拿大政府捍卫文化主权的政策经验值得我们去认真研究，而广播和电视正是文化传播最重要的传统媒介，在捍卫国家认同和文化主权这一议题上具有典型研究意义。

第五，加拿大坚持多元文化和谐共处政策。加拿大是一个移民国家，其在种族、宗教及文化方面呈现相当多元化的特点。其中，英裔和法裔是加拿大的两大主要种族，英语和法语作为双官方语言的政策被写进了加拿大宪法，在国家生活中具有同等地位。加拿大政府通过制定促进多元文化和谐共处的广播政策，使得广播电视作为最重要的传统文化媒介，在促进以英法两大种族为主的各民族和谐相处、应对魁北克分离主义威胁等方面发挥了积极作用，取得了较好效果。我国也是一个多民族和多元文化并存的国家，我们可以借鉴加拿大的相关经验，研究如何发挥广播电视业的作用来营造多民族、多元文化和谐共处的环境。

近年来，随着互联网的快速发展，在加拿大已经有学者在讨论如何将"本土内容要求"政策应用于互联网上的内容监管。可见，在新的媒介环境和市场经济条件下，加拿大政府如何对广播电视业进行政策干预和监管，以平衡政治、文化和经济目标，兼顾公平与效率，对我国正在进行的广电体制改革乃至互联网管理都具有重要借鉴意义。当然，加拿大和我国的政治制度根本不同，历史和国情也千差万别，我们必须始终保持批判借鉴的态度，结合我国的具体国情有选择地从正反两个方面吸取加拿大广播政策的经验和教训。

姜文斌是我的博士生。在他读博期间，曾作为联合培养博士，由国家留学基金委公派，在有190余年历史的加拿大麦吉尔大学（McGill University）艺术史与传播学系学习两年，这本书正是他两年留学的收获。本书所使用的参考文献主体是英文资料，而且其中很多是第一手材料，包括加拿大议会、文化遗产部、广播电视与电信委员会、皇家广播调查委员会及其他相关政府部门在不同历史时期颁布的大量与广播电视产业相关的法律、法规、政策文件、调查报告等；本书所参考引用的研究文献，则包括众多加拿大传播学领域知名学者从不同视角对其本国广播政策的研究与评价。唯其如此，更显其独特的价值。总体来看，本书资料新颖且比较丰富，内容翔实且相当精彩，论述严谨且不乏独到见解。本书可为新闻传播学的研究者、高校教师和学生、传媒工作者及政策制定者提供有益的参考。

是为序。

黄永林

教授、博士生导师

华中师范大学副校长

国家文化产业研究中心主任

2016年10月16日

# 目 录

绪论 …………………………………………………………………… 1

## 第一章 广播政策研究的理论基础 …………………………… 25

### 第一节 文化产业研究的理论与流派 ………………………… 25
一 "文化产业"术语的提出 ………………………………… 25
二 文化产业学术研究的理论与流派 ……………………… 28
三 对文化产业研究的评价与思考 ………………………… 34
四 文化产业研究趋势展望 ………………………………… 36

### 第二节 西方传媒政策研究相关理论 ………………………… 37
一 西方国家的传媒监管与传媒政策 ……………………… 37
二 西方传媒政策研究概述 ………………………………… 38

### 第三节 公共政策研究相关理论 ……………………………… 45
一 公共政策概念辨析 ……………………………………… 45
二 公共政策研究理论与方法 ……………………………… 47

本章小结 …………………………………………………………… 51

## 第二章 加拿大广播政策之历史变迁 ………………………… 54

### 第一节 公共部门主导时期的广播政策（1958年之前）…… 54
一 私营广播的萌芽及其监管政策
　（1867—1928年）………………………………………… 55
二 国家公共广播体系的初建（1928—1945年）………… 57
三 战后私营广播产业的迅猛发展

　　　　　　　(1945—1958年) ………………………………… 61
　　第二节　公共部门与私营部门平等竞争时期的广播政策
　　　　　　　(1958—1980年) ………………………………… 64
　　　　一　确认私营广播的平等地位 (1958—1969年) ……… 65
　　　　二　应对魁北克分离主义 (1969—1974年) …………… 67
　　　　三　广播产业与电信产业的融合 (1974—1980年) …… 69
　　第三节　私营部门主导时期的广播政策 (1980年至今) …… 71
　　　　一　放松管制与私有化浪潮 (1980—1991年) ………… 71
　　　　二　私营广播主导地位的确立与巩固
　　　　　　　(1991—2000年) ………………………………… 75
　　　　三　数字广播时代的新挑战 (2000年至今) …………… 79
　本章小结 …………………………………………………………… 83

**第三章　加拿大广播政策分析** ………………………………… 85
　　第一节　广播政策制定过程与广播产业监管机构 …………… 86
　　　　一　广播政策制定过程及其参与者 …………………… 86
　　　　二　广播产业监管机构 ………………………………… 89
　　　　三　对政策制定过程及监管机构的总体评价 ………… 98
　　第二节　加拿大广播政策之政治目标分析 …………………… 99
　　　　一　对"加拿大内容"的传输与播放要求 …………… 100
　　　　二　对"加拿大内容"生产的扶持政策 ……………… 106
　　　　三　对外资拥有权的限制政策 ………………………… 113
　　　　四　国际贸易中的"文化例外"原则 ………………… 115
　　　　五　对政治目标的总体评价 …………………………… 117
　　第三节　加拿大广播政策之社会文化目标分析 …………… 119
　　　　一　公共服务广播与公共利益 ………………………… 120
　　　　二　多元文化与广播多样性政策 ……………………… 126
　　　　三　弱势群体保护与广播内容规制 …………………… 131
　　　　四　对社会文化目标的总体评价 ……………………… 137
　　第四节　加拿大广播政策之经济目标分析 ………………… 139

一　广播产业经济结构与特征 …………………………… 140
　　二　对私营广播产业的总体政策 ……………………… 155
　　三　对私营广播的具体扶持措施 ……………………… 159
　　四　对经济目标的总体评价 …………………………… 167
　本章小结 ………………………………………………… 169

**第四章　加拿大广播政策与其他西方国家之比较** ………… 173
　第一节　加拿大广播政策与美国之比较 ………………… 173
　第二节　加拿大广播政策与英国之比较 ………………… 178
　　一　公共广播BBC单一垄断时代（1922—1954年）… 179
　　二　BBC与独立广播公司二元垄断时代
　　　　（1954—1990年）………………………………… 180
　　三　放松管制和自由竞争时代（1990年至今）……… 181
　　四　英国广播政策与加拿大之异同 …………………… 182
　第三节　西方各国广播政策总体特征与发展趋势 ……… 183
　　一　西方各国商业广播监管政策特征及其发展趋势 … 184
　　二　西方各国公共广播政策特征及其发展趋势 ……… 190
　本章小结 ………………………………………………… 194

**第五章　加拿大广播政策对我国的启示** …………………… 197
　第一节　我国广播电视政策基本特征 …………………… 198
　　一　监管机构的"管办合一"职能 …………………… 198
　　二　确保广播电视为社会主义服务 …………………… 200
　　三　促进和谐社会建设 ………………………………… 203
　　四　推动广播电视的产业化发展 ……………………… 205
　　五　从"网台分离"到"三网融合" ………………… 208
　第二节　我国广播电视政策面临的挑战 ………………… 211
　　一　立法滞后之困：法律效力等级低与
　　　　立法空白点多 ……………………………………… 211
　　二　监管机构之困："管办一体"与"政出多门" …… 212

三　社会目标之困：对弱势群体和公共利益的
　　　　关切缺位 ································· 213
　　　四　经济目标之困：有序竞争的现代市场体系
　　　　尚未真正形成 ····························· 215
　　　五　新媒体监管之困：内容监管与部门协调不力 ········ 217
　第三节　加拿大广播政策对我国的启示 ················· 218
　　　一　建立广播电视市场运作体系 ··················· 219
　　　二　增加各少数民族内容在广播电视中的呈现 ········· 224
　　　三　制定《通信法》 ···························· 226
　　　四　成立独立广播电视监管机构 ··················· 227
　　　五　保护弱势群体的广播电视权利 ·················· 229
　本章小结 ······································· 232

**结　语** ········································· 234

**参考文献** ······································· 239

**后　记** ········································· 262

# 绪　论

## 一　研究对象与概念界定

本书的研究对象是"加拿大广播政策",为明确研究的范围,需要厘清和辨析本书所涉及的核心概念,包括广播这个术语的含义在中西语境下的区别与联系,声音广播与电视广播的区别与联系,广义上的政策与产业政策的区别与联系,以及加拿大政府对广播的官方定义。在此基础上,阐明本书对这些核心概念的定义。

(一)广播之含义在中西语境下的区别与联系

1. 当代中国语境中的"广播"是指狭义上的无线电台广播

在古代汉语中,广播这个词最初的含义是普遍施与。例如,在《三国志·吴志·孙策传》中有"封为吴侯"的语句,裴松之注引《吴录》:"陛下广播高泽,不遗细节。"此外,顾名思义,广播还有广泛播扬之义,如东汉的桓谭在《新论·琴道》中有"八音广播,琴德最优"的语句;元代有无名氏作《野猿听经》,其中第一折有"治平国政,广播儒风"语句;民国邹鲁在《中国同盟会》中写道:"广购革命书报,任人自由阅看,以广播革命思想。"

自20世纪20年代无线电广播发明后,广播在现代汉语中专指广播电台、电视台通过无线或有线方式向广大地区播送音响、图像的节目。《中国大百科全书》对广播的定义是:"利用无线电或有线电向广大接收者播送节目的过程。前者称为无线电广播,后者称为有线广播。两者都可以送声音和图像。只播送声音的称为声音广播,同时播送图像和声音的称为电视广播。通常将声音广播简称为广播。"《现代汉语词典》中的"广播"词条,则作如下解释:"广播电台、电视台发射无线电波,播送节目。有线电播送节目也叫广播。"从以上定义可以看出，汉语中的"广播"一词原有广义和狭义之分：广义上的广播同时包括了声音广播和电视广播，狭义上的广播仅指声音广播。但我们现在通常所说的广播是狭义上的广播，即声音广播，如"广播电台""无线电广播""收听广播"都是就声音广播而言；我国政府对广电行业进行监管的机构名为"中华人民共和国国家广电总局"，这里的"广播"显然也是狭义上的声音广播，与电影、电视并列。汉语中的"广播"之所以以狭义为常用，应该是与历史上"声音广播"的发明在"电视广播"之前有关。

2. 西方语境中的"广播"统称无线电台广播与电视广播

"广播"一词对应的英语是"broadcasting"。在《世界大百科全书》（World Encyclopedia）中，对 braodcasting 的定义是："向分布广泛的观众传输通过收音机或电视接收的声音或图像的。"《牛津传媒与传播词典》（Dictionary of Media and Communication）中，把"broadcasting"解释为："通过收音机或电视传播，可以被细分成地面广播和卫星广播。"《朗文当代高级英语词典》（Longman Dictionary of Contemporary English）对"broadcasting"的解释是："制作电视及无线电节目的事业。"从以上定义可以看出，英语中"广播"包括传送声音和图像，即同时包括"无线电台广播"（radio）和"电视广播"（television）。

加拿大现在实施的 1991 年《广播法案》中，对广播进行了如下定义：广播"系指任何通过无线电波或其他远程通信方式，对可由公众通过广播接收装置接收的、加密或非加密的节目的传送。但不包括任何仅为在公共场所表演或展示之此等节目传送"。同时，对定义中言及之"节目"作了进一步解释："节目"是指声音或视觉图像，或声音和视觉图像之结合，旨在提供信息、启蒙或娱乐，但不包括主要是文本的视觉图像，不论其是否与声音相结合。由此可见，加拿大《广播法案》所定义的"广播"包括声音广播与视觉图像广播，即无线电广播与电视广播。该定义亦指出公共场所的节目表演，以及主要由文字组成的"视觉图像"，虽皆为对公众的传播，但都不属于广播范畴。

3. 本书对"广播"术语的使用

本书所研究的对象是加拿大广播政策,但是研究的目的是探讨中加两国广播电视政策的异同及加拿大广播政策对中国的启示。为避免中西语境中广播含义的混淆,本书将尊重中西方各自约定俗成的习惯,即在论述中国广播电视产业时,以无线"电台广播"(radio)指代仅传送声音的广播;以"电视"(television)指代传送声音与图像结合的广播;以"广播电视"(radio and television)统称"电台广播"和"电视"。但是在论述西方及加拿大广播电视产业时,与中国语境下的不同之处在于以"广播"统称广播电视,例如,加拿大议会通过的 The Broadcasting Act,当然是同时针对电台广播产业和电视产业的法律,但本书将其译为《广播法案》,而不译为《广播电视法案》。

(二)广播政策的定义

1. 中国与加拿大对广播政策定义的异同

党的十六大以来,我国把文化系统分为文化事业与文化产业两个部分,制定了事业与产业分开发展、"双轮驱动"的政策。与此相适应,我国广播电视系统也分为广播电视事业与广播电视产业,[①] 实行"事企分开"的发展方针。其中,"事业"系指政治公益性业务;"产业"系指经营性业务,一般与政治公益没有直接关系。因此,我国语境下的广播政策,乃是针对从原有广播电视事业中"剥离"出来的、可以产业化运营的那部分业务,通常是优惠性、鼓励性的政策,如税收政策、融资政策等。

在西方国家中,媒体产业同时包括商业媒体机构与非营利媒体机构。广播电视产业在所有权上也包括两个部分,即国家所有的公共服务广播部门(public service broadcasting)和私人所有的私营广播部门(private sector broadcasting)。这与我国存在的广播电视事业与广播电视产业之分有一定相似之处,但也有根本的不同。在我国,无论广播

---

① 参见杨波《坚持"两手抓":实现广播事业和广播产业协调发展》,http://www.cnr.cn/wcm/gt/lt/t20050516_171338.html。

事业还是广播产业，其所有权皆是由党和国家控制，① 尤其是作为播出机构的广播电台与电视台，禁止私人经营。在西方语境下，无论是公共服务广播还是私营广播电视产业，都是广播电视产业的组成部分。Wagman 指出，"福勒委员会"在 1957 年就已促成构建加拿大广播产业为同时包括私有广播和公共广播。Raboy 亦指出，加拿大的公共广播部门没有突出的商业利益，如加拿大广播公司和各省的教育广播公司，但它们是广播"产业"的一部分。因此，本书所要研究的加拿大广播政策，其所指范围同时包括公共服务广播和私营广播，并没有"事业政策"和"产业政策"之分。

2. 一般政策与产业政策的区别与联系

"政策"在《现代汉语词典》中的定义为："国家或政党为实现一定历史时期的路线而制定的行动准则。"中文《维基百科》对政策的定义为"泛指政府、机构、组织或个人为实现目标而订立的计划"。中国学者刘斌在《政策科学研究》中对政策的定义是"政治实体在一定的时空范围内，为实现一定的任务，所采取的政治行为"。政策主要表现为：行为规范，直接采取的行动，某种态度。政策范畴的一些同属概念包括纲领、路线、方针、原则、战略、策略等。

国外有学者定义政策为"个人或群体为实现特定经济或社会目标而制定的书面行动计划"，强调政策是书面的行动计划（a written plan of action）。《柯林斯词典》把政策定义为"作为政治、经济或商业决策（making decision）基础的理念或计划（ideas or plans）"。英文《维基百科》对政策的定义为"指导决策以实现目标之原则或规则"；可视为"意图或承诺之表述"（statement of intent or a commitment），同时还指出"政策与法律或条例不同"，前者只作为行动之指导，后者却有国家强制性。

可见，政策的制定者，即政策主体，可以是政府、机构、组织或个人。其实，广义而言，政府也是一个组织。如此，政策可定义为：

---

① 广播电台和电视台，以及新闻类节目制作，实行完全公有制；娱乐、文体类节目的制作允许非公有资本参与，但公有资本须控股 51% 以上。

组织或个人为实现某一目标而制定之计划。综上所述，政策系组织或个人为实现特定目标而制定的行为、决策的原则、方针；本书所要讨论的政策主体是政府，所要讨论的政策是政府政策（government policy），也称公共政策（public policy）。公共政策代表政府对某一公共议题所采取的态度和立场。

以上是对政策概念的内涵所作的分析。那么，政策的外延包括哪些呢？政府政策的表现形式或体现方式有：法律、法规、条例、指导等。政策也可以体现为政府的行动。政府政策有两种性质，即政府支持什么，或不支持什么（限制），表明政府对某一公共议题的态度与立场，是其行为与决策的指导原则、方针。可见，原则、方针、立场、态度是政策术语的四个关键词。

至于产业政策的定义，国内学者苏东水在其主编的《产业经济学》中将产业政策定义为"一国中央或地方政府制定的，主动干预产业经济活动的各种政策的集合"。产业政策是国家对经济进行宏观调控的重要机制。从产业经济学来看，一个完整的产业政策体系一般由五大政策组成：产业结构政策、产业组织政策、产业地区政策、产业技术政策、本国产业与国际产业关系政策。还有学者指出，产业政策的功能主要是弥补市场缺陷，有效配置资源；保护幼小民族产业的成长；熨平经济震荡；发挥后发优势，增强适应能力。

国外学者 Bell 将产业政策（industry policy）定义为"特别的"（distinctive style）微观经济政策，其目的是纠正市场失灵，以争取更高的经济增长速度；为此，政府将需要支持某些种类的商业活动。Black 等人则把产业政策定义为"导引经济活动于特定部分经济的官方政策"，具体政策措施包括：利用税收规则或政府资金来鼓励创新和研发；对金融市场进行干预，把投资引向特定产业；对市场并购进行干预，以形成可以获得规模经济效应的大型企业。

综上所述，产业政策相比一般政策所具有的特征，一是就目标而言，主要是为了实现经济目标，而非政治文化目标；二是就性质而言，政府所采取的政策主要是扶持、鼓励与刺激，而不是限制或规范。但是，本书所要考察的是更广泛意义上的加拿大广播电视产业总体政策，并不只限于狭义上的"产业政策"。

3. 本书对加拿大广播政策的定义

由以上分析可知，产业政策是狭义上的特殊政策，而本书的研究对象——加拿大广播产业政策是广义上的一般政策或整体政策。由此，本书将加拿大广播政策定义为加拿大政府针对广播电视产业所制定的行为和决策准则，体现了政府对广播电视产业的立场与态度，表现为政府所颁布的一切与广播电视产业监管有关的法律、法规、条例、指导等，关注诸如国家认同、文化多样性、内容规制、保护弱势群体、限制媒体所有权集中与促进市场竞争等政治、社会、文化和经济领域的公共政策议题。

## 二 文献述评

### （一）国内研究综述

改革开放后，较早对加拿大广播电视业进行系统介绍的文章是罗雷于1982年撰写的《加拿大广播事业的发展》。作者当时便已指出，加拿大广电事业是公营私营并存的体制，既不同于美国，又有别于西欧及英联邦国家；作者还注意到在美国节目"占据加拿大电视屏幕"的背景下，加拿大政府做出国产节目必须在广播电视中占一定比例的规定，以及由此与美国产生的"纠纷"。此后对加拿大广电产业政策研究的中国学者基本上也以这两个政策议题的探讨为主，即加拿大广电体制与抵制美国文化"入侵"的问题，特别是后者，由于在捍卫本国文化主权这一意义上对中国的借鉴价值，成为很多研究的主题。笔者将根据研究主题分类，对加拿大广播政策研究的主要文献进行回顾与评价。

1. 对加拿大广播政策的历史考察与综合性研究

综观关于加拿大广播电视产业的研究，系统、全面地对加拿大广播电视产业及其政策进行综合论述的文献很少，而且既有文献大都出版于20世纪90年代。以历史研究的视角，对加拿大广播与电视的发展简史进行全面介绍的专著，首推国际传播研究学者蔡帼芬主编的《加拿大的广播电视》，这部专著于1996年出版，内容从加拿大早期无线电广播的研究、应用到20世纪80年代的状况，比较完整地勾画出加拿大广播电视的全貌；对重大的广播电视事件、机构的变革、政策法规的制定过程以及广播电视节目都作了比较详细的介绍。作者分析了广播电视产业对加拿大社会的影响，并预测了加拿大广播电视产业的发展趋势。

在加拿大广电政策研究的学者中，用力甚专并著述颇丰的当属广播电视史研究学者郭镇之。郭镇之于1994年写成的《加拿大广播制度纵览》一文，以历史视角考察了加拿大的广播制度从产生到发展的演变过程，认为加拿大的公共广播事业正经历危机，加拿大广播还未建立起令各方都满意的制度。郭镇之的另一篇论文《加拿大广播政策史评》写于1996年，叙述了从《爱尔德皇家委员会报告》[①]到1991年《广播法案》出台的加拿大广播政策历史，认为加拿大广播体制是"中庸"的制度，即介于英国制度和美国制度之间。郭镇之在1997年出版了专著《北美传播研究》，采用历史叙述和文化分析的研究方法论述了加拿大广播电视制度、政策和媒介，探究的中心问题是在市场经济的条件下，广播电视如何解决公共服务和经济来源之间的矛盾。

需要指出的是，以上文献对加拿大广播电视产业历史的介绍截至20世纪90年代左右，距今已逾20余年，而加拿大当今的广播电视产业格局又有新的发展和变化，需要进行与时俱进的研究。此外，上述作者的研究方法均是以历史叙述为主，理论分析相对较少，正如郭镇之所言，更多的是"述而不作"，因而并未在理论上进行深入探讨。

2. 对加拿大广播电视体制的研究

按政府的监管强度，我国学者一般把当代世界广播电视制度分为商业模式、公共模式和国营模式。[②]例如，郭镇之认为世界范围内的广播体制从本质上可以分为公法制、商营制和国营制三种不同的体制；郑涵和金冠军指出，国内学术界一般将西方广播电视体制分为私营、公营和国营三类；林琳则把西方各国的广电体制模式分为商业化

---

[①] 报告的英文原名是"Arid Commission Report"。
[②] 公共模式与国营模式的所有权都是国有，并由政府提供公共资金以运营，但前者的日常运营不受政府直接管控，与政府保持"一臂之距"。此外，对很多国家而言，可能无法把其绝对归为其中一类模式，而更多的是混合型的模式。

模式、公共广播电视模式和国有广播电视模式。对加拿大的广播电视体制属于何种模式，我国学者也进行了有益的探讨。

有些研究者把加拿大广播电视系统的管理体制和运作模式归类为英国广播公司的模式，林琳在其专著《冲突、协调与发展：当代西方国家广播电视体制与管理》中，认为加拿大的广播电视产业运作模式如同英国、新西兰、澳大利亚一样，属于公共广播电视为主、私营商业台为补充的体制。魏永征主编的《西方传媒的法制、管理和自律》（2003）一书中，把加拿大和英国、德国、日本等国一起列为实行公共广播电视模式的国家，作者认为加拿大私营台的实力尚难与国有的加拿大广播公司抗衡。

多数学者认为加拿大广播电视体制是公私并存的混合模式或综合模式。张建敏和邹定宾认为加拿大广播电视体制，既不同于英国式的公共广播电视体制，又不同于美国式的私营广播电视体制，而是兼有两种体制的特点，是一种复合型的多元体制。蔡帼芬认为加拿大建成了世界上最庞大最复杂的广播电视体制，既不像英国那样由政府严格控制的公共广播电视体制，也不同于美国式几乎没有任何政府控制、完全商业化的私营广播电视体制，而是一种"综合体制"。国家广电总局发展研究中心的研究认为，加拿大联邦政府对广播电视产业很少进行直接的行政管理，只作政策和法律上的引导，具体执行广播电视监管的是依法成立的公共机构；就广播电视运行机制而言，包括公营广播公司和私营广播公司，并且目前私营广播公司已可与公营的加拿大广播公司实力相当，甚至成长为加拿大广播电视系统中的主要力量。

3. 对加拿大广播电视产业与文化主权关系的研究

由于加拿大毗邻世界上文化产业最发达的国家——美国，两国开放的国境和相同的语言使得美国广播电视产业很容易占领加拿大市场。很多中国学者关注到加拿大政府为了抵御美国强势文化的"入侵"而对广播电视产业采取的典型的本土文化保护政策。徐琴媛在《加拿大的传播本土化》一文中，把加拿大政府对美国文化的抵制分为三个阶段。第一阶段是从广播兴起、CBC 出现到 1968 年广播电视委员会的成立，主要是建立起保存民族文化的广播制度；第二阶段是20世纪60年代末到80年代末，在多元文化政策确立后，在广告播出、税收和政府资助等方面鼓励本土文化而限制美国文化；第三阶段是20世纪80年代末至今，是保护本土文化与限制美国文化政策措施的进一步深化阶段。孙维佳在《国际电视业中的"加拿大现象"》一文中指出，加拿大保护本国电视业的颇具特色的运转机制和成就被称为"加拿大现象"。

"本土内容要求"是加拿大政府为抵御美国文化对本国广播电视产业的入侵，而采取的一项重要政策措施。周峻在《加拿大广播电视的政策保护》一文中分析了"加拿大内容"政策出台的背景、制定的过程、政策手段、政策效果，认为加拿大广播电视产业的未来走向是在提高本土节目质量的基础上进行自由竞争，最终脱离政府保护。李鹏在《加拿大传媒业观察：本土文化与新媒体战略》一文中介绍了加拿大广播电视及电信委员会为国产节目认证而制定的"加点打分制"的评价系统、节目播出时段与比例等关于"内容要求"的政策措施。除了"本土内容要求"政策，加拿大政府还在外资进入、税收等方面制定政策来保护本土广播电视产业。李鹏介绍了加拿大政府对外资在私营媒体中占有股份进行了比例限定，以及加拿大政府在资金投入和税务优惠上鼓励和支持广播电视媒体生产自己的节目。朱晶在《困境与对策：加拿大广电传媒抵制美国化浪潮》一文中介绍了加拿大政府采取的一系列抵制"美国化"的对策，扶持本国广播电视产业，包括强制性"加拿大内容"政策、鼓励性税收优惠政策等。

一些学者分析了加拿大保护本国广播电视产业的原因和背景。郭镇之在《全球电视传播环境对中国与加拿大的影响》一文中指出，加拿大为应对全球化时代的挑战，实施了保护本土内容和本国企业的政策，然而在世界进入全球化的时代，民族国家的壁垒正面临严峻的挑战。朱晶在《困境与对策：加拿大广电传媒抵制美国化浪潮》一文中指出加拿大抵御美国文化入侵面临的挑战一方面来自政治方面，即《北美自由贸易协定》的制约；另一方面来自技术方面，即新技术让美国信息更易进入加拿大。在加拿大国内，对政府干预广播电视产业也有反对声音。尚京华在《文化上抵制 经济上认同：加拿大广电媒体艰难走钢丝》一文中指出，加拿大社会对于本国媒体的文化与经济之选择的争论，既有主张政府继续限制美国文化、保护本国文化的呼声，也有认为美国文化并不会改变加拿大的文化认同而主张媒体市场自由、反对政府干预的意见。

综上所述，国内学术界对加拿大保护本土文化的政策给予较多关注，相关文献数量较多。但是从整体上来看，既有研究成果同质化现象比较严重，大多数是以知识介绍性为主，或是对加拿大《广播法案》相关内容的解读，缺少深入、系统的理论分析，也没有进行充分的案例研究。

4. 对加拿大公共、私营广播公司运行机制的研究

在资本主义自由市场经济条件下，作为公共广播公司的加拿大广播公司，从诞生至今一直伴随着争议。郭镇之在《加拿大广播公司的新战略》一文中介绍了在经费受到政府削减的背景下，加拿大广播公司所采取的对策与"新战略"；作者对公共广播"以人民的需要为本"的宗旨持肯定态度，认为加拿大广播公司的命运反映了世界性的公共广播电视的困境和努力，而加拿大广播公司的探索，对国际公共广播业亦有借鉴意义。吴燕在《公营媒体集团的整合战略及其意义：加拿大广播公司的启示》一文中分析了加拿大广播公司面临的挑战，包括数字革命的挑战、媒体集团产业化和全球化的挑战、市场的挑战。为应对这些挑战，加拿大广播公司对内部资源进行了整合，形成各种媒体之间的交叉促销、培养跨媒体的创意，实施不同形态的媒体品牌管理并保证CBC品牌的完整。

有研究表明，私营广播公司已与公营的加拿大广播公司实力相当，甚至成长为加拿大广播电视系统中的主要力量；加拿大政府对私营广播电视业的政策引起不少中国学者的兴趣。郑涵认为加拿大是战后商业广播电视发展较早的国家之一；发展私营商业电视是在美国广播电视节目占领加拿大很大市场份额的背景下，加拿大政府为了促进本国电视产业的竞争力，争夺国内电视市场而制定的基本战略；为此，政府调整政策，使私营商业电视与公共广播公司处于公平竞争的

环境，后者不再可能利用政府赋予的行政管理权压制私营广播电视的发展。此外，中国学者也对加拿大广播电视产业集中进行了一定关注。在《当代西方传媒制度》一书中，郑涵、金冠军注意到加拿大私营广播的所有制形式是多媒体和跨行业的集团公司。李颖在《加拿大媒介集团化背后危机四起》一文中指出，20世纪80年代到90年代，加拿大传媒产业出现了集中化的趋势，企业并购达到一个高峰期；作者分析了加拿大传媒产业的不断集中化所带来的弊端，认为跨媒体的结构必然会导致"越大越脆弱"，而传媒垄断会给民主带来威胁。

5. 对加拿大广播电视产业其他政策议题的研究

除了以上主要政策议题之外，国内学者从其他角度研究了加拿大广播电视产业相关政策。蔡帼芬在《镜像与她者：加拿大媒介与女性》这本专著中，使用女性主义理论和媒介理论的研究范式，探讨了包括广播电视在内的加拿大媒介与女性发展之间的关系。在另一本专著《加拿大媒介与文化》中，蔡帼芬介绍了包括加拿大广播电视在内的大众媒介的历史与现状，分析了多元文化背景下的传播学者、媒介教育、女性形象、新闻报道，以及在高新技术条件推动媒体与技术融合的背景下，加拿大传媒与文化所面临的新挑战。李月莲在《外来媒体再现激发文化认同危机：加拿大传媒教育运动的启示》一文中，以加拿大安大略省为个案，从历史社会学的角度，研究了外来媒体再现如何激发加拿大政府对文化认同的关注，并制定传媒教育运动（MLedia Literacy Movement）政策。孟晓梅对"加拿大广播电视电信委员会"的历史与现状进行了介绍。申家宁介绍了加拿大有线电缆电视的历史发展过程及政府制定的相关政策；作者认为加拿大政府在电缆电视出现之初未能加以管控，使之成为美国节目传播的渠道，而在20世纪70年代电缆用户发展高峰时没能适时发展收费电视和专业频道。

6. 国内研究现状评价

综上所述，国内学者对加拿大广播政策进行了有益的探讨，既包括对整体政策的历史考察和内容介绍，也有对具体政策的分析与评价，还与其他一些国家进行了比较研究，并对加拿大广电产业政策对中国的借鉴价值进行了可行性分析和建议；这些研究都将为本书提供有益的借鉴和参考。然而，国内学界对加拿大电视产业政策研究也有不足之外，如研究成果零星不系统，缺乏综合、全面研究；研究层次不丰富、范围狭小，研究的同质化现象严重；研究的理论性不强等。此外，在博士论文方面的研究还是空白，尚无直接以加拿大广播政策为对象的系统研究。具体而言，笔者认为对加拿大广电产业政策的研究在以下几个方面尚需提高。

第一，整体研究成果数量较少。相比较其他西方发达国家，国内学界对加拿大广电产业政策的研究还相对较少。如前文所述，在对西方国家的各种议题进行的研究中，学术界更多关注的是"第一梯队"国家，即美国、英国、法国和德国，以及我国的邻国日本和韩国。而加拿大可能由于其在西方发达国家中的地位，以及与我国并不相邻，因而成为"第二梯队"国家，对加拿大的研究有成为"鸡肋"之虞。实际上，就加拿大广电产业体制与政策而言，实有非常独特的研究价值，例如，加拿大是实行以英法两种语言和文化为主，多种族、多文化并存的国家；加拿大处于美国文化的巨大影响之下，有捍卫本国文化主权之危机；加拿大实施公私并存的混合广播电视产业体制模式等。而这些特点，与我国的国情实有不少相似之处。因而，对加拿大广电产业政策问题的探讨无论在理论上还是在实践上都颇有价值，需要我国学术界给予更多关注和投入更多的研究力量。

第二，理论研究尚需深入。从已有的加拿大广电产业政策研究成果来看，大多数研究以知识介绍为主，包括政策的历史演进与叙述、政策的内容介绍等。实际上，加拿大广播电视产业历史上每一项政策的出台，都应该以西方广播电视理论（如西方传播学、政治学、社会学、政治经济学、文化研究、批判理论等）为分析工具，挖掘其政策出台的政治、经济和社会文化背景，政策进程中的各个参与者（actors and steak holders）的角色和作用，各种利益集团的角力（如公共利益 VS 商业利益）等，从而推导出有理论和实践意义的结论和建议。

第三，历史研究应与时俱进。虽然从整体上来看，我国学界对加拿大广播政策的研究较少，但是在政策史的研究上，以蔡帼芬、郭镇之两位教授的研究最令人称道。两位学者都有在加拿大做研究调查的经历,可以说是对加拿大广电政策研究的专家,两人的论著比较全面地论述了加拿大广播电视业的起源、发展和趋势,对历史上各个时期出台的重要政策报告和政策都有较详细的介绍和评价。由于两位学者对加拿大广播政策的主要著述出版的时间都集中于20世纪90年代,因而对加拿大广电产业政策的历史研究也止于加拿大1991年《广播法案》的出台。可以说,关于加拿大广电政策的文献多出版于20世纪,进入21世纪出版得比较少。从那时至今又已历20余年,虽则当下加拿大止在实行的广播法仍然是1991年《广播法案》,但毕竟在20年中加拿大广电产业政策领域又有不少新的政策讨论和变化,应对此进行与时俱进的研究。

第四,不应只关注政治文化目标。对加拿大广播政策的具体议题的研究,国内学界对加拿大如何"抵御美国文化入侵,捍卫国家文化主权"这一政策议题关注最多,论述颇丰。笔者粗略估计,在对加拿大广电产业政策研究总体数量并不多的情况下,对此议题的研究至少在一半以上。诚然,在全球化背景下,美国文化在世界上的强势,影响到各个国家,也包括发达国家。众所周知,在国际上,法国、加拿大是倡导"文化例外"、文化多样性最突出的国家。因而对作为文化产业的广播电视产业的政策研究,学界把此议题作为学术关注的重点对象也是无可厚非的。但是,对许多这类的研究我们不免有"千篇一律"之虞。更重要的是,"文化主权"这一议题只涉及加拿大广播政策目标中的政治文化目标,除此之外,尚有经济目标、社会目标值得去研究和探讨。而就政治、文化目标而言,其内容也不只局限于"主权"议题,尚有民主、广播的公共性、多元文化等议题。

(二) 国外研究综述

国外对加拿大广播政策的研究,以加拿大本国学者的研究成果为主。就研究角度而言,学术界主要是从广播媒介的政治、文化维度来研究广播政策,也就是说,关注广播政策的政治目标和社会文化目标是主流研究范式。虽然也有学者和机构从经济学角度来研究广播政策,但相对数量较少。学术界关注的主题是如何促使广播政策体现公共利益,主要是促进言论自由,保持一个健康活力的思想言论自由市场，并最终促进社会民主，具体而言包括广播系统的多元化、内容的多样性和本土化、各社会群体的平等广播使用权、公民团体参与政策进程等。与公共利益相对的是政治利益和商业利益。对政治利益（或称国家利益），即维护加拿大的文化主权，学术界有两种观点，一种是支持的观点，认为国家利益也就是公共利益的体现；另一种是批评政府以国家利益或国家目标混淆了公共利益。至于商业利益，学术界几乎一边倒地持批判态度，批评代表产业界的利益集团日益影响广播政策的制定过程。总之，学者们关注公共利益，并为此而呐喊，这与学术界作为公共利益团体的一部分有关；学术研究也促进了加拿大具体广播政策的调整，关注公共利益也成为加拿大广播政策的一个主要特色。以下，笔者按照研究内容的不同，分为八个部分对加拿大学者之广播政策研究进行述评。

1. 对加拿大广播政策的综合性、历史性研究

Raboy 在其专著《失之交臂：加拿大广播政策历史》（*Missed Opportunities: The Story of Canada's Broadcasting Policy*）中对加拿大广播政策进行了批判性的历史考察；作者的研究结论是加拿大现今广播系统的组织、实践和制度结构乃是集中在国家和社会力量之中的政治和经济精英之间持续斗争的结果；在此斗争过程中，社会目标趋于消失。另一部新近出版的专著是学者 Armstrong 所著的《广播政策在加拿大》（*Broadcasting Policy in Canada*），作者以 1968 年为分界线，把加拿大广播政策历史分为两个时期，探讨了截至 2009 年的加拿大广播政策，围绕加拿大如何通过广播系统保护和强化国家认同和文化主权，回顾了政策的历史演变过程，而且分别探讨了加拿大内容政策、公共广播、社会问题、传输政策、所有权与竞争政策；这部专著以政策叙述为主，而非理论性探讨。在加拿大议会文化遗产委员会组织的专家组努力下，2003 年出台的"林肯报告"（Lincoln Report，全称是 *Our Cultural Sovereignty: The Second Century of Canadian Broadcasting*），是一部完整介绍加拿大广播政策的历史和各项政策内容的政府报告。在 Shade 主编的《加拿大媒体格局》（*Mediascape*）系列丛书（目前已出版三册）中，收集了不少学者对加拿大广播政策的历史和内容的论

述。此外，Bird 主编的《加拿大广播文献》（Documents of Canadian Broadcasting），包括了加拿大广播政策发展史中的各种重要历史文献和政策文件，并且对每篇文献有言简意赅的评价。

2. 对广播监管机构的研究

加拿大广播的独立公共监管机构"广播电视与电信委员会"（CRTC），依据《广播法案》拥有广泛权力，不但是政策的执行者，而且是政策的制定者。Salter 等所著的《CRTC 与加拿大广播监管》（The CRTC and Broadcasting Regulation in Canada）一书，是一部全面考察 CRTC 在历史和当下在加拿大广播监管体系中的角色的专著。其他学者则从不同角度对 CRTC 进行了研究。Raboy 强调了 CRTC 决策过程中的透明度与开放性，认为这对非商业的公共利益团体和社会文化团体获得政策制定参与权至关重要。在另一篇论文中，Raboy 和 Bonin 分析了 CRTC 的政策议题从文化到商业再到文化的转变过程，认为在数字技术和媒介丰富时代，CRTC 监管有必要重新审视，以确保"加拿大内容"和多样性政策的实施。Schultz 认为尽管通信产业有"放松管制"的大趋势，但 CRTC 成功保持了在加拿大广播监管体系中的主导地位。

3. 对加拿大内容政策的研究

"为加拿大人提供加拿大内容"是加拿大《广播法案》对加拿大广播政策规定的一个基本原则，具有维护文化主权和国家认同的意义。Edwardson 在《加拿大内容：文化与国家地位之追求》（Canadian Content: Culture and the Quest for Nationhood）一书中，认为广播产业的"加拿大内容"政策的本质是以文化来培育和构建国家意识。不少加拿大学者呼吁在新的技术环境和国际环境下，加拿大应该进行监管改革或修订广播法律，以确保在新环境下实施"加拿大内容"政策，保护加拿大的文化不被美国化。Goldstein 认为在数字化时代，基于电波私有的监管理由已不存在、国界的模糊、传媒集中等，呼唤加拿大广播监管体制的变革。Hunter 等人认为，在数字时代，受众从被给予有限的内容转变为现在的无限自主选择内容，所以加拿大所有权、"加拿大内容"播出与购买定额政策在网上已无法强制执行，应该废除。Noam 提出电视节目在网络和无线移动设备等电信网的传输，需要进行监管，并对互联网和无线电视运营者征收费用以支持"加拿大内容"目标。O'Neill 研究了公共广播公司 CBC 在数字时代如何捍卫文化主权；作者指出，在数字时代，美国内容在互联网仍然居于主导地位，但 CRTC 并不监管互联网，新媒体环境迫使加拿大重新考虑其原有媒体文化主权监管方法。有学者以音乐节目为例，讨论了"加拿大内容"政策在新媒体时代的挑战。Wagman 指出，当电波为稀缺资源时，如果不施加政府管制，可能加拿大人接触不到国产音乐，但是如今在媒介丰富时代，实施内容政策已没有意义；但另一位学者 Young 认为政府的"加拿大内容"政策对加拿大本土音乐产业的存在和繁荣至关重要。

4. 对受众的研究

受众研究乃是探讨受众、市场和公共利益的关系。不少加拿大学者提出应该重视受众研究，根据受众的需求来制定广播政策，以实现社会文化目标与公众利益。受众研究也是文化研究的主要范式之一。Raboy 分析了传媒政策、受众和社会需求的关系，提出"社会需求"（social demand）理论，呼吁突出广播服务于公共利益的功能，反对行政研究范式。Proulx 等人把政策研究与受众研究结合在一起，把政治经济学和文化研究联系起来，认为国家政策制定应该考虑社会需要，关照受众需求。Savage 认为在数字化和互动媒体时代，公共广播若想实现其目标，必须考虑受众的需求；作者批评加拿大广播政策制定者把受众置于边缘地位，只从商业模式和媒体消费角度来考虑政策制定。Carroll 以社会运动理论（social movement theory）分析了 20 世纪 90 年代中期包括加拿大在内的西方国家兴起的媒体民主运动（democratic media activism），认为会对西方国家的传媒政策变革产生作用。Raboy 认为，虽然广播法中宣称所有广播活动皆为公共服务，国家公共广播公司 CBC 却不得不与私营公司竞争观众、广告、有线频道，忽略了公共服务，因此需要重新强调法律规定的这一基本原则。

5. 对私营广播的研究

无论在收入上，还是在受众份额上，私营广播当下都已成为加拿大广播系统的主体。Hoskins 等人从经济和商业视角考察了私营广播公司所处的宏观经济环境、政策监管环境、技术环境以及国际竞争环境，指出私营广播公司趋于根据其经济利益来回应政府规管，因此只有确保私营广播公司按预计的方式回应政策，政策制定才有效。Nolan 对私营全国电视网 CTV 进行了案例研究，认为依靠公共拨款的 CBC 的使命是为公众提供文化教育和启蒙，而依靠广告收入的 CTV 本质上是广告商的工具；作者针对如何使私营广播服务于公共政策目标提出了建议。有学者对代表商业广播公司的游说组织"加拿大广播业者协会"（CAB）进行了研究，由于私营地面广播公司要求有线及卫星公司支付转播费而引发分裂，CAB 于 2010 年解散，使私营公司失去了代言者。在技术发展的推动下，电信、广播产业融合为通信产业，CRTC 的一份研究报告考察了产业融合对商业、消费者及监管者的影响。加拿大私营广播业者经常抱怨播放国产电视节目在经济上很难收回成本，而 Nordicity 的一项研究却证明加拿大国产节目可以为私营广播集团公司盈利，但前提是要达到一定的重播次数。

6. 对加拿大广播多样性的研究

以广播反映加拿大多种族、多元文化的属性是当下加拿大广播政策的重要目标，因此加拿大广播系统呈现多样性特点。Raboy 指出，官方双语在加拿大广播政策中的体现是加拿大宪政的一个缩影；历史上，加拿大广播政策以调和"双语隔绝"（two solitudes）为特征；以制度性安排使双语成为一种力量是加拿大的挑战。Karim 指出大众媒体一般只关注主体民族，但加拿大的多元文化政策鼓励少数民族媒体的发展，且已建立了少数民族广播独特的模式，但商业化运作模式可能会影响其内容的范围；作者还探讨了少数民族和流散民族广播的问题。Murray 探讨了少数民族媒体对民族一体化融合（integration process）的作用，发现加拿大的少数民族媒体对国家与省级新闻以及跨文化报道很少，利基战略（Niche Strategy）隔离了少数民族媒体，建议在政策上给少数民族广播公司更多灵活性，来促进融合作用。Roth 探讨了多元文化政策与少数民族广播政策的关系，认为电视在多元文化和种族社会可对社会凝聚力发挥支持作用；少数民族广播可以促进不同种族的对话，实现不同价值观的调和；作者特别指出，少数民族广播不应该只是服务于本民族观众，而应该服务于跨文化交流，其节目向全国观众开放。在另一篇论文中，Roth 研究了土著人广播电视网（APTN），认为这家于 1999 年开始向全国播放节目的少数民族广播电视网，对文化和种族多样性的构建发挥了重要作用，促进了加拿大的多元文化发展和跨文化交流。Skinner 研究了加拿大存在的替代媒体，如社区广播、学生广播、少数民族及土著广播等；作者认为替代广播挑战主流媒体的垄断力量，为公众提供了不同声音，建议政府在政策和资金上给予一定扶持。

7. 对媒体所有权的研究

Scatamburlo – D'Annibale 和 Asquithy 认为加拿大的媒体所有权问题围绕三对冲突：公共利益与产业集中，商业与文化，新自由主义与批判性民主；作者认为外资对加拿大媒体的拥有会破坏民主和加拿大公众的利益。另一位学者 Dornan 却认为，加拿大的广播公司担心外国（即美国）对加拿大电波的控制是可以商榷的，认为广播公司的公民身份与其产品的国家主义的理想之间没有必然联系，如果外国投资者遵守"加拿大内容"的规定，可能有利于加拿大的广播系统，例如为加拿大创造就业。加拿大工业部的一份调查报告指出，电信和广播日益融合，技术和市场变化会破坏现有政策和管制框架，建议把广播的内容管制与传输管制分开，传输并入统一的电信监管框架，由市场力量来调节，并解除加拿大电信普通传输公司的外商投资限制，增加竞争力，提高电信市场生产力。议会常委会的一份报告也显示，从经济角度来讲，加拿大对电信产业普通传输企业（common carriers）的外资限制政策应该取消，建议先取消卫星传输的外资限制。McEwen 考察了英、美、法、德、澳等国以及欧盟的媒体所有权监管政策和实践，认为对传媒所有权的规制，虽然不能照搬任何国家的做法，但一些原则和工具是普遍适用的，即媒体的多样性和多元化原则，建议 CRTC 参照欧盟的标准确立一个多样性的测量系统（diversity measurement system）。

8. 对数字电视、新媒体的研究

关于加拿大的数字电视转换工程，Taylor 比较了加拿大和美国的情况，认为由政府和产业界主导加拿大数字电视转换标志着加拿大广播系统以"市场效率"牺牲传统的公共利益目标；反之，因有公共利益团体参与政策进程，美国在数字电视转换过程中却注重保证公共利益目标。另一位学者 Bonin 认为在数字电视转换过程中，政府通过成立工作组成功组织了利益相关者参与讨论，但却没有制定一个操作框架，而业界也存在资金投入不足的问题；为了成功实现转换，产业界必须找到数字时代的商业模式并让消费者认可。此外，很多学者关注新媒体对民主的影响，例如 Barney 认为互联网将带来民主参与的重大复兴，但是目前在加拿大还没有实现，加拿大已脱离广播的传统民主参与式治理，因此加拿大的政治、经济和政府监管模式必须重新定位。Barratt 介绍了加拿大和美国两国关于网络中立性（Net Neutrality）的讨论，认为政府和电信产业界主导了关于网络中立的相关政策讨论，应该增加学界和公共利益团体的参与。Raboy 探讨了在全球化、技术革新和经济发展背景下，媒体对社会民主化的作用；作者认为私有化和自由化承诺带来更多频道，但并没有带来媒体多元化，国家垄断被私有化取代，带来同样的令人怀疑的目的；欧洲国家的公共广播日渐式微令人关切，替代媒体因缺少资源支持而被边缘化，全球多媒体产业集团的出现限制了多元化和地方内容表达；基于以上状况，作者建议公民团体应该参与全球传媒治理和政策制定。

### 三　研究方法

鉴于广播电视对个人和社会的巨大影响力和本国独特的国内、国际环境，加拿大政府对广播电视产业实施了较为严格的监管，历经 80 余年的发展演变，确立了较为复杂、庞大的管理体制，形成了较为完全、齐备的政策体系。为了厘清各历史时期重大政策形成的过程，分析政策的政治、文化、社会目标，并探索市场经济条件下广播政策系统及各子系统的构成及其运行特点和规律，本书综合采用了文献调查法、历史研究法、案例研究法、比较研究法，以及政治经济学与文化研究等方法。

（一）文献调查法

文献调查法由文献的收集、文献的整理和文献的分析三个阶段组成，是各学科使用最多的研究方法之一。本书属于政策研究，因而对政策文本及政策研究的文献资料的收集和研读显得尤为重要。笔者收集的文献主要有三类：一是原始文献，包括加拿大内阁、议会、遗产部、广播电视和电信委员会及其他政府部门在不同历史时期颁布的与广播电视产业监管相关的法律、法规、政策文件、报告等；二是相关学者的研究成果，主要是加拿大本国传播、传媒、广播电视研究领域学者的研究论文与专著，以及其他西方国家学者及中国学者对加拿大广播政策的研究成果；三是西方传媒、传播学百科及词典，如 *Oxford Reference Online*、*Gale Virtual Reference Library*、*Credo Reference*、*Blackwell Reference Online* 等。因此，对收集的大量国外文献，进行翻译、整合与分析是本书采用的一个重要方法。

（二）历史研究法

历史研究法就是以时间顺序排序、描述一个特定的政策的开始和变化时间，以揭示政策演进和变化的趋势、模式，是公共政策研究的主要方法之一。从1928年成立第一个广播政策调研委员会——艾尔德委员会（Arid Commission）至2011年加拿大完成广播电视由模拟向数字信号的转换，加拿大广播政策已经过80余年的历史演变，因此有必要对这一长期的政策变迁过程进行梳理，总结其演变规律，预测其发展趋势。基于此，本书把历史研究法作为一个主要的研究方法。

（三）案例研究法

政策研究虽然运用各种不同的学科和理论范式，采用不同的研究方法，但大多数研究包括案例研究，涉及调查工作或是对政策案例的细节性分析。整体而言，本书选取加拿大广播政策作为研究对象即是对西方广播电视体制研究的一个案例。对加拿大广播政策的研究也并非"事无巨细"地对历史上每一项政策逐一进行分析，而是对加拿大广播政策史上有重大意义或是里程碑式的政策案例进行细节性分析和重点研究。

（四）比较研究法

比较研究法是各学科广泛运用的一种研究方法。通过认识、区别和确定事物异同关系，可以发现事物的本质特征。在国外经验借鉴研究中，比较的方法更是不可缺少。就公共政策研究而言，比较研究包括纵向比较和横向比较。在纵向上，本书对比加拿大广播政策史上不同时期的政策，以探究其演变模式，把握其发展趋势。在横向上，本书首先比较加拿大与其他西方国家在广播政策上的异同，总结其政策的特性与共性；其次比较加拿大广播政策与中国的异同，总结出对我国有借鉴意义的理论和做法。此外，比较研究必须要明确比较的内容和标准，否则无法进行科学比较；本书将比较各国广播电视政策的政治目标、社会目标和经济目标，通过对各国政策目标的"求同""求异"分析比较，以期发现其本质属性和演变规律。

（五）政治经济学与文化研究方法

广播政策研究既属于文化产业研究的范畴，也属于传媒研究的范畴，因而会涉及政治经济学和文化研究的相关理论和方法。政治经济学关注政治对经济和市场行为的影响以及经济与国家权力的关系；而文化研究关注工业社会中大众文化现象，特别是消费者对文本的解读。本书亦尝试综合运用政治经济学与文化研究相关理论和方法来分析、解读加拿大广播政策的变迁过程中，各种政治、经济、社会力量之间的互动和博弈对政策进程的影响。

当然，在研究和分析过程中，笔者也综合运用了定性分析、规范分析等思辨研究方法，以及归纳与演绎等逻辑分析方法。此外，笔者还访问了加拿大广播公司在蒙特利尔的法语广播总部，对几位节目制作人和主持人进行了访谈，探讨了有关加拿大公共服务广播的问题，他们的观点均被收录在本书之中。

## 四 重点、难点及创新之处

（一）研究材料之特色与创新

本书所使用的参考文献主体是英文材料，而且大多数是国内同行学者还没有使用过的材料。首先是原始文献，包括加拿大议会、文化遗产部、广播电视和电信委员会、皇家广播调查委员会及其他相关政府部门在不同历史时期颁布的大量与广播电视产业相关的法律、法规、政策文件、调查报告等，其中一些历史文献和政府档案只在笔者所留学的麦吉尔大学图书馆才有收藏；其次是研究文献，包括众多加拿大传播学领域知名学者从不同视角对其本国广播政策的研究与评价。本书所进行的是国外经验借鉴研究，以对象国的原始政策文本的解读与分析为基础，加上其本国学者基于不同角度的评价与观点构成的研究成果，为本书比较深刻地理解和剖析加拿大广播政策演变的本质与规律，从而得出正确客观的结论提供了较为真实、可靠的依据。

更重要的是，笔者对以上英文文献并非不加选择与甄别地随意收集，而是请教了数位加拿大广播政策研究领域的教授，由他们推荐了本领域最有影响力的核心专著和论文，为本书的质量和可靠性提供了保障。

（二）研究内容之特色与创新

目前我国学者对加拿大广播政策的学术性研究，一是整体上研究数量不多，二是大多数比较有影响的专著研究的时间下限止于20世纪末，例如蔡帼芬教授主编的《加拿大的广播电视》出版于1996年；郭镇之教授的专著《北美传播研究》出版于1997年。进入21世纪以来，国内对加拿大广播政策的研究专著尚未见到。本书研究的加拿大广播政策内容，上起1867年的《不列颠北美法案》，下至2011年广播监管机构CRTC颁布的一些政策规定。因此，本书研究的时间跨度较长，并在一定程度上填补了对加拿大广播政策在21世纪新发展之研究比较缺乏的空白。

（三）研究方法之特色与创新

通过综合运用文化产业研究、传媒研究、公共政策研究的相关理论，本书既对加拿大广播政策的历史演变进行了比较完整的考察，又从监管体制、政治目标、社会文化目标、经济目标等角度对加拿大广播政策进行了比较全面的分析，并在与其他西方国家的对比中进一步明确了加拿大广播政策的共性与特性，最后结合我国的具体国情提炼出加拿大广播政策可供我们借鉴的一些经验和做法。

本书对加拿大广播政策历史的考察并非只是简单地对史料进行排序，那样的研究无非是资料性的。历史考察只是一个工具，应该服务于整体研究目标，也就是说，要为后文对广播政策的具体分析奠定基础。为此，本书在历史考察中，注意对各个时期出台的政策和与其相关的社会、政治、文化、经济因素之间的关系进行分析。通过对各项政策按时间排序来展开历史叙述，并重点关注具有里程碑意义的政策变革，本书旨在揭示加拿大广播政策演变规律和发展趋势。需要指出的是，本书首次按照公共广播与私营广播的力量消长变化，对加拿大广播政策发展史进行了具体分期，即公共广播主导时期（1958年之前）、公私广播平等竞争时期（1958—1980年）以及私营广播主导时期（1980年至今）。

加拿大广播政策历经80多年的演变，形成了一个庞大的政策体系。如何在纷繁复杂的各类政策中把握加拿大广播政策的核心内容？本书认为目标分析是政策研究的关键。因此，本书对加拿大广播政策的分析，紧紧围绕加拿大广播政策所要实现的政治、文化和经济目标。在分析过程中，关注政策议题的提出、政策的制定、政策的执行、政策的评估等政策制定过程的各个环节，以及代表加拿大社会各个利益相关方的政策参与者的博弈关系，以揭示加拿大广播政策演变规律和政策制定者的行为模式，并对其进行分析和解释，以期提炼出对我国广播电视政策制定有借鉴意义的经验和做法。

本书不是孤立地看待加拿大广播政策，而是把其置于西方广播业整体格局中，分析西方广播政策的总体特征和发展趋势，由此对加拿大广播政策所具有的共性与特性有更准确的理解和把握，考察加拿大广播政策是由加拿大自身所具有的哪些特殊国情所决定的，以及加拿大广播政策模式在西方世界中所处的地位及其影响。

最后，本书在对我国广播政策制定提出建议时，特别注意可行性分析，即要结合我国的具体国情，而不是照搬加拿大的经验和做法。例如，由于两国社会制度根本不同，加拿大广播产业以私营广播为主体的做法就不适合我国的国情，我们必须坚持社会主义公有制为主体，非公有制成分只能有限参与。

（四）研究结论之特色与创新

本书对我国正在进行的广播电视体制机制改革提出了一些比较新颖的建议，其中不少为同类专著尚未提出或语焉不详的内容。例如，参照加拿大和其他发达国家的经验和做法，本书首次提出我国应该引入一家与央视竞争的全国性国有广播电视台、建立一个全国性的民族广播电视台（或在央视开辟一个民族频道）。在坚持社会主义公有制主体地位不变，坚持广播电视作为党和人民的喉舌地位不变的前提下，本书明确提出广播电视台应该全面由事业单位转制为国有企业、建立独立广播电视监管机构、制定统一规管广播与电信产业的"通信法"等建议。

需要指出的是，本书提出的以上建议并非只是笼统性或大致的概念、想法，而是在参照加拿大及其他发达国家的经验，并结合我国广播电视业实际情况的基础上，进行了比较细致的可行性分析，提出了比较具体的操作步骤和实施方案。

# 第一章 广播政策研究的理论基础

理论在科学认识中是不可缺少的基本要素，不仅科学研究的目的就是要建立正确的理论，而且科学研究的任何一个环节都离不开理论的参与。对广播政策的研究同样需要理论支撑。广播电视产业是传媒产业的重要组成部分，而传媒产业所提供的信息、知识与娱乐等内容产品属于文化产品，所以传媒产业又是文化产业。"传播造就了文化，而文化也形塑和改造着传播。"对广播政策的研究必然需要文化产业研究和传媒研究的相关理论支撑；同时，由于本课题也属于公共政策研究范畴，所以政策科学的相关理论也不可或缺。

## 第一节 文化产业研究的理论与流派

文化产业研究始于西方，发轫于德国法兰克福学派对"文化工业"的批判。此后学术界关于文化产业、大众文化的各种经典理论与研究也主要是由西方学者所做出的。中国文化产业研究起步较晚，学术界对文化产业"基础理论"的研究实质上是对法兰克福学派"文化工业"理论的认识与再认识的过程，而对文化产业"应用理论"的研究至今尚未形成完整的理论体系。本节将主要回顾西方文化产业研究的主要理论与流派、文化产业研究的主要范式与方法。

### 一 "文化产业"术语的提出

（一）"文化产业"概念溯源

在"文化产业"术语出现之前，文化产业就已实际上存在。无线电广播在20世纪20年代后就已开始商业化运营，而报纸产业的历史则更早。中文"文化产业"术语对应的英文有单数和复数之分，即"culture industry"与"cultural industries"。一般认为，法兰克福学派代表学者阿多诺与霍克海默于1946年共同完成的名著《启蒙辩证法》中，首次使用单数的文化产业术语。在中国学术界，单数"文化产业"术语一般被翻译为"文化工业"。阿多诺等人用此术语指代当时大众文化的生产与消费方式，目的是批判资本主义生产方式下文化生产的弊端。"文化"这个词自身便具有政治、意识形态或批判意涵。赫斯蒙德霍（Hesmondhalgh）认为，阿多诺与霍克海默两人当时选择了这个术语就是为了引起"轰动"（shock）；其他一些学者也指出，相比"文化产业"术语，"娱乐产业"或"创意产业"就没有太多历史或政治意味，因而不会引发批判意涵。

复数"文化产业"术语的使用大致始于20世纪70年代后期，当时学者们开始认识到文化产业的不同内容生产及流通消费具有各自不同特点，开始把文化产业作为一个集合名词来理解和分析。随后一些国际组织和政府也开始使用"文化产业"的复数形式，如联合国教科文组织、欧洲委员会、大伦敦议会等；文化产业的含义也开始从单数时的贬义演变为中性。但是，"文化产业"单数形式所暗示的各种对文化之商业化生产的关切仍然存在，只不过现今的学者们以更加全面、辩证的态度来看待文化产业，而不似早期学者使用"文化产业"单数形式时的几乎全盘批判的态度。

（二）文化产业概念的含义

文化产业是生产文化商品的产业，而文化商品的特性在于其具有的审美、消遣及意识形态的使用价值。① 赫斯蒙德霍指出文化产业是生产"文本"②的产业，这是其区别于其他产业的根本属性。联合国

---

① 但若以当代研究文化产业的理论观之，提供信息服务的传媒产业，消费者有很大部分并不是为以上目的，而主要是为了获取信息。因此，法兰克福学派对文化产业内涵的定义与"艺术产业"更接近。

② 在文学理论中，文本（text）是指传递信息的一组相关符号。参见 Chandler D., Munday R., *A Dictionary of Media and Communication*. Oxford University Press Inc., 2008, http://www.oxfordreference.com/views/ENTRY.html? subview = Main&entry = t326. e2764。

教科文组织则指出文化商品的文化性和无形性特征。对文化商品的内涵，我们可以总结出一些关键词，即符号、文本、内容、无形、审美、信息、娱乐、消遣、意识形态等。① 总之，文化商品的本质属性是精神性，其使用价值是满足消费者的精神需要，就是我们常说的"精神食粮"，其相对面是人对物质的需要。以此观之，一些休闲产业不应该属于文化产业，如按摩，因为其服务的是身体，而非精神；再如旅游产业、体育产业等产业，其使用价值更多的是满足身体需要（physical needs），而不是精神需要。传媒、出版、广播影视、音乐等产业提供的内容产品直接对受众精神思想产生影响，属于文化产业。

从文化产业概念的外延来看，文化产业实际是一个集合名词，乃是由诸多产业组成的产业集群，而不同国家对文化产业包含哪些具体行业有不同的定义。联合国教科文组织对文化产业外延的定义被广泛接受，即文化产业是指结合了对文化、无形之内容的创作、生产和商业化的产业，包括印刷、出版及多媒体、视听、唱片和电影的生产制作，以及工艺和设计。联合国教科文组织亦强调，在一些国家，建筑、视觉艺术和表演艺术、体育、乐器制造、广告、文化旅游也被视为文化产业。此定义强调的是文化商品的内容，而非内容传播的媒介，所以没有直接列出传媒产业，但实际上涵盖的产业非常广泛，包括了文化内容的创作、生产（制造）及商业化的所有产业。首先是与文化创作相关产业，如一些文化工作室、音乐工作室等；其次是文化商品制造业，如传媒就属于这一类产业，有的传媒也生产文化内容（如电视台），而有的传媒只是单纯作为文化内容传播的媒介（如出版社）；最后是将文化商业化的产业，如从事文化商品的流通、销售等产业。

此外，无论在学术界还是在业界，文化产业术语都有相同或相近术语，可统称其为替代术语（alternative terms），例如创意产业、娱乐产业、内容产业、信息产业、版权产业、知识产业等。这些术语与文化产业在内涵上相近，在外延上则多有重叠。

---

① 图、文、声等传媒产品都可以是文本，是符号，符号即是代表一物之物。

综上所述，可以对文化产业的特征概括如下：第一，文化产业是以商业化方式生产文化的活动，文化成为商品，受商业生产逻辑支配；第二，文化产业的主要目标是经济发展，而非文化发展；第三，文化产业要达到一定规模，形成产业，有别于家庭作坊式的文化生产；第四，文化商品的形式有两种，即实物（goods）与服务（service）；第五，文化商品的主要使用价值为审美、娱乐、消遣、信息、知识及意识形态；第六，文化产业的产业链包括创作、制造（生产）、流通、消费。一言以蔽之，文化产业即是工业化社会中大众文化的生产、流通与消费活动。

## 二 文化产业学术研究的理论与流派

由于和"文化"联系在一起，注定了文化产业像其他产业，又不像其他产业。正如一位学者所言："文化之于国家的意义是太重要了，怎么能将其生产完全交由私营企业？文化又太宝贵，乃是权力和财富之来源。"因此，文化产业一直是激烈的政治和学术辩论的主题，关于文化产业的研究形成了各种理论、流派、范式和方法。

### （一）法兰克福学派对文化产业的研究

论及文化产业研究，不可不提法兰克福学派[1]；而论及法兰克福学派，不可不提其创立者阿多诺（Adorno）和霍克海默（Horkheimer）。[2] 1947 年，阿多诺和霍克海默在专著《启蒙辩证法》中写了一篇题目为《文化工业：变为大众欺骗的启蒙》的论文，[3] 正式提出了"文化工业"的概念，创立了大众文化批判理论。此后，阿多诺在 1975 年出版的《文化工业再思考》中，对文化工业批判理论进行了

---

[1] 法兰克福学派最早是由法兰克福大学社会研究中心的一群社会科学学者、哲学家、文化批评家所组成的。法兰克福学派最大的贡献是参与建立了批判理论。他们的理论借用、发展了欧洲社会学家的"大众社会理论"，被认为是西方马克思主义学派的一支，其主要人物包括阿多诺、马尔库塞、霍克海默、弗洛姆、本杰明、哈贝马斯等。

[2] 阿多诺的生平与学术，参见 Adorno, Theodor Wiesengrund (1903 – 1969), Cambridge Dictionary of Sociology, Cambridge University Press, 2006, http://www.credoreference.com/entry/cupsoc/adorno_theodor_wiesengrund_1903_1969。

[3] 参见 Horkheimer M., Adorno T. W., The Culture Industry: Enlightenment as Mass Deception, Media and Cultural Studies: Keyworks, 2001: 71 – 101。

进一步完善。阿多诺与霍克海默提出大众文化批判理论，是为解释为何马克思所预言的工人阶级革命没有在资本主义社会发生。他们指出，文化的工业化生产破坏了艺术的本来面目，即拷问现有社会秩序；在资本逻辑支配下生产出来的文化商品，不过是教人逃避现实，安于现状的娱乐消遣品。统治者正是采用了这种更为隐蔽的社会控制方式，以大众文化商品麻痹人民反思、批判和变革的意志，使人民思想及行为趋于一致，顺从于现行体制，最终维护了资本主义制度。法兰克福学派对文化工业的批判构成了批判理论的重要组成部分。

法兰克福学派的其他学者或发展了阿多诺与霍克海默的学说，或持有不同意见。① 本杰明就对文化工业持积极态度，认为它有助于打破所谓高雅文化的光环，推动审美民主化，让大众可以接触到新技术生产的文化，从而有助于推动社会变革的力量。马尔库塞认为文化工业生产的大众文化给观众带来了快乐，但那是一种由资本逻辑支配的文化工业机制下造成的虚假的需要，而真正的艺术和智力创意力只有在社会主义才能实现。哈贝马斯用"公共领域"的概念分析了文化工业，认为文化工业为社会政治和经济精英服务，而不是为大众。恩岑斯贝格尔提出"意识工业"（consciousness industry）一词来取代文化产业，批评文化工业理论过于强调经济决定论，认为文化工业的意识形态性不只是文化商品化的结果，而是政治与经济精英对意识的直接组织。

从20世纪60年代末开始，由于文化批评理论的发展，以及由其他学科借鉴来的方法的运用，法兰克福学派的学者们对文化工业的批判更加细致。同时，有一种共识在学界逐渐达成，即不同文化内容及其生产体系是不同的。由此出现了文化工业这个词的复数形式；复数术语的提出是为了研究生产符号商品的不同机构，如何建构社会意义及其与资本的关系。

---

① 参见 Bettig R. V., Culture Industries. Media as [M] // Schement J. R., Encyclopedia of Communication and Information, New York: Macmillan Reference USA, 2002: 209 – 216. http: // go. galegroup. com/ps/i. do? id = GALE% 7CCX3402900068&v = 2.1&u = crepuq_mcgill&it = r&p = GVRL&sw = w.

(二) 文化研究学者对文化产业的研究①

文化研究学者研究文化现象,特别是从种族、阶级、性别、意识形态的视角来研究文化的传播,分析文化活动与权力的关系。对于文化产业的研究,文化研究学者注重分析受众如何解读文本与内容。与法兰克福学派同时代的英国学者理查德·霍加特、雷蒙德·威廉姆斯②是文化研究的代表人物。

文化研究学者运用受众接受理论和人类学研究等方法,对受众如何解读传媒文本进行研究。他们发现,性别、种族、阶级、年龄等因素会影响受众对新闻或娱乐产品内容的解读;有时受众的解读甚至与内容提供者的初衷相反。霍加特发现,20世纪中叶的英国人对文化产品的消费有相当大的自主选择性,但文化产业的影响力越来越大,逐渐破坏了传统的工人阶级文化。像法兰克福学派一样,霍加特认为文化产业的日益商业化威胁了推动进步与独立的力量。威廉姆斯提出了文化唯物主义,认为每个人都有艺术创造力,不同意人为定义及区分大众的概念,反对文化精英主义。但威廉姆斯同意文化工业有可能削弱人的艺术创造力。另一位文化研究学者洛文塔尔也把研究重心置于受众,研究文化传播在整体社会进程中的角色,关注正式(即经济和政治权威当局)或非正式的审查制度对文化传播的影响。

就政治层面的分析而言,文化研究学者更关注文化产业的所有权与控制权的问题,也就是关注知识的拥有者与信息的控制者。此研究范式是为了拷问一个问题:文化产业一定是受资本主义商品生产逻辑支配吗,有无替代模式?这个问题的关键就是所有权问题。文化产业之所以被商业逻辑所控制,在于其所有权是商人,是资本家,因而他们为了逐利,必然迎合市场与广告商的需求。如果打破这个基础,即

---

① 参见 Grosswiler P., Cultural Studies [EB/OL]. //ibid.: 199-206 [2012/7/20/]. http://go.galegroup.com/ps/i.do? id = GALE%7CCX3402900066&v = 2.1&u = crepuq_mcgill&it = r&p = GVRL&sw = w。

② 参见 Brennen B. S., Williams, Raymond (1921-1988) [EB/OL]. //ibid.: 1087-1089 [2012/7/30/]. http://go.galegroup.com/ps/i.do? id = GALE%7CCX3402900295&v = 2.1&u = crepuq_mcgill&it = r&p = GVRL&sw = w。

所有权从资本家、商人手中剥离,由一个代表公共利益的所有者来控制,问题就可迎刃而解。由此,公共服务广播的概念出现了。公共服务广播由税收和牌照费提供资金,所以并不受制于广告商或市场需要,因而不被任何特定所有者的意识形态或政治立场所影响。当然,公共服务广播的棘手问题是,它是由国家控制还是政府控制?是由政治控制还是专家控制?例如,BBC(英国广播公司)这样的公共广播公司,其使命被定义为服务全体公民的利益,是团结英国大众,不是服务市场。因此,公共服务广播证明文化生产的组织,可以通过国家政策和法律进行干预,并不只受市场机制支配。对广播电视产业来说,问题的关键甚至不在于是公共控制还是商业控制,而在于国家政策和法律可以规制文化产业生产什么内容,以及特定受众被允许消费的相应内容。①

后来的文化研究学者对文化产业的研究,基本沿袭了霍加特和威廉姆斯的路径,也反映了本杰明和恩岑斯伯格尔的批判理论。学者们研究的内容包括文化生产者自主能力、受众对文本的解读;关注在商品经济体系下的文化生产,如何解决市场利润与创作力之间的内在冲突;文化工作者如何创作挑战现实的作品。此外,文化研究学者也关注主流传播系统之外的传播机构,例如草根媒体(grassroot media)及另类媒体(alternative media)如何抵抗商品化的影响。

(三)以政治经济学的视角研究文化产业②

以政治经济学视角对文化产业的研究,仍然以法兰克福学派对文化工业的批判为其基本观点,沿用了对文化工业的结构和市场战略进行分析的研究路径。政治经济学是关注权力以及经济资源分配的研究领域;政治经济学研究者运用价值理论分析生产关系,也就是分析政府、政体、利益集团,不同社会阶层对某一经济关系的影响,基本观

---

① 例如,诽谤、隐私、淫秽等内容不许生产;成人节目只能由18岁以上的人士收看等法律规定。

② 参见 Frith S., Culture Industries [M] //Payne M. Dictionary of Cultural and Critical Theory. Blackwell Publishing, 1997. http://www.blackwellreference.com/subscriber/tocnode? id = g9780631207535_ chunk_ g97806312075356_ ss1 - 68。

点仍然是劳动创造财富,与马克思主义在这一观点上是一致的。因此,政治经济学探讨谁拥有和控制经济、社会和文化机构,涉及企业所有权控制、文化产业如何塑造文化生态的轮廓等问题。政治经济学的观点认为,智力与艺术创作力的商品化与工业化,使文化工作者、文本、观众越来越丧失自主力,文化工作者不得以利润为导向进行生产,还得为传媒控制者的某些特定政治、经济利益服务,从而最终为其所代表的资产阶级服务。

政治经济学研究者对文化产业结构与实践进行了批判。他们认为,在政治、经济精英的干预下,在广告商影响下,文化与信息的商品化造成受众对现状的顺从,丧失推动变革社会的潜力。进而言之,受众对文化产品的解读是被内容提供者预先设置好的;在文化工业体系下,文化多样性是不可能实现的,所有文化商品趋于同质化,不可能为受众提供替代视角,让受众有产生相反解读的可能。另外,广告商以显性或非显性的形式,对文化产业(特别是传媒产业)的形式和内容都有巨大影响。举例来说,广告商的目标受众会看到相应的传媒内容,而广告商不需要的受众则看不到他们想要的内容;杂志会针对某一期广告推出相应的内容,例如封面的设计会迎合广告的需要;广告还促使媒体推销消费主义。一言以蔽之,传媒只有满足广告商和受众的需求,才能创造利润,因此不可能自主决定其提供的内容。

到20世纪末,全球文化产业由最大的一些跨国公司控制,政治经济学研究也开始关注文化产业的集中趋势。在这个时期,传媒、计算机、通信行业三者出现了产业融合趋势;就纵向合并而言,也出现传媒、文化生产企业、分销企业的一体化。这种发生在文化产业内外的合并与融合,其实还是遵循一个逻辑,即阿多诺与霍克海默所指出的"规避风险与追求利润最大化"。然而,产业融合与合并的结果导致了产品趋于同质化,受众对文化产品的多样化选择变得不可能,受众听到不同"声音"的可能性越来越小,因为市场和资源都被那些最大的产业集团所挤占。

(四) 文化产业研究的新发展

从20世纪70年代开始,西方学术界开始用综合的跨学科方法来研究文化产业，既有对法兰克福大众文化批判理论的拓展，亦有其他不同观点的发展。通过运用政治经济学、社会学及文化研究的方法，一批学者开始在新出现的全球化概念下，研究文化产业与文化帝国主义的关系。梅杰（Meige）在20世纪80年代末，用社会学方法研究文化产业，挑战文化帝国主义理论。他强调，媒体制度和生产不仅有经济维度，更有文化和政治维度。布迪厄用实证法研究了文化生产中，社会关系如何重构社会意义、权力和统治；他的研究填补了分析文化产业对个人和社会的影响时，结构主义与自主力量孰轻孰重的争论。[①] 麦克切斯尼研究了文化产业各个部门的政策、实践和组织结构与宏观社会权力、民主、社会正义的关系；他分析了制度力量、政治和传媒政策的关系，批评了商业公司化的文化生产逻辑破坏了媒体培养公民权、民主、公民社会的作用，发展了阿多诺关于"夺回我们的媒体"的宣言。

自20世纪80年代起，出现了很多与文化产业重叠的新术语，如传媒产业、文化经济、文化生产、创意产业等。组织社会学、媒体研究、经济学等学科的学者从不同角度对文化产业的研究有助于更好理解这个特殊的产业。跨学科对话使学者们可以综合研究文化与经济的相互共生关系，理解文化生产涉及生产、消费、文本、管制、身份、话语之间的相互联系。一批学者，如曼纽尔·卡斯特（Manuel Castells）、迈克尔·波特（Michael Hardt）与安东尼奥·内格里（Antonio Negri），斯科特·拉什（Scott Lash）与约翰·厄里（John Urry），探讨的问题包括：资本主义生产逻辑如何被重新复制，文化产业在复制这些资本主义的商业逻辑于社会生活各个方面所起的作用，以及跨越国界的新自由主义政策如何发展与延续。

进入20世纪80年代，传播技术的发展进一步加速，卫星与有线电视开始普及，并成为国际媒体，国境已不是文化商品流动的边界。

---

① 参见 Elavsky C. M., Culture Industries [M] //Donsbach W. The International Encyclopedia of Communication. Blackwell Publishing, 2008. http://www.blackwellreference.com/subscriber/tocnode? id = g9781405131995_ chunk_ g97814051319958_ ss176 – 1。

另外，认为应该由市场，而不是国家来决定投资与生产决策的政治意见开始占上风，因此在北美、欧洲开始出现解除管制的浪潮，对文化产业产生巨大影响。此后，公共广播服务的衰落，给更多"独立"制作人的出现提供了机会；数字技术的发展，使视听产业去集中化成为可能。"文化产业"开始被作为财富和创造就业的新术语；一些城市由于传统工业的衰落，开始转而利用打造文化产业来实现就业和经济发展，如美国的巴尔的摩，把老工业、文化遗产和游客结合起来；英国的大伦敦议会在20世纪70年代末推出"文化产业政策"。

近年来，文化产业对经济影响的研究呈现增多趋势，虽然在整体文化产业学术研究史上尚不是主体。主流经济学认为经济与文化是不相关的，第二代文化经济理论则认为经济是文化行为，文化是经济行为（economy as a cultural act and culture as an economic act）。在阿多诺时代，就曾经出现实证、问卷调查、实验室式对文化产业的研究，研究结果应用于企业或政府。英国大伦敦议会于20世纪80年代推出"文化产业政策"；联合国在1982年大会上开始使用文化产业这个术语；1997年英国工党提出发展"创意产业"的国策；全世界的大学开始开设关于文化创意产业的课程，例如澳大利亚有的大学成立了"创意产业学院"。可见，对文化产业的经济属性、就业贡献的研究有占据主流文化产业研究的趋势。

### 三 对文化产业研究的评价与思考

对文化的产业化现实，即文化在市场机制下的商业化生产，有两种不同的态度。一种是否定的态度，以法兰克福学派和政治经济学研究学者为代表，认为在资本主义制度下，文化的商品化使得大众丧失反思现状和推动社会变革进步的能力。而另一种是肯定的态度，或至少不是完全否定。这种态度有几种观点：一是认为文化产业化有助于文化之大众化、普及化，打破所谓高雅文化的光环，实现审判民主，最终有助于推动大众的社会变革意识，这种观点以同属于法兰克福学派的本杰明为代表；二是认为文化产业的工作者、文本及受众具有一定程度的能动性与自主性，不一定是被动和任人摆布的，因而文化的产业化仍会推动社会的变革，这基本上是文化研究学者的观点，以霍加特和威廉姆斯为代表；三是在市场经济学观点下，文化产业既然是一个经济部门，就和其他经济部门一样，市场规律乃是质量与选择的保证。

法兰克福学派用"文化工业"理论，批判的是大众文化及其生产机制。在资本主义生产关系下，文化的工业化生产遵循商业逻辑，生产出来满足大众消费者需要的所谓"大众文化"。① 但这是一种虚假的精神需要，表现为娱乐和消遣产品，其实质是统治者的社会控制和意识形态控制。这种虚假文化具有两重性，表层往往传递自由、平等、幸福、反抗不公等信息，而深层的信息却是教人们服从现状，人民真正的精神需要却被麻痹和忘却了。从某种意义上说，法兰克福学派对大众文化的批判理论在今天仍然是适用的。"不能只提供大众有兴趣的文化"，这就如同在学校不能只提供学生感兴趣的课程；学校的大部分课程是为学生学习知识而设置，而不是为满足其兴趣。文化产品具有启蒙作用，这是由其精神属性决定的。政府需要通过制定政策来干预文化产业，以保证文化产业在促进 GDP 增长的同时，发挥文化产品的本质作用，即启蒙大众。

阿多诺与霍克海默提出大众文化批判理论，是为解释为何马克思所预言的工人阶级革命没有在资本主义社会发生。按法兰克福学派的观点，在当权者控制下，大众文化必然是消遣和娱乐性的，使人民安于现状，失去反思现实及推动社会变革的精神。若以法兰克福对文化工业的批判理论来看，我国现在实行的是社会主义市场经济制度，党和国家也制定了文化产业发展规划，重视以市场规则来发展文化产业，法兰克福学派所言的诸弊端必将显现，即在逐利的驱使下，文化产品趋于同质化。照此看来，国家要有政策对文化产业进行规制，以最小化其商品化生产所带来的弊端，使人民在大众文化的娱乐、消遣之余，不失改革创新的能力，以推动社会的进步。

---

① 阿多诺指出，这种文化工业体系下生产出来的大众文化商品，实际上与"自发地由大众生发出来的"真正的大众文化以及流行文化是有区别的。参见胡惠林《文化产业概论》，云南大学出版社 2005 年版。

## 四 文化产业研究趋势展望

文化产品的消费，不同于物质产品的消费，因其作用于人们的思想观念，因而是一种意识形态产品。也正因如此，在学术界和政策制定领域才出现对文化工业的诸多争论，最有影响的即是大众文化批判理论。然而并非所有观点都对文化工业持否定态度，对文化工业持较正面看法在20世纪后期开始占据上风，这也造就了术语的转换，即由文化工业到文化产业。这个术语本身就代表了对过去所称之文化工业的重新定位，即一种正面的态度。当然，即使在文化产业的语境下，学者们对其社会效益的关注仍然不减少，只不过大家现在更能从正面角度来看待它。从政策制定者角度来看，他们拥抱这个术语，是有着重振经济和增加就业的考虑。因为在经济出现萧条时，文化对于都市重建、增加就业都是一个新的途径。当年英国的谢菲尔德、伦敦大议会出台的文化产业政策，日本、韩国的文化立国政策，就是这种想法的例证。此后，英国、澳大利亚等国家又出现对"创意产业"的"追捧"。而在新兴经济体中，出于与其经济崛起相对应的文化崛起的雄心，也推动了对文化产业的热情，例如中国实施了大力发展文化产业的政策。

综观当下学界在研究文化产业与社会的关系方面，法兰克福学派对文化工业的批判理论对今天学者们的研究仍然影响深远和有效，[①]文化产业仍然将是今后政治与学术辩论的一个问题。今后，文化产业对社会及个人的影响仍然是学术研究的主要方向，特别是在全球化背景下，今后的研究会更加关注政治文化与文化产业之间的关系，如机构组织、技术革新、文化发展、权力实行、受众自主能力，进而在全球化背景下，研究文化产业与社会公平、正义、民主、民生的关系。另外，随着文化产业、创意产业对于创造财富与增加就业方面的作用，及其在国民经济中所占比重的不断增大，学术界从文化经济学角

---

① 例如，在《全球文化工业：物的媒介化》一书中，作者斯科特·拉什和西莉亚·卢瑞提出，在当今所谓的"全球文化工业"中，阿多诺所预言的文化工业种种弊端已经变为现实。参见 Lash S., Lury C., *Global Culture Industry: The Mediation of Things*. Cambridge: Polity, 2007。

度研究文化产业的趋势也会越来越突出。

## 第二节 西方传媒政策研究相关理论

对加拿大广播政策进行解读与分析，需要运用西方传媒产业政策研究的相关理论，才可能理解政策制定的政治、文化及社会背景，以及政策制定的理论依据和政策制定的目标。但必须指出，西方式民主有其自身的致命缺陷，其传媒政策所宣称的言论自由、出版自由等理念具有很大的局限性。我们在理解西方传媒政策研究理论时要保持应有的批判态度。

### 一 西方国家的传媒监管与传媒政策

广义上，传媒产业是一切有关传媒产品的金融、生产、传输、播放、零售的行业的集合，包括商业化运营和不以营利为目的的传媒机构。因此在西方语境下，私人所有的传媒公司与国家所有的公共服务传媒公司都属于传媒产业的范畴，不存在传媒产业与传媒事业之分。由于媒介内容具有意识形态属性，传媒对西方民主国家的信息自由流通至关重要，传媒政策要确保为所有公民提供使用和接触媒介的权利和机会，表达不同的意见。传媒产业从诞生那天起就一直受到各国政府的政策干预和监管。

广义上的传媒监管包括政府监管和传媒产业内部的产业自律。[1] 政府监管包括政府的直接干预行为，还有政府任命的监管机构行为，如英国的通信管理局（Ofcom）、加拿大的广播电视和电信委员会（CRTC）、美国的联邦通信委员会（FCC）等；媒体行业内部的自律通过一些行业组织来实现，例如英国的报刊投诉委员会和广告标准管理局。

在政府层面，传媒政策乃是监管大众传媒的法律体系，规定了传

---

[1] 参见 Regulation [M] //Chandler D., Munday R. A Dictionary of Media and Communication. Oxford University Press Inc. http://www.oxfordreference.com/views/ENTRY.html? subview = Main&entry = t326. e2291。

媒对实现经济与文化政策目标及国家认同的作用。在公共辩论中，传媒政策与一系列问题相关，包括媒体机构的所有权问题，如媒体垄断、公共广播服务、商业利益等议题；技术方面的问题，如无线电波合理分配、产业融合等；媒体内容问题，如品质、品位、雅俗以及诽谤问题；媒体使用权问题，如保障每个人都有使用媒体的机会和权利、少数族群的意见在媒体上能够被表达等。可见，一个国家的传媒政策要实现政治、经济和文化目标；其中，传媒对塑造国家认同有特殊作用；传媒政策具体涉及的领域包括技术、所有权、内容及使用权。

法律是传媒政策的最高表现形式。政府对传媒产业进行立法的内容涉及电信设施信息使用权、审查制度、文化表达、版权、诽谤以及反垄断等。在西方国家，由于言论自由、出版自由是传媒产业的一个基本原则，所以传媒法律实际上是在调节一对矛盾，即言论自由与"普通法"（Common Law）规定的诽谤、国家利益等之间的平衡。

在各种媒体中，电子媒体在传统上是受到最严格监管的媒体，包括电影、电视和电台广播；相对而言，非电子媒体，如印刷媒体（平面媒体）受到的监管较少。若比较广播媒体和非广播媒体，则广播媒体受到的管制更多，而非广播媒体，如电子游戏、音乐录制、电影等受政府干预和管制较少。

不同国家和政体对传媒的政治管控可以分为四类。第一类是专制政权，如第二次世界大战中的纳粹和法西斯；第二类是家长式管控，如东欧社会主义国家的国有媒体；第三类是偏重社会责任的西方"自由民主"体制，如欧洲国家和加拿大；第四类是崇尚市场力量的自由主义体制，如美国。在西方国家，公共利益、消费者权益保护是政府干预和监管媒体的正当性理由；监管措施的性质通常是限制，但也可以包括旨在刺激本土生产、内容的多样性、公共利益或节目质量的措施。

## 二 西方传媒政策研究概述

当今时代，传媒产业的数字化、产业融合（convergence）以及全球化使传媒产业政策界限与传播政策、电信政策、文化政策、信息政策愈加重叠。其实，以上这些政策术语亦有其共通之处，即这些政策的客体都是文化、信息。在学术研究领域，这些政策研究领域也相应地重叠（如图1-1所示）。这是本节在考察传媒产业政策研究状况前首先需要说明的一点。

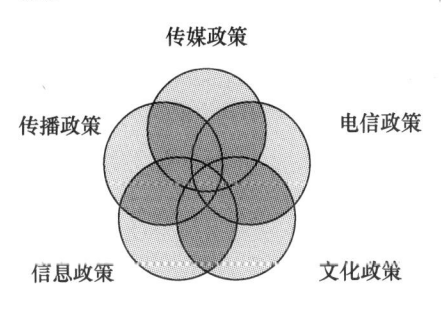

图1-1 传媒政策与其他政策的重叠

（一）传媒政策研究的核心

麦奎尔（McQuail）认为传媒政策是政府在通信设施、信息使用权及文化表达三个主要领域的监管和政策。这实际上列出了传媒政策的主要客体。布拉曼（Braman）则从传播学角度对传媒政策进行了定义，她认为传媒政策乃是处理"表达自由和公众对社会基本结构的决策参与"等问题。此定义说明传媒政策及其研究牢牢基于传播过程的政治和文化维度，主要关注言论自由与公众决策参与问题，涉及民主、多元化、多样性、使用权等议题，但核心是自由与民主，而这也是传媒政策学术研究的理论基础。当然，也有政策研究学者基于经济学视角来研究传媒政策。但毋庸置疑，对政治、文化的关切乃是传媒政策及其学术研究的核心。

学术研究对传媒政策的不同领域的关注，促进了政府对具体传媒政策、法律的制定与实施。例如，对传媒政策的历史研究，考察传媒相关利益群体的相互作用，促进了对当代传媒政策议题的讨论，如霍维茨（Horwitz）和麦克切斯尼（McChesney）的研究。[①] 对媒体效果的研究则反映了对暴力或不雅内容规管的问题以及促进儿童教育的内

---

① 参见 Horwitz, R. B., (1989) *The Irony of Regulatory Reform: The Deregulation of American Telecommunications*, New York: Oxford University Press, McChesney, R. W., (1993) *Telecommunications, Mass Media, and Democracy: The Battle for the Control of US Broadcasting, 1928 - 1935*, New York: Oxford University Press。

容。对受众行为研究,关注媒体消费方式与技术变革的相关政策制定,如韦伯斯特(Webster)和辛德曼(Hindman)的研究。[1] 媒体内容分析则研究媒体组织(机构)、传媒市场之结构与内容性质的关系,引发所有权法规、内容法规、执照分配等政策问题,如汉密尔顿(Hamilton)的研究。[2]

长期以来,传媒政策制定的一个基本特点是平衡经济政策目标(如竞争、消费者的满意度、效率等)和政治文化政策目标(如促进不同的观点,媒体服务地方社区的需求和利益等)的冲突。在过去的30年,西方国家政府决策者对经济政策目标的重视在上升。经历了战后的"资本主义黄金时期"后,从20世纪70年代初,直到90年代,发达国家经历了一个漫长的经济萧条期(long downturn)。作为回应,各国前所未有地重视包括传媒产业在内的文化产业对经济的贡献,允许产业融合以获得竞争优势。然而,当我们考察西方传媒政策领域及其主要的理论基础后会发现,政治文化政策目标仍然是传媒政策的核心。

(二)西方传媒政策的理论基础

西方各国的传媒政策,其制定的具体标准或术语使用可能会有所不同,但传媒政策制定的理论基础与公认的指导原则基本上是相同的。

1. 言论自由

言论自由(free speech)是当代传媒政策制定的核心原则之一。在美国,言论自由来自于宪法第一修正案的"保障言论自由"的原则;与此类似,言论自由也见于其他国家和国际组织的宪法或官方文件中。不管具体国情如何,言论自由作为传媒政策原则的中心地位,是思想和观点的自由流动并广泛传播的保障,也即是民主的保障。就此而言,言论自由之于传媒政策,正如媒体之于民主进程中的作用一

---

[1] 参见 Webster, J. G., "Beneath the Veneer of Fragmentation: Television Audience Polarization in a Multichannel World", *Journal of Communication*, 2005, 55 (2): 366 – 382; Hindman, M., *A Mile Wide and an Inch Deep: Measuring Media Diversity Online and Offline*, In P. M. Napoli (ed.), Media Diversity and Localism, 2007。

[2] 参见 Hamilton, J. T., (ed.) *Television Violence and Public Policy*, Ann Arbor: University of Michigan Press, 2000。

样重要。

但是,言论自由的原则会使传媒政策的制定者陷入两难境地。例如,发展宽带或互联网的政策的正当性理由是增加公民的传播权。同样,媒体所有权多样化政策,也可说是为了扩大传播权。但是,媒体所有权多样化政策对全体公民来说是增加了发表言论的权利,但是对于媒体业主却是限制了其言论自由。另外,"说者"与"听者"的权利冲突也是言论自由的一对矛盾,比如,言论自由不等于可以散播谣言或是诽谤他人。正是因为有信息传播者权利与受众权利的矛盾,便有了多种"内容法规"的出台,包括限制不良内容和鼓励积极内容。

2. 公共利益

保障公共利益是传媒政策制定的另一个核心原则。必须要强调,公共利益应该是大众的利益,而不是某个利益集团的利益。公共利益在传媒政策中具体体现为多样性、竞争、多元化、使用权、客观性报道等。这些政策在不同国家、不同时期、不同技术背景下表现的形式有所不同。更重要的是,不仅政策制定者,传媒业者也在一定程度上把公共利益作为决策的考量,即传媒的政治、文化功能,而不只是收入、利润和效率。可见,无论是政府政策管制,还是传媒行业自律,保障公共利益都是一个基本的原则。

3. 思想言论市场论

思想言论市场论主张传媒产业市场化才是实现公共利益最好的方式。基于经济学的政策学者,解释"思想言论市场论"(marketplace of ideas)的方式当然是强调"看不见的手",优先考虑市场激励机制,而不是优先采用政府干预手段来管控传媒产业,不仅实现经济效益,而且实现预期的社会效益。[①] 对此思想最拥护的是里根时代的美国联邦通信委员会(FCC)的主席马克·福勒,他主张以"市场"的方式监管广播电视产业。思想言论市场论反对政府对媒体市场的干预,主张大规模放松管制。但在放松管制这个问题上,不论在学界还

---

① 参见 Owen, B. M., *Economics and Freedom of Expression: Media Structure and the First Amendment*, Cambridge, MA: Ballinger, 1975。

是在业界都有不同的意见。

一些政治和文化研究的学者,则从民主理论角度论证了言论自由市场论的正确性。[①] 他们认为思想表达的自由竞争有利于产生真相,所谓"理越辨越明"。在此前提下,传媒政策目标应体现多样性、多元化和地方主义,来保证一个健康活力的思想文化自由市场,这也是民主和公民社会必需的条件。

在新媒体出现的背景下,像报纸产业这样的传统媒体要求政策制定来保护传统新闻制度。新媒体的出现冲击了传统传媒产业商业模式,但新媒体的内容供应与质量又存在问题。今天,传媒政策最紧迫的一个问题可能就是如何在新媒体出现的背景下,保持一个健康活力的言论自由市场。

(三) 当代传媒政策研究的关键议题

当代传媒政策及其学术研究集中于三个领域:一是内容政策,例如对媒体内容的性质进行规制;二是传媒市场结构,涉及竞争、媒体所有权结构等;三是基础设施相关政策,涉及传播技术与传播网络。需要指出的是,这三项政策领域并非界限分明,而是互有重叠。

1. 媒体影响研究与内容政策

与内容相关的政策主要有三类:一是保护公民不受某些媒体内容伤害的政策;二是防止个人或机构的信息在未授权情况下被使用;三是鼓励或强制要求传媒机构播出公益性内容。

保护性内容政策主要是针对那些被视为对消费者,尤其是对儿童有潜在危害的内容,例如不雅语言、性内容、媒体暴力等都是内容政策规制的重点领域。其中,政策制定者们一直在关注暴力内容对观众,尤其对儿童的影响。鉴于这些问题,媒体影响研究(media effect research)关注媒体暴力内容的消费和暴力行为之间可能存在的关系。这类研究导致了相关政策的出台,如关于 V-芯片(V-chip)的立法,要求电视制造商预装此设备,以帮助观众或家长阻断不雅及暴力节目。内容管制

---

① 参见 Schwarzlose, R. A., "The Marketplace of Ideas: A Measure of Free Expression", *Journalism Monographs*, 1989: 118。

又分为直接管制和间接管制。间接的内容管制主要针对非广播媒体，如电脑游戏、音乐录制、电影等媒体。这类非广播媒体使用分级制度，以限制儿童的接触。更直接的内容管制则施加于传统的地面广播，对在线内容、有线以及卫星广播也在试图复制相同内容管制。在美国，此类内容管制可能与第一修正案相冲突，目前尚在调查质询阶段。可见，在美国，宪法是最高标准，如果政府实施此等内容规制政策，业者也可状告政府违宪。此外，在新媒体技术背景下，内容的复制和传播变得更加容易，一方面对生产者长期取得利润有利，另一方面使版权保护面临新挑战，这些都成为传媒内容政策关注的领域。

保护性内容政策的另一个模式是保护国产内容在本国媒体上的占有比例。这类政策主要出于两种考量：一是政治文化的原因，即保护本国的文化和传统，以至文化主权；二是经济的原因，即保护本国的传媒产业的竞争力，不至于被外国传媒企业主导本国市场。实施这类本土内容保护政策的西方国家不在少数，如法国、加拿大、澳大利亚、新加坡等国家。

2. 对传媒产业结构政策的研究

结构政策（structural policy）针对的是媒体所有权以及传媒公司的结构。传统上，为了确保传媒政策的基本原则和理念得以实现，即言论自由、公共利益及思想自由市场，政策制定者通常实施多样化的传媒所有权政策，以及限制外资拥有本国媒体的政策。近年来这类政策受到了挑战，技术发展、产业融合及传媒市场的全球化都要求重新评估传统的传媒结构政策。

近年来，在美国和韩国等一些国家，对中央和地方媒体所有权的限制政策引发了争议，也许是因为在这类政策同时关系到经济和社会政治领域。一方面，从传统的经济政策角度看，所有权政策直接关系到竞争和效率，以及媒体所有者可以利用的规模经济的优势；另一方面，传媒所有权的政策也直接关系到社会目标和政治目标的实现，例如公民获取信息来源的多样性。目前这一政策问题已经成为许多学术探讨的主题。

传媒结构政策的另一个重要研究议题是商业与非商业传媒机构的

关系。虽然近年来欧洲和其他国家的公共服务广播私有化、商业化之势在增加，但是，欧洲公共服务广播在传统上占有重要地位。由于新媒体的出现，最近学术界开始使用一个新术语："公共服务媒体"（public service media），以取代"公共服务广播"。

3. 基础设施政策相关研究

历史上，传媒的基础设施是由政府控制，对硬件设施使用的分配成为基本传媒政策之一。例如，频谱政策不论过去与将来都是一项核心的传媒政策内容。早期的政策措施包括建立监管机构及实行执照分配制度。近年来，数字化的发展使频谱政策发生很大变化。政府对频谱使用采取灵活政策，并且有私有化趋势。这也成为一个政策研究所争论的议题，包括频谱的许可使用与非许可使用，以及如何优化使用以实现公共利益最大化。

扩大媒体基础设施的使用权，使更多人可以使用各种媒体，例如互联网新媒体，一直是一个传媒政策议题，特别是对有障碍的群体，这也引发了诸如"数字鸿沟"（digital divides）的问题。互联网的全球化特性使得对这一新媒体的治理成为一个热烈讨论的学术问题，包括在国际层面建立一种互联网使用的国际治理机制。

综上所述，对传媒政策的关键议题可以用图 1-2 表示。

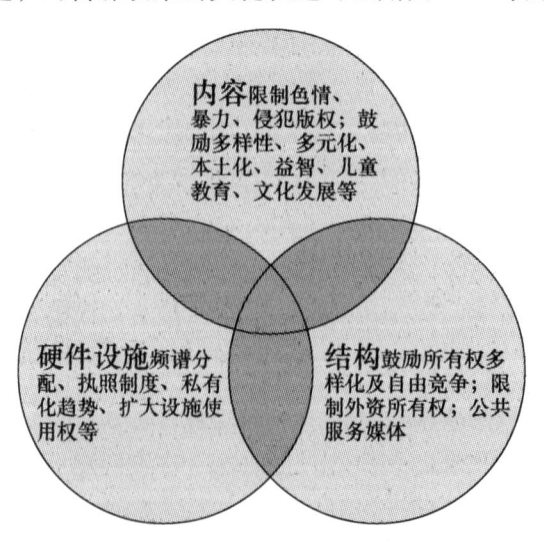

图 1-2　传媒政策的关键议题

4. 当代传媒政策的挑战

传媒政策制定必须适应当今日益复杂的新媒体技术环境。新媒体技术不仅引入新形式的媒体内容，也为传统媒体内容传播提供了新的机制。在这样的环境下，有效地定义媒体市场成为学术研究的一个议题。政策制定者必须面对越来越多的互动媒体平台，以及由新媒体用户贡献的内容对传媒政策的影响。[1] 实际上，当今传媒政策领域正经历一个由技术驱动的"去制度化"（deinstitutionalization）的媒体环境，因而如何以传媒政策反映这个过程将是学术界探讨的新问题。

传媒政策研究学者对以上新的政策问题的分析研究，需要有证据来支持。一项新政策的提出要经过政策制定者、利益集团和法院的详细审查。传媒政策制定常常是利益相关者（stakeholder）的博弈，特别是业界与公共利益团体的角力。政策制定和政策研究是基于实证，还是不证自明？这也是学术界讨论的一个问题。

# 第三节　公共政策研究相关理论

本书的研究对象是加拿大广播政策，政策的主体是加拿大政府，政策的性质是公共政策。全面、系统地了解当代公共政策研究领域的基本概念、研究范畴和分析方法，以及代表性学者和他们的标志性成果，把握当代公共政策分析领域的重要研究动态和新的发展趋势，将为科学、客观理解和分析加拿大广播政策提供必要的理论基础。

## 一　公共政策概念辨析

政策科学研究者 Levis Forman 从政治学角度出发，认为"政策"至少有两个完全不同的含义。一方面，"政策"往往被认为是做事的方法和决策准则（ways of doing things）；另一方面，政策还往往是实质性项目（sustentative program），指具体行动的内容，但不一定是指

---

[1] 参见 Benkler, Y., *The Wealth of Networks: How Social Production Transforms Markets and Freedom*, New Haven: Yale University Press, 2006。

行动的方法。另一位学者 Andre Bernard 有相似的看法，他指出，政策包括两层含义，一是为实现目标制定的行动准则与程序，可称之为施政方针（administrative policy），二是指正在实施的具体项目（specific program）。简言之，公共政策有两种表现形式，一是政府制定的行动指针，二是政府正在实施的项目或采取的行动。公共政策缺乏一个广泛认同的定义。政策科学研究者托马斯（Thomas A. Birkland）总结了各种公共政策定义的共同点：①以公共利益的名义制定；②一般由政府制定或发起；③政策实施的对象同时包括私营部门和非营利机构；④政府所选择不做之事本身亦是政策。

作为政府干预市场的行为，公共政策是为了实现市场机制所不能达成的目标，而由相关政府部门做出的一套相互关联的决策。也即是说，政府制定公共政策的领域是那些市场不能调节或调节不好的领域。与政策相近的一个术语是"监管"（regulation），意指政府对私营部门的监督、管理与控制；管控手段既可以是制定政策、法律等规则，也可以是税收、补贴等经济手段，还可以是建立管制机构进行直接监督（supervision）；政府监管私营部门的正当性理由也是因为市场缺陷或市场失灵。

在西方联邦制国家，公共政策可分为两个层次，由联邦政府层面制定的政策和由地方政府制定的政策。联邦政府部门的管辖权和政策制定范围包括对外关系、国防政策、货币、专利等；联邦政府也与省级政府在某些政策领域进行合作，如科研、农业政策的合作。通常属于地方或地区司法管辖的政策领域包括教育、通信和地方公共工程；此外，省级政府也大力介入其他政策制定领域，包括电力、能源、采矿业和林业、医疗保健服务及地方治安。

总之，公共政策是为实现一定公共利益目标的政府行为。公共政策的制定不应是为任何个人或集团利益，而是为社会作为一个整体受益。公共政策是否服务于公众利益取决于民族国家的民主程度。民主选举的政府制定公共政策的出发点必然是其选民的利益。然而，公共政策并非没有争议；执政党的意识形态、政治权力的斗争、施压集团（pressure groups）的利益，都对政策的制定过程与结果产生影响。如果一项政策意图解决的问题持续存在，或是出现了新问题，已经生效的政策也会变更或被修订；政府政策既反映社会出现的变化，也促成这些变化；公共政策经常被看作是一个过程，而不是一个产品。因此，西方国家的公共政策也并非绝对公平地反映人民的利益，政策制定常常受到游说团体和各种利益集团的影响。

## 二 公共政策研究理论与方法

公共政策研究最初是政治学的一个分支。1951年，社会学家丹尼尔·勒纳和政治学家哈罗德·拉斯韦尔首次提出"政策科学"的概念。此后，社会科学家发展了更多的研究方法和工具对公共政策进行分析和研究，公共政策研究也随之扩大到包括所有社会科学学科，成为跨学科的综合研究。进入21世纪以来，公共政策的主要研究者是法律和经济学者。美国学者在"政策科学"研究史上占有重要地位，尤其是拉斯韦尔（Lasswell）、林德布洛姆（Lindblom）、韦达夫斯基（Wildavsky）、波尔斯比（Polsby）、海克洛（Heclo）和洛伊（Lowi）等学者。

### （一）政策研究的理论来源

就政策研究的理论来源和意识形态而言，西方公共政策研究一般处于自由民主的多元范式框架内，主张透明度和民主问责制。早期的学者们倾向于从社会民主（social democratic）立场来研究公共政策，主张政府的干预；例如，战后凯恩斯主义的经济学家们（Keynesian economists）认为政策对市场的干预是必要的，以纠正市场失灵和其他失真。

美国早期政策科学的理论主要包括渐进主义和理性规划（rational planning）。此后，更广泛领域的学者涉足公共政策研究，公共政策理论和方法亦呈现多元化，例如新多元主义、新马克思主义、新韦伯主义（Weberianism）、新自由主义、国家中心理论、葛兰西和哈贝马斯的批判理论及后现代的"治理性"方法。在这许多不同的理论方法参与下，政策研究和其他学科的研究交织在一起，如政治经济学、企业和政府的关系、理性选择模型、大政府和国家失灵等研究领域。

## （二）公共政策研究的主题与内容

对公共政策的研究，通常针对政府政策所包含的两种意义，即不仅研究政府机构正在做什么，还要研究它们是如何做的；不仅关注政策的内容和历史，还关注政策的执行，而政策执行的方式也会影响其内容和结果。政策研究的主题包括政府的适当角色、决策者研究、优先议题及其原因、商业、媒体或是其他关键参与者对政策过程的影响。可见，公共政策研究的内容相当广泛。John Wanna 认为政策研究至少包括六个方面。

第一，政策过程和政策制定（policy formation）研究，包括政策创新和政策干预的局限性、特定政策工具的有效性等。

第二，特定领域的公共政策研究，例如卫生政策、劳动力市场政策、性别平等政策、环境政策、城市规划、土著政策等。

第三，对政策过程中的机构和主要参与者（institutions or key actors）的研究，包括权力关系、政治、行政的相互作用。

第四，政策比较研究，如不同国家的政策比较。

第五，政策的案例研究，如分析特定政策的演变轨迹。

第六，公共政策的专家和实践者（practitioners）根据自己的经验或利用自己的专业知识对公共政策的研究和建议。

## （三）政策研究方法

政策研究即是分析政策过程。通常是基于决策、行动或事件的实证研究。政策研究运用各种不同的学科和理论范式，采用不同的研究方法，但大多数研究包括案例研究，涉及一些调查工作或是对政策案例的细节性分析。采用历史研究方法和叙述法来分析政策的发展与演进也是较普遍的方法。政治学研究者 Levis Froman 总结了公共政策研究常见的几种方法。

### 1. 历史研究法

按时间顺序排序，描述一个特定政策的开始和变化时间，特别是标志着政策重大变化的历史时期。通过历史分析，表明趋势或行为模式，然后对其进行分析和解释。Froman 指出，历史研究的方法要注意不能只是对数据进行简单排序，这样研究公共政策无疑是资料性的，不会增加对政策和其他重大因素之间关系的理解。

2. 描述性分析

公共政策内容的描述性（descriptive）分析是将政策内容中的一个或多个属性作为与政策过程相关的解释变量，研究它们对整体政策内容的影响。需要注意的是，包含或排除数据所采用的标准需要有理论依据，以此来区分相关和无关的变量、重要的和不重要的变量，以进行描述性分析。

3. 法律研究法

法律研究法是对政策的法律（legal）性质问题的研究，包括一项政策的立法、行政和司法的历史，有时也涉及政策制定进程的其他方面，如公共舆论、政党和利益集团在进程中的活动等。描述法律历史，包括政策随着时间推移的变化，是常见的政策分析框架。在 Froman 看来，虽然法律框架无疑对公共政策的制定至关重要，但研究者将不得不转向其他变量，如当时的社会、经济和政治的环境，甚至是政策参与者的个性、组织等因素，以准确解释各项公共政策内部和相互之间的变化。

4. 规范性分析

进行政策分析时，大多数研究者预先有一个价值定位；也就是说，研究者的观点可能是赞成或反对政府当前实施的某项政策；当然，最常见的情况是反对。在这些研究中，研究者的义务是应当非常明确地表明其价值前提是什么；但有时候，研究者的价值取向会有所隐藏。从自身的价值标准出发，研究者将批评一项政策，最后对现行的政策程序提出改进意见，或者重新设计出一套新的程序。需要指出的是，公共政策规范性分析（normative）的结论常常是有争议的。

（四）政策分析

政策分析是从多个选项中确定制定什么公众政策将最有可能实现确定的目标。政策分析与政策科学有时是同义词。了解政策发展演变过程是政策分析的中心。政策分析的目标是为政策制定者提供建议。为了提出建议，政策分析活动包括对公共政策的原因、结果、方案的调查和研究；把建议提供给政策制定者或公众后，政策分析过程方告完成。

政策分析方法受政治学的影响最大,但是也借用其他多个学科的方法。例如,经济学的成本效益分析和资源的优化配置模型,心理学的实验组和对照组(experimental and control groups)研究范式以及社会学对社会问题的关注和研究。此外,公共政策的比较分析方法来源于人类学、地理学和历史学。

不同政策研究学者使用政策分析的方法各不相同。分析什么类型的问题和采用什么方法来回答这些的问题,政策分析学者受到各类学派的思想的影响,如行为主义、后行为主义、理性选择理论等。总体而言,政策分析有三种方法。首先,为了确定一项公共政策的原因和后果,政策分析者可以采取实证方法,该方法的中心目标是理解政策存在的问题,但实证方法往往会产生更多的描述和预测的信息。其次,政策分析者还可以使用评价方法,其中的核心问题涉及价值判断,即过去或未来的政策"处方"的价值。最后,公共政策分析者也采用规范研究的方法,也就是"应该做什么"的问题,并得出规范性结论(prescriptive knowledge)。[①] 此外,政策分析还包括对政策内容和政策过程(policy process)的研究。

综上所述,政策分析乃是一项跨学科研究,主要采用政治学研究方法,但也借用其他多个学科的研究方法和范式;在分析过程中,既有定量研究,也有定性研究。

(五) 政策周期研究

有些政策研究者提出"政策周期"(policy cycle)的研究方法,即按先后顺序列出政策制定各阶段或环节。一个标准化的政策周期包括议程设定(识别问题)、政策制定、政策实施与政策评估。这种周期性模型往往更多显示的是关于"如何制定政策"的规范性指导,因而也常常被批评为具有机械式和理想化的特征。然而,由于这种政策周期理论给政策制定者提供了一个明确的政策制定过程,还是会对政

---

[①] 参见 Lerner, Daniel, and Harold D. Lasswell, eds, *The Policy Sciences: Recent Developments in Scope and Method. Stanford*, CA: Stanford University Press, 1951。

策制定起到改进的作用。彼得·布里奇曼（Peter Bridgman）和格林·戴维斯（Glyn Davis）在《澳大利亚政策手册》中提出一个比较全面的"八步"政策周期模式，[①] 即识别问题、分析政策、开发政策工具、咨询、协调、决策、执行和评估；其中，"咨询"贯穿整个政策周期。

## 本章小结

就西方文化产业研究理论而言，学术史的主体还是对文化产业政治、文化维度的研究。文化产业（或更准确地说是"文化工业"）这一术语与法兰克福学派及批判理论紧密联系。由于文化产品的精神、意识形态属性，西方的学者们主要还是关注其对个人与社会的影响；在学术史前期对文化产业的态度以悲观为主（即以大众文化批判为主），在后期则是悲观与乐观并存。[②] 文化产业研究的理论与范式主要有批判理论、政治经济学及文化研究（包括传媒研究的方法）。前两种研究路径更倾向于对文化产业进行批判，怀疑在市场机制下，受政治和经济权力当局控制的大众文化生产方式对社会变革与进步有实质性的推动作用；后一种研究路径则以更积极和宽容的态度来看待文化产业，关注受众研究以及文化工作者的自主性和创造力，认为消费者及文化工作者都有推动文化产业向积极方向发展的潜力，因而文化产业在整体上还是有利于推动社会变革与进步的。

另外，对文化产业经济维度的研究在近年来呈现出逐渐增多趋势。西方国家从20世纪70年代开始的传统制造产业衰退和"信息社会""知识经济"等术语的兴起，使文化产业被作为城市复兴和创造

---

[①] 参见 Althaus C., Bridgman P., Davis G., et al., *The Australian Policy Handbook*, Crows Nest, NSW: Allen & Unwin, 2007。

[②] 《文化产业》一书的作者 Hesmondhalgh 认为后期学者们对文化产业的态度乃是悲观与乐观并存，参见 Hesmondhalgh D., *The Cultural Industries*, Los Angeles; London: Sage, 2007。

就业的手段受到重视。以英国、澳大利亚等国家为代表的很多国家提出发展文化产业、创意产业的政策。在实践推动下，学术界对文化产业经济贡献的关注持续增加，单数"文化工业"术语开始向复数"文化产业"术语转换，一批社会科学和经济学研究者投入文化创意产业的研究，运用文化经济学、产业经济学等研究方法对文化产业进行综合、跨学科的研究，提出不少应用研究理论，如文化园区、创意城市、创意集群等概念和理论。

就传媒政策研究理论而言，学术界主要还是从传播的政治、文化维度来研究传媒政策，这是主流研究领域。当然，也有学者从经济学角度来研究传媒政策。从政治文化维度研究传媒政策的主要议题是言论表达自由与民主；传媒政策及其研究的理论基础是言论自由、公共利益及市场化，目标是保持一个健康活力的思想言论自由市场。在全球化、技术变革、产业融合背景下，传媒政策及其研究与其他政策术语相互重叠或交叉，如信息政策、文化政策、电信政策、传播政策等。就传媒政策自身而言，实现经济目标与政治文化目标的平衡是其基本特征；但在过去30年，政策制定者对经济目标的重视不断增强。政府对传媒产业具体政策管制的领域有三个：一是内容政策，如保护版权，限制色情暴力，鼓励益智、教育、多元化、多样性及本土内容等；二是结构政策，如拥有权多样化、限制外资拥有本国传媒机构等；三是媒体产业基础设施政策，如扩大设施使用权、频谱执照分配等。传媒政策研究的未来挑战是应对新媒体出现，包括社交互动媒体、基于用户产生的新媒体内容、业界与公共利益团体等各利益相关者的角力等。此外，传媒政策的评估是否需要实证研究，如何制定和协调国际传媒政策等也是传媒政策研究领域的新课题。

就公共政策研究理论而言，政治学是其最初的主要理论来源，包括新多元主义、新马克思主义、新韦伯主义、新自由主义、国家中心理论、葛兰西和哈贝马斯的批判理论、后现代的"治理性"方法等。后来，社会科学家发展了更多的研究方法和工具来进行法律和公共政策分析，公共政策研究扩大到包括几乎所有的社会科学，如经济学、心理学、社会学、人类学、地理学和历史学等学科，成为跨学科的综合研究。公共政策研究的类别和内容包括政策过程和政策制定、特定领域的公共政策研究、政策进程中的参与者研究、政策比较研究、政策的案例研究等。公共政策研究的方法有历史研究法、描述性分析、法律研究和规范分析法。此外，政策周期也是一种政策分析和研究的方法。

# 第二章　加拿大广播政策之历史变迁

对加拿大广播政策的研究，首先应考察其历史演变过程。以历史叙述法来分析政策演进是与案例研究并列的主要政策研究方法。政治学研究者 Froman 指出，历史研究法以时间顺序排序、描述一个特定的政策的开始和变化时间，可展示政策演进和变化趋势或模式。以历史视角审视和分析加拿大广播政策的演变过程，将有助于我们了解加拿大广播系统形成和发展的来龙去脉；通过考察各个历史时期政策出台和发展的社会、政治和文化因素，可以总结出现有政策发展变化的规律，并对将来政策发展的趋势做出有意义的推断。根据不同标准，对加拿大广播政策史可有不同分期。例如，有学者认为 1968 年是加拿大广播政策史上的一个"分水岭"，这一年颁布实行的《广播法案》标志着加拿大进入"现代"（modern era）广播监管时代。实际上，纵观加拿大广播政策 80 多年的发展变化，社会各界就如何平衡和实现政治、经济、文化目标的公共争论中，一个中心问题即是维护公共广播还是促进私营广播。因此，本书根据加拿大公共广播和私营广播力量的消长变化，将加拿大广播政策史分为三大时期，即公共广播主导时期（1958 年之前）、公私广播平等竞争时期（1958—1980 年）以及私营广播主导时期（1980 年至今）。

## 第一节　公共部门主导时期的广播政策（1958 年之前）

1958 年之前的加拿大广播发展史，是加拿大广播从最初的萌芽到逐渐发展壮大成为影响国家政治、经济、社会生活的一个巨大力量的过程，也是加拿大广播政策与监管从无到有的创建和摸索过程。广播在加拿大的出现是从私营广播公司开始的；此后加拿大政府创建了国家公共广播公司 CBC，尝试以当时英国的广播体制为参照，建立公共广播单一垄断的体制；但是政府一直未按计划国家化私营广播，也没有采取实际措施限制私营广播的发展。这个时期的加拿大广播系统以公共广播为主导成分，CBC 既是市场上的经营者和竞争者，又是私营广播的监管者；与此同时，私营广播产业也一直稳步发展，但其业务领域主要限于地方广播市场。

**一 私营广播的萌芽及其监管政策（1867—1928 年）**

（一）1867 年《不列颠北美法案》

19 世纪中叶前后，美国科学家萨缪尔·摩尔斯（Samuel Morse）于 1844 年 5 月 24 日成功发送电报，揭开了人类通信史新的一页。电报可以说是广播的前身。两年后，在加拿大的多伦多等城市就出现了电报的商业化运作。但是，此时的电报只局限在国内发送，还未出现跨国传送的电报。1867 年加拿大四省联邦成立，颁布了相当于加拿大第一部宪法的《不列颠北美法案》（British North America Act）。在这部法案中，规定电报属于联邦职权范围。可见，鉴于电报资源的稀缺性与信息传播意义，加拿大联邦政府对其给予高度重视，其管辖权并没有交由地方政府管理。

传送文字信息的电报发明之后约 30 年，亚历山大·贝尔（Alexander Bell）于 1874 年发明了电话，使声音信息的传送亦成为现实。1880 年，加拿大贝尔电话公司成立。19 世纪末，意大利人古列尔莫·马可尼（Guglielmo Marconi）又成功发明了无线电（radio）通信技术。1902 年，马可尼无线电报（wireless telegraph）公司便已在加拿大安大略省成立。可以说，在早期人类通信发展史上，加拿大是最早成立通信公司的国家之一。

（二）1905 年《无线电报法案》

为适应无线电通信技术的发展，1905 年，参照英国之前颁布的无线电报法案，加拿大议会通过了本国的《无线电报法案》（Wireless

Telegraphy Act），对无线电报实行执照管理，由海洋与渔业部长负责颁发。在英国，这项权力属于英国邮政局。加拿大的做法可能是因为无线电报在当时主要用于商业航行及渔业的无线导航。该法案第 6 款规定，无线电报许可证只颁发给仅为无线电实验之用的申请者。无线电技术最初只能用于传送编码的信息，并未用于传递声音信息。到 1914 年第一次世界大战前，无线电话（radio telephony）才成为实践，也开始立法。

（三）1913 年《无线电报法案》

第一次世界大战之前，无线电话（radio telephony）技术已得到快速发展，并越来越多地被用于安全导航；为此，英国及其殖民地于 1912 年签订了一个国际无线电报协议：《伦敦协定》。1913 年，加拿大议会更新了本国的无线电报法案，颁布了新的《无线电报法案》（Radiotelegraph Act），其中包括了传递声音的无线电话（radiotelephones）。这部法案授予联邦政府管辖一点对多点的无线电广播，要求业余无线电发布者向政府申请呼号（call sign）;[①] 同时授权海军服务部（Ministry of Naval Service）的无线电局（radio branch）来管理加拿大的无线电报系统。但这时政府对无线电的管控并不是很有效，很多业余无线电发布者处于"无照经营"的状态。

1920 年，持有蒙特利尔广播电台（XWA）执照的马可尼无线电报公司，在渥太华对蒙特利尔的一个音乐会进行了广播，这被视为加拿大第一次商业广播运作。几个月后，美国出现了世界上第一则在无线电广播中播放的商业广告。1922 年，海军服务部的无线电局开始颁发私人商业广播执照（licence for private commercial broadcasting）来替代早期的实验广播执照（experimental broadcast license）。第一次世界大战结束后，加拿大无线电系统的管理权重新由海洋与渔业部行使。

到 1922 年，报业公司、零售商和电器制造商都已设立广播电台，主要用于自己产品的推销目的，此后 10 年这类私营广播电台持续增

---

① 呼号是从事无线电操作人员（电台）在无线电通信时的字母代号，有标准的字母发音朗读。

加，到20世纪20年代末，此类私营广播电台有大约80家，受海洋与渔业部下属的无线电局监管。早在1923年加拿大广播电台已开始播放第三方的广告。但这时的私营广播电台仅有几家财务状况良好，而大多数处境不佳，主要受到美国广播电台的竞争，因为大多数加拿大人可以很容易地在傍晚时分接收美国广播信号。私营广播公司为了商业利益，不能抵挡"美国化"（Americanization）的影响，因此加拿大政府开始考虑建立公共广播。

截至20世纪20年代，除了军用无线电事业之外，加拿大无线电广播是私营广播的"天下"。到1924年，加拿大开始出现公共广播的雏形，最有影响力的是国有的加拿大铁路公司面向旅客的广播（CNR）和由政府资助建立的阿尔伯塔大学的教育广播电台（CKUA）。1927年，阿尔伯塔大学教育广播电台对加拿大国庆60周年节目的广播是加拿大历史上第一次面向全国的广播。

## 二 国家公共广播体系的初建（1928—1945年）

（一）艾尔顿委员会报告

一旦广播占有人们大部分休闲时间，广播就成为一个社会问题，引起各方关注，包括商人、教育家、艺术家、政治家。1922年，美国记者Walter Lippmann出版了专著《公共舆论》，提出新闻媒体对民主公共生活的催化剂作用，这成为很多国家制定广播政策的依据。英国于1926年建立了以公共服务广播公司BBC为基础的公共广播体制，提出广播的受托人（trustee）理念。此后，其他欧洲国家也相继建立由国家拥有并运营的公共广播模式。在美国，虽然广播按产业方式发展，广播所有制形式是私人所有，但广播从出现之初即是政府监管的对象，1927年颁行的美国《无线电广播法案》（Radio Act）是美国政府监管广播的开始。

到20世纪20年代末，加拿大广播局面呈现出的特点是：一方面，私营广播是加拿大广播系统主体；另一方面，一些具有公共服务性质的广播开始出现并产生影响。为了评估加拿大的广播现状，加拿大政府于1928年成立"无线电广播皇家委员会"，由当时的加拿大商业银行总裁约翰·艾尔顿（John Aird）担任主席，因此这个委员会在历史上被称为"艾尔顿委员会"。① 加拿大政府给予委员会的使命是：广播如何为加拿大人的利益服务、如何为加拿大的国家利益服务。鉴于当时很多加拿大广播公司加入了美国的广播网络，委员会也被要求评估这种状况对加拿大主权的影响。

当时，艾尔顿委员会有两个可供选择的模式。一是美国模式，即电台由私人所有，在市场上自由竞争观众及利润。二是欧洲模式，把广播视为公共服务，电台由公共所有，由公共资金供养。在1929年出台的艾尔顿委员会报告（Aird Commission Report）中，委员们最终建议加拿大采用欧洲的模式，即建立公共所有和国家资助的广播系统，而不是美国模式。委员会建议，应该结束私有电台在加拿大的存在，成立唯一的国家公共广播公司。广播的基础设施由联邦政府管控，但各省播出的节目内容由各省负责。这个模式实际上是英国模式和德国模式的结合，因为在德国是由各州建立各自的广播公司。

加拿大虽然采用了欧洲的广播体制模式，但是艾尔顿委员会为加拿大广播政策加入"国家目标"（national purpose），使广播政策成为"国家政策"，这点与欧洲有所不同。艾尔顿委员会首次提出，加拿大要保持为一个不同于美国的政治实体，对内则要防止魁北克分裂主义的发展，维护国家团结（national unity）；为了此项关于文化主权的政策目标，广播应该发挥重要作用。此项关于文化主权的建议对加拿大广播政策产生了深远影响，在后来的梅西委员会报告（Massay Commission Report）中得到进一步确认。

艾尔顿委员会报告出台后，社会各界反应不一，围绕报告的争议一直持续到1930年加拿大保守党Bennett新政府上台。在加拿大国内各界围绕建立公共广播系统的辩论中，公共利益团体发挥了重要作用，其中有两个人功不可没：一位是格雷厄姆·斯伯瑞（Graham Spry），另一位是艾伦·伯朗特（Alan Plaunt），他们认为公共广播作为一种社会力量的主要使命是启蒙、促进民主及加拿大身份认同，而

---

① 在加拿大广播电视产业政策史上，由政府成立的各个皇家调查委员会通常被学术界以委员会主席的名字指代，又如梅西委员会（Massey Commission）。

不是只提供娱乐。两人共同建立了加拿大无线电广播联盟（Canadian radio league），积极推动在加拿大建立公共广播单一体制。

总之，艾尔顿委员会报告在加拿大广播政策史上具有重要地位，当时提出的很多问题直到今天仍然是加拿大广播各利益相关者辩论的议题，包括公共广播与私营广播的关系；政府补贴公共广播的幅度；加拿大节目与美国节目的关系；资助私营广播公司制作和播出"加拿大内容"；私营广播公司的公共服务义务；内容管制与表达自由及选择自由的关系；联邦政府与省政府在广播上的权力关系等。

（二）1932年《加拿大无线电广播法案》

加拿大社会各界对艾尔顿委员会的报告进行了长达4年的漫长辩论。最终，1930年上台的新政府采纳了委员会的大部分建议，决定在加拿大建立公共广播垄断的单一体制。1932年，政府颁布了《加拿大无线电广播法案》（Canadian Radio Broadcasting Act），建立了加拿大全国无线电广播委员会（CRBC），这即是后来的加拿大广播公司（CBC）的前身。法案的最终目标是公有化所有私营电台，但作为过渡，首先授权CRBC监管各地方私营广播电台，使之先成为CRBC的附属电台（affiliates），播放一定时间（每天至少3小时）的公共广播公司的节目。

由于政府资金不足等原因，CRBC并未能按期望的那样结束私有广播公司在加拿大的存在。一方面，加拿大无线电广播联盟批评CRBC节目质量低及管理不力；另一方面，反对党批评政府未能和CRBC保持一臂之距。CRBC只存在了4年便随着新政府的上台而被取而代之。有学者把CRBC称为"错误的开始"（a false start）。

综上所述，1932年《加拿大无线电广播法案》解决的中心问题是加拿大广播系统的所有权问题。虽然公共服务广播的支持者取得了胜利，但只是暂时的胜利，因为私营广播及其游说团体的潜在力量很强大而且不会妥协，最明显的证据就是政府公有化私营广播的目标从未实现。此外，有学者认为这时的所谓公共广播实际上并不是为了公共利益，更多的是为了实现国家利益目标，即对内维护英裔和法裔民族的国家团结，对外维护不同于美国的加拿大文化认同和文化主权。

### (三) 1936年《加拿大无线电广播法案》

加拿大自由党新政府上台后,于1936年通过了新修订的《加拿大无线电广播法案》(Canadian Radio Broadcasting Act)。根据该新法案,加拿大全国无线电广播委员会被撤销,取而代之的是新成立的加拿大广播公司CBC。CBC不但自身是广播服务提供者,还被授予监管加拿大私营广播的权力。CBC运营所需的资金,由政府通过强制收取听众执照费(license fee)来提供。作为回报,CBC要保证实现国家的政治、文化和社会目标。CBC成立后,在蒙特利尔建立了独立的全国法语广播电台,这大大促进了加拿大法语节目和文化的发展。相比于英语节目,法语节目受美国节目的影响要小得多。批评者认为,CBC以维护公共利益为名,实际上更多扮演着维护国家利益,还有其自身的既得利益的角色。

新法案对CBC权力的规定使其同时成为市场的竞争者和管理者,为公共广播公司与私营广播公司的冲突埋下伏笔。作为竞争者,CBC也购买美国广播电台的节目,与私营广播电台在市场上竞争人才、观众和广告收入。到1939年,CBC拥有10家大功率电台。与此同时,当时全国有大约75家低功率的地方性私营电台,其中一些为了得到财务支持而附属于CBC,而力量强大的私营公司则依靠自身的收入来运营。具体而言,有61家私营电台与CBC签署了附属协议(affiliation agreement),14家为独立私营电台;在61家附属电台中,26家为全附属电台,每天播放8小时CBC节目;35家为半附属电台,播放指定的CBC节目。可见,此时CBC的角色是全国广播公司,而作为其附属的私营广播公司的角色是地方广播公司,这就实际上形成了以公共广播为主导、公私并存的广播体系。

第二次世界大战期间,为了战时需要,加拿大政府对广播采取了审查制度,广播在政治和意识形态上完全成为政府的战时工具。在这个时期,公共广播和私营广播同时得到发展。前者主要播放战时新闻和评论,后者则播放有利可图的流行文化,特别是从美国进口的流行节目。

综上所述,20世纪30—40年代的加拿大广播体系,是公有广播暂时还占据主导地位的"单一体系",CBC 成为一个"国营、中央集权及官僚化"机构。有学者把这个时期的广播体制称为"行政广播"(administrative broadcasting)。Peers 认为国家目标考量是当时广播发展的决定因素,Dewar 认为经济和技术环境决定了当时的加拿大广播政策,Raboy 则认为当时的广播系统还具有社会控制(social control)功能。

### 三 战后私营广播产业的迅猛发展(1945—1958 年)

#### (一)进入电视时代的新挑战

1945 年,第二次世界大战结束。无线电台广播在加拿大的覆盖率不断上升。1931 年,加拿大无线电广播已覆盖了 33% 的加拿大家庭;到 1941 年,覆盖了 75% 的家庭;到 1949 年,已覆盖了 90% 的家庭。

在传媒领域,世界开始进入电视时代;英国、美国的电视台首先开始建立并快速发展。到 1949 年,60% 的加拿大观众处在美国电视信号的覆盖范围之内,理论上都可以通过天线接收到美国电视台的信号。到 20 世纪 50 年代初,加拿大家庭开始接收到美国边境电视台的信号。这种状况给加拿大政府很大压力并使其陷入两难境地。一方面,美国电视台对加拿大观众的影响令加拿大政府不得不考虑建立本国的电视台;另一方面,建立加拿大自己的电视系统成本很高,特别是节目制作成本。如果建立加拿大自己的电视系统是必然的,那么下一个问题就是完全建立公共电视台,还是像无线电广播那样,颁发执照给私营电视台?正是在此背景下,加拿大政府决定成立一个皇家调查委员会,来评估加拿大广播电视的现状,并向政府提出政策建议。

#### (二)梅西委员会报告

加拿大政府于 1949 年成立了"国家艺术、文学与科学发展皇家调查委员会"(Royal Commission on National Development in the Arts, Letter and Sciences),由当时的多伦多大学校长文森特·梅西(Vincent Massey)担任主席,该委员会也因此在历史上被称为"梅西委员会"。委员会的使命主要包括评估加拿大大学的财政资助问题、评估加拿大广播电视产业的现状等。

日益壮大的私营广播力量在梅西委员会成立时开始发出声音。当时委员会受到三方面力量的影响,即公共利益团体、CBC以及加拿大广播业者协会(Canadian Association of Broadcasters)。CBC力图捍卫公共广播的地位,坚持由其占据全国性广播网,而私营广播可以在地方社区广播发挥作用。广播业者协会要求政府承认加拿大广播体系包括两个系统,即公共资助的国家广播系统和商业运营的私有广播系统。1952年,保守党领袖George Drew首次使用"双重系统"(dual system)来描述加拿大广播体系。但自由党的Lionel在宣传其政策时,强调私营广播是公共广播的补充,而不是CBC的竞争者。

1951年,梅西委员会向政府提交了调查报告,其中对加拿大电视产业的建议包括以下几点:加拿大电视产业由CBC管控;在CBC能够放送全国性电视节目之前,不颁发独立私营电视台执照;要求所有私营电视台附属于CBC,播放CBC节目;CBC广播电视的财政保持独立;CBC监管全国的电视台,确保不过多播放广告;鼓励"加拿大内容"及使用加拿大本土人才等。

1952年,CBC开始播放英语和法语电视节目。到1955年,CBC在全国各地拥有一些大的电视台,并向全国各地22家附属私营电视台提供节目,这些私营电视台保证播放最低数量的CBC节目。全国范围内,每个城市只有一家英语电视台,每个法语为主的城市有一家法语电视台。这时加拿大的电视产业运营模式与本国无线电台广播产业及美国电视产业都不同。就加拿大无线电台广播而言,独立私营广播电台与附属于CBC的私营广播电台同时存在;而在美国,私营广播公司经营着全国性广播电视网,向其在各个城市的附属公司提供节目。基于此现状,在梅西委员会报告(Massey Commission Report)出台后不久,加拿大即出现要求给私营电视台颁发独立营业执照的政治压力和呼声。

综上所述,梅西委员会报告的关键词是"加拿大文化",即建立加拿大独特的文化身份。一方面,梅西委员会正式提出通过文化来实现和强化国内各民族的融合和加拿大化(Canadianization),以文化建设贡献于国家主义和国家构建。另一方面,梅西委员会报告再次确认美国的大众流行文化对加拿大文化而言是一种"侵略性"和"威胁性"的力量（an invasive, threatening force），因此政府有必要采取措施促进加拿大本土文化的发展。为了实现以上目标，梅西委员会报告提出一系列实施措施和手段，而广播作为最有影响力的文化工具首当其冲。此外，梅西委员会还建议政府创立了一系列公共文化机构，例如加拿大艺术委员会（Canada Council for the Arts）即是其中最有影响的机构之一。加拿大学术界把梅西委员会报告的主张称为"梅西主义"（Masseyism）。

（三）福勒委员会报告

20世纪中叶，电视作为一种新媒体出现后，对个人和社会影响巨大。出于经济、政治、社会和文化需要，加拿大政府决定把电视置于公共领域之内，不向私营业者颁发独立电视营业执照，而只允许私营电视台作为CBC的附属电视台在地方市场上服务。梅西委员会报告肯定了这一政策。但是到20世纪50年代中期，私有部门的力量上升改变了政府的这一初衷，加拿大开始考虑向私营部门开放电视台营业执照。

1955年，加拿大政府为评估广播产业的现状而专门成立了新一届皇家调查委员会，主席由当时加拿大造纸协会的总裁罗伯特·福勒（Robert Fowler）担任，因此这个委员会在历史上被称为"福勒委员会"。委员会的使命是评估加拿大广播产业的现状，考察广播对加拿大社会的综合影响，并向政府提出建议。1957年，福勒委员会报告（Fowler Commission Report）出台，确认了公共和私营广播系统中具有的强烈商业色彩，正式承认了私营广播的合法地位；但是委员会否决了按美国模式在加拿大实行完全私营的广播产业机制，建议保持加拿大广播电视系统"公私并存"的混合所有权结构；委员会认为在商业逻辑支配下，加拿大广播产业必然会趋于依靠进口美国的节目，势必损害加拿大的文化主权。与此同时，为了改变CBC"既是运动员，又是裁判员"的双重身份，委员会建议成立一个新的广播监管机构（board of governors），同时管理CBC与私营电视台，终结CBC作为私营广播监管者的特权。但由于新成立的监管机构和CBC都要向议会报告，两者在某种意义上又处在同一个上级监管部门之下。

福勒委员会强调了在广播体系中起决定性作用的是节目内容，政府只要施加内容监管政策就可以实际控制广播产业。福勒委员会建议政府加强广播电视节目中的"加拿大内容"监管，其正当性理由包括：无线电频率的稀缺性；广播产业的行业自律标准尚未建立；广告商对节目的影响；美国广播电视的压力等。委员会重申了私营广播的性质，即私人拥有和经营的公共财产，因此需要承担公共责任；而公共广播不但有社会功能，还有实现国家目标的功能。此外，委员会还承认私营广播公司也可以是非商业性的公共服务广播机构。总之，委员会重申了加拿大的单一公共服务广播系统和 CBC 的主导地位，同时又承认了私营广播公司的合法地位。

综上所述，第二次世界大战结束后，虽然公共广播仍然在政府支持下居于主导地位，但是基于国内经济发展的呼声和国际冷战环境的需要，加拿大出现支持私营广播的气氛，私营广播开始稳步发展。私营部门已具备相当实力，通过其在政府和议会的代言者，要求成为加拿大广播系统的合法构成部分及 CBC 的平等竞争者，并要求政府成立独立监管机构，改变 CBC 既是运动员，又是裁判员的双重身份；以上要求在福勒委员会报告中得到完全体现。Raboy 认为这一时期广播政策的发展实际上已开始侵蚀加拿大广播的第一原则，即广播是公共之信托（public trust），应该秉承公共服务之精神。

## 第二节 公共部门与私营部门平等竞争时期的广播政策（1958—1980 年）

1958 年到 1980 年之间的加拿大广播政策史有三个主要议题。首先，这一时期广播政策发展最突出的特征是私营广播的地位正式得到政府的承认，广播法明文规定"加拿大广播系统包括公共和私有两个成分"，从而正式宣告了政府放弃建立单一公共广播公有制的政策。其次，这一时期加拿大出现空前的民族团结危机，因此广播政策被赋予促进国家团结的使命，以应对魁北克分离主义。最后，随着有线和卫星传输技术的出现和发展，广播产业与电信产业开始出现融合，这一趋势在广播政策上也得到反映。以上三项政策议题在这一历史时期乃是一个并列和持续的过程，因此本节对各议题的年代划分并非是截然分开的。

## 一　确认私营广播的平等地位（1958—1969 年）

### （一）1958 年《广播法案》

1958 年，加拿大议会通过新《广播法案》（*Broadcasting Act*），基本上反映了福勒委员会的建议。首先，成立加拿大广播治理委员会（Board of Broadcast Governors），同时监管公共广播公司以及私营广播公司的运营，但颁发广播执照的权力给予联邦政府内阁。其次，要求各广播公司的节目内容要以"加拿大内容和内涵"为基础，正式明确提出对广播电台和电视台播放"加拿大内容"的具体比例要求。1958 年《广播法案》确立的一些原则，至今仍然是定义加拿大私营广播电视产业的框架，例如，电波是公共资源；私营广播公司使用公共资源进行营利活动，所以必须履行一定的"加拿大内容"的公共服务义务。

1957 年上台的保守党政府对私营广播持更加支持的态度，决定向私营业者颁发电视执照。《广播法案》颁布后不久，1960 年，加拿大政府颁发了第一个私营电视台执照给多伦多的 CFTO-TV 电视台，这家电视台成为 1961 年成立的 CTV 电视网的旗舰电视台。同时，颁发了第一家私营法语电视台执照给位于蒙特利尔的 CFTM-TV，这家电视台后来成为法语电视网 TVA 的旗舰电视台。私营全国电视网 CTV 的成立给加拿大广播系统带来深刻变化，打破了当时公共广播电视台垄断的现状。依靠公共拨款的 CBC 的使命是为公众提供文化、教育和启蒙，而依靠广告收入的 CTV 本质上是广告商的工具。当时的反对党将对私营业者开放电视执照称为是自东印度公司以来最有利可图的公共特许权（public franchises）。

可见，1958 年《广播法案》强化了私营广播，而削弱了公共广播。加拿大广播政策研究学者 Raboy 认为新《广播法案》反映了

1932年广播立法以来最重大的广播体系的法律构架变化，具有两个重大意义，一是确立了对私营广播的保护政策，二是把公共干预的重心从经营转为监管。该法案削弱了国家公共广播公司 CBC 的地位，也没有提出弥补现有公共广播的方案。在此后 10 年，私营广播得到繁荣发展，而公共广播公司 CBC 的行政功能继续饱受争议。因为有广播治理委员会作为保护伞，20 世纪 60 年代初期的私营广播已与公共广播处于实际上的平等地位，虽然当时官方言辞仍然称加拿大广播是单一系统。时任 CBC 总裁 Apphonse Ouimet 认为加拿大应该放弃广播是"单一系统"的成见，承认其公私并存之"二元"（duality）性。

（二）1968 年《广播法案》

20 世纪 60 年代，加拿大私营电视台的建立，使美国节目在加拿大电视的播出增多，减少了观看 CBC 电视节目的加拿大观众，而广播治理委员会制定的"加拿大内容"规定并没有得到私营公司的有效执行。为此，加拿大政府于 1965 年再次任命福勒成立调查委员会，对私营公司未能履行"加拿大内容要求"进行调查和建议。此外，20 世纪 60 年代末，有线电视得到很大发展，在美国边境的加拿大观众不需要安装天线，就可接收更多美国电视节目内容。基于以上情况，政府面临要求重新制订广播法的政治压力。1968 年，加拿大议会通过了新修订的《广播法案》。

1968 年新《广播法案》解决的一个首要问题是加拿大的公共广播公司和私营广播公司一直以来存在的相互冲突。新法案对加拿大广播政策的定义开篇即言道："加拿大的广播事业利用之无线电频率乃是公共财产，加拿大广播系统包括公共和私有两个成分。"此定义说明两点：一是使用公共资源的公共和私营广播公司都必须为公共利益服务；二是私营广播公司与公共广播公司同为加拿大广播系统的平等组成部分。这表明在产业界压力下，政府要改变多年来在加拿大广播系统中 CBC 相对于私营广播公司的特权地位，希望二者能够"平等相处"。同时，新法案也确认公共广播和私营广播在国家生活中的角色是不同的，规定如公共广播和私营广播发生利益冲突，须以公共利益优先，即以议会为 CBC 设定的政策目标为最高利益。Raboy 指出，虽然为了国家目标，新《广播法案》意图重新树立公共广播居于支配地位的广播系统，但政府并没有采取措施来阻止私营广播不断发展壮大的势头。

1968年《广播法案》的另一个成就是成立了独立公共监管机构：加拿大广播电视委员会（Canadian Radio-Television Commission, CRTC），并赋予其广泛监管权力。首先，曾经由各政府部门对广播电视产业的"多头管理"简化为只由CRTC一个机构管理。例如，1958年《广播法案》曾把颁发广播执照的权力收回给联邦政府的内阁，但在1968年的新法案中，CRTC获得的一个重要权力便是颁发广播执照。但是，内阁有权驳回CRTC颁发、修改或更新执照的决定。其次，新法案特别明确规定CRTC是加拿大广播政策的实施者，这也就是说CRTC在新法案规定的框架内可以制定范围广泛的具体监管政策。但是，在一些政策议题上，内阁可以向CRTC发出指令（direction）。例如，内阁于1968年发出指令，要求CRTC只能给加拿大公民或公司颁发广播执照。1970年，政府又颁发指令给CRTC，要求每个省的有线电视系统必须保留至少一个频道用于教育节目的播放。

总之，1968年《广播法案》标志着现代加拿大广播政策的开端。新法案是第一个目标取向（objectives-based statute）的广播法案，法案中的一系列目标由议会设定，其设定原则乃是基于广播对于保持和强化加拿大主权和身份认同的重要作用。加拿大现今使用的1991年《广播法案》中有很多内容继承了1968年法案的内容。

## 二 应对魁北克分离主义（1969—1974年）

加拿大国家政治中，魁北克问题占据重要地位。众所周知，以法语族裔为主要人口的魁北克省一直有脱离加拿大而独立的诉求。因此，早在艾尔顿委员会提出的报告中，即建议加拿大广播政策的制定应考虑防止魁北克分离主义的发展，维护国家团结（national unity）的目标。广播出现之初，加拿大广播政策没能关注省级政府在广播系统中的角色。对于政府决定广播管辖权归属联邦，有多个省表示了反对，尤其是魁北克省于1929年通过了自己的无线电广播法律。此后，以魁北克为首的地方省政府一直对联邦对广播的管辖权"心有不甘"，在成功取得了开办教育广播的权力后,继续要求其他广播领域权力。

到 20 世纪 60 年代,魁北克民族主义引发的国家团结危机达到空前程度,爆发了所谓"寂静革命"。1963 年自由党上台后,广播重新在政治争论中扮演关键角色。自由党把文化政策作为解决社会和政治问题的工具,CBC 因而第一次被明确赋予促进国家团结(national unity)的角色,以应对来自魁北克民族主义的威胁。当时的 Pearson 政府重申了加拿大公共广播服务于国家目标的传统作用。在 1966 年的广播白皮书中,把加拿大广播的目的描述为参与寻求加拿大身份认同(Canadian identity)和国家团结(national unity)。但是当时此目标还没有列入广播法中。1968 年出台新《广播法案》后,CBC 被赋予了促进国家团结的使命。反对党议员则把此举称为加拿大由公共广播转向国家广播(state broadcasting)体制的标志。

1980 年,在魁人党执政魁北克时期,曾经发起了关于主权的第一次公投。在公投期间,CBC 宣布在公投进程中保持新闻客观性;此时政府意识到 CBC 要实现促进国家团结的使命,不宜再进行直接的宣传。因为政府已不可能再垄断电波,受众呈现分散化,公共广播 CBC 只占有很小份额(a small slice),再进行直接的政治宣传会显得荒谬可笑。魁北克公投的结果是联邦制拥护者取得了胜利。

此后,在 1986 年出台的 Caplan - Sauvageau 报告中,再次强调并承认法语广播在魁北克及全国广播系统中的特殊性。1991 年颁行至今的新《广播法案》中,规定在加拿大广播系统中,法语和英语具有同等重要地位,是加拿大广播系统的主要组成部分。1995 年,魁北克进行了关于主权的第二次公投,结果是联邦制拥护者以微弱优势取得了暂时胜利。但是,加拿大国内政治中关于英语和法语两大族裔的国家团结问题是一个长期存在的议题,促进民族和解也成为广播政策不可避免的使命和目标。① 不少学者认为,关照魁北克法语区的利益、促进国家团结是加拿大广播政策的主要目标和特征之一,其重要性堪与

---

① 2012 年,魁人党在省议会选举中再次取得胜利,重新执政魁北克,关于魁北克的未来命运再次引起加拿大国内各界的关注。

维护国家文化主权并列。

### 三 广播产业与电信产业的融合（1974—1980年）

（一）联邦通信部的成立

从20世纪60年代末开始，广播所处的社会和技术环境发生了很大变化。1968年广播法虽然以电视内容的管制为中心，但政策很快聚焦于当时出现的新传输技术：电缆。电缆为广播与电信搭起桥梁，也成为公共与私营利益冲突的导火线，新成立的广播电视委员会CRTC则努力以政策调解这种矛盾。20世纪70年代初，加拿大80%的观众尚在使用无线（over the air）电视信号接收方式，也就是说，通过安装屋顶天线来接收电视信号。但有线电视发展迅猛，到1978年，用户量已经超过无线电视。有线电视的一个主要吸引力是可以给加拿大家庭提供美国边境电视台的信号。这种状况要求加拿大政府制定相应的有线电视政策。作为监管机构的CRTC要平衡观众兴趣和加拿大本土无线电视产业的经济利益。相关政策制定涉及如何规定传输本国电视信号与远程（通常是美国）电视信号的关系，加拿大公共和私营电视台的优先权问题，以及节目转播的版权等问题。

为了适应通信技术的发展带来的广播与电信产业的融合，加拿大政府对广播政策做出调整。1969年，联邦通信部（Department of Communication）成立。新成立的通信部从产业和经济角度考虑新兴的有线、卫星及计算机通信科技等电信相关产业的发展，而把通信产业相关的文化责任（cultural aspects）交给广播部门来承担。

1971年，CRTC发布的第一个关于有线电视的政策文件，名为《单一的加拿大广播系统：有线电视政策》（*Canadian Broadcasting, a Single System: Policy Statement on Cable Television*）。在这份政策文件中，CRTC明确了有线电视是加拿大广播电视系统的一部分。虽然CRTC允许有线传输提供商进口美国频道，但是CRTC制定了许多保护本国公司利益的有线传输（broadcasting distribution）政策，例如"同步代替"（simultaneous substitution）原则，以保证本国电视台的广告收益。与此类似，为了加拿大本土电视台的经济收益，加拿大政府修改了《收入税法案》（*Income Tax Act*），新的Bill C-58规定如果加拿大广告公司在加拿大播出其在美国电视网投放的广告,将得不到加拿大政府的退税,以鼓励广告公司在加拿大本国电视台投放广告。此外,在1976 年,加拿大还制定了第一部《有线电视管理条例》(*Cable Television Regulations*)。

在卫星电视发展方面,1972 年加拿大成为第一个有国内卫星通信的国家,开始了卫星电视转播。为了发展卫星电视产业,加拿大政府成立了公私合营的 Telesat Canada 公司,致力于推进以卫星传输广播和电视节目,这大大解决了远程信号传输问题,有利于向加拿大偏远地区传输电视节目。

(二) 1976 年《加拿大广播电视与通信委员会法案》

20 世纪 70 年代,由于有线和卫星技术的迅速发展,广播产业与通信产业日益重叠。广播公司大量使用电话线、微波塔、主计算机(mainframe computer)及卫星作为传输手段。为了提高监管效率,加拿大政府决定把电信监管权由加拿大运输委员会移交由加拿大广播电视委员会来执行。1976 年,加拿大政府颁布了《加拿大广播电视与通信委员会法案》(*The Canadian Radio television and Telecommunication Commission Act*),成立了合并的新机构,名为加拿大广播电视与通信委员会(Canadian Radio – television and Telecommunications Commrmission),英文的缩写没有变化,仍然是 CRTC,但"T"代表"通信"(telecommunication)。自此,CRTC 的监管权力覆盖加拿大的广播、电视、电话及电报产业。这是政府整合联邦管辖权的举措,CRTC 把公众视为从电话到电视的通信服务消费者的集合。

加拿大广播政策研究学者 Raboy 指出,20 世纪 70 年代后期,随着通信技术的发展和私营部门力量的增长,公众(the Public)被以市场经济重新定义,公共政策以经济目标为导向,而不是以公共利益为优先考虑。就广播政策而言,产业战略变得优先于文化目标,前者以私营企业扮演主导角色,后者必须依靠强有力的公共广播支撑。在执行经济优先战略的同时,政府也需要兼顾英裔加拿大人的国家主义目标,以及来自魁北克日益增长的民族主义运动。作为监管者的 CRTC也想让 CBC 重新获得文化角色,而不只是作为联邦主义的宣传工具。

1974年，在CRTC举行的听证中，公众表达了对CBC的不满，CRTC把此归结为CBC的市场取向和与私营公司相似的运营方式。也有学者认为，20世纪70年代的另一个重要特征是Trudeau政府致力于减少美国对加拿大社会影响的政策。正是在这个时期，规定本土电视节目份额被视作最重要的管制方式来应对"美国化"（Americanization）对加拿大电视的影响，但是"加拿大内容"政策的最大问题是生产本土节目的高成本，因此政府需要在资金上对本土节目生产公司进行资助。

## 第三节 私营部门主导时期的广播政策（1980年至今）

20世纪80年代以来，在新自由主义经济兴起的背景下，西方国家广播和电信产业出现放松管制及私有化、市场化浪潮。加拿大广播产业的政策制定者也偏向以市场力量为主，实现广播的政治、经济和文化目标，私营广播日益成为加拿大广播系统的主导力量。正如一位加拿大学者描述的那样，广播日益从传统的文化功能转向商业功能，公共部门的边缘化日益得到官方承认，广播系统出现私有化、放松管制及从联邦向地方政府分权的趋势。与此同时，出于维护文化主权和身份认同的需要，加拿大政府也在实施"加拿大内容"政策等方面加强了对私营广播的监管。在此期间，加拿大政府颁布了1991年《广播法案》，对广播系统的目标与原则做了比较完备的规定和陈述，这部法案一直沿用至今，其间作为监管机构的CRTC也颁布了一系列规定和条例作为法案的补充与完善。近年来，随着数字技术的发展、新媒体广播电视的出现以及广播、电信产业日益融合的趋势，加拿大国内也出现修改广播政策的呼声。

### 一 放松管制与私有化浪潮（1980—1991年）

经历战后"资本主义黄金时期"后，从20世纪70年代开始，发达国家进入漫长的经济萧条期，各国政府把此归因于政府对经济干预太多，因此要重新回归自由市场经济。1980年前后，受新自由主义（neoliberalism）的影响，西方国家普遍出现放松管制、私有化、市场化浪潮，特别是在传统上受政府监管较为严格的电信、广播产业。在加拿大，1984年新上台的保守党Mulrone政府进一步完成了加拿大广播的产业化，推翻了自由党的一些基本经济政策，致力于向美国投资者开放加拿大的市场，并宣布在公共部门实施紧缩政策，对CBC的政府资助削减了7500万加元。当时的通信部长Marcel Masse对加拿大通信与广播政策的改革有三个原则，即削减公共资助、推动私营产业发展以及扩大省级政府和机构的作用。经历放松管制和市场化、私有化的加拿大广播系统，到20世纪80年代末已基本确立私营广播占主导地位的格局。

（一）1982年《阿普勒鲍姆—赫伯特报告》

加拿大自由党政府于1980年8月成立了联邦文化政策检讨委员会，由作曲家路易斯·阿普勒鲍姆（Louis Applebaum）与作家雅克·赫伯特（Jacques Hébert）共同担任主席。因此，委员会的报告在历史上被称为《阿普勒鲍姆—赫伯特报告》（*Applebaum – Hébert Report*）。这是加拿大继1951年梅西委员会报告后的第二次审查文化机构和联邦文化政策的行动。

1982年，委员会提交了调查报告。首先，与梅西委员会报告相同，此报告也强调了政府不干预艺术家的重要性，即保持一臂之距，这是当时梅西委员会报告建议成立半自治的艺术资助机构——加拿大委员会（Canada Council）时提出的原则。其次，梅西委员会认为商业性文化，特别是大众传媒，对传统文化和加拿大主权都构成了威胁。《阿普勒鲍姆—赫伯特报告》则对文化产业采取了更加务实的态度。报告建议CBC放弃商业广告、关闭CBC电视制作机构、停止生产CBC电视节目；取而代之的是，CBC向独立电视节目制作公司购买节目，从而促进独立节目制作产业的发展。此外，报告还建议CRTC督促私营广播公司投入足够资金来制作加拿大原创节目。

（二）1982年《权力与自由宪章》

作为独立公共监管机构，CRTC依据《广播法案》授予的广泛权力，对广播产业进行监管，但被监管者（个人或是公司）却并非总是处于被动地位。换言之，如果有异议，广播产业的业者可以主动向法院提起上诉，以撤销或更改 CRTC 的决定。法院判决的依据便是加拿大的宪法。

1982 年，《权利与自由宪章》（Charter of Rights and Freedoms）成为加拿大宪法的一个重要组成部分，其条款同时适用于议会和省立法机构。《权利与自由宪章》规定了加拿大公民享有思想、信仰、意见和表达自由，包括出版自由和其他媒体自由。但是《权利与自由宪章》也承认即便在民主社会，自由与权力也不是绝对的，而是受到法律的合理限制，社会整体利益与个人利益要取得平衡。

《权利与自由宪章》的发布对广播立法产生直接影响，社会问题被加入 1991 年修订的新《广播法案》中，妇女、少数民族、第一民族（土著）、残障人士等社会弱势群体的权利在新《广播法案》中得到保障。CRTC 是向议会报告的独立公共监管机构，在监管加拿大广播产业时须考虑《权利与自由宪章》规定的公民自由权利。由于宪法是最高法律，凌驾于一切其他法律之上，所以如果有加拿大公民认为《广播法案》触犯了其《权利与自由宪章》所赋予的权利，可以向法院起诉；如果法院认定《广播法案》与《权利与自由宪章》冲突，可能会判决部分《广播法案》无效。

（三）付费电视与专门频道的发展

付费电视是通过有线电视传送的、由用户在电视上安装机顶盒解码器来接收的电视节目，通常没有广告。到 20 世纪 80 年代初期，由于没有文化层面和财务层面的管理经验，CRTC 仍然没有向付费电视业者颁发执照，而同时期的美国付费电视却蓬勃发展。1981 年，CRTC 举行了关于收费电视的公开听证，随后颁发了 6 家收费电视服务的执照。这实际上是为付费电视产业造成一种竞争模式。由于加拿大大部分家庭拥有有线电视服务，可以收看到多种节目，因此观众对于购买付费电视热情不高，付费电视业者的经营并不成功。到 1983 年，便有很多付费电视公司宣布倒闭。1984 年，CRTC 决定把全国性及地方性的付费电视执照持有者重新整合为两大付费电视提供集团，即 First Choice 与 Allarcom Pay Television。前者服务加拿大东部，后者服务加拿大西部。加拿大学者阿姆斯特朗指出，虽然 CRTC 宣称要促进付费电视产业的竞争，但这种分地区的整合实际上限制了竞争。

"专门频道"（specialty television）是加拿大广播电视和电信委员会（CRTC）所用的术语，是指专题电视节目的制作和经营，通过有线电视和卫星电视传送，如体育节目专门频道、儿童节目专门频道等。1983 年，CRTC 举行了关于开通专门频道的听证会。根据 CRTC 的"类型保护"（genre protection）政策，对加拿大本土专题电视服务形成竞争的外国专题电视服务将不被允许进入加拿大市场。1984 年，加拿大广播委员会发出第一个体育节目专门频道许可证，即后来著名的加拿大本土专门频道 TSN。CRTC 还要求专门频道每小时播放的广告不得超过 8 分钟。

从 1985 年开始，付费电视业者开始尝试与专门频道服务"打包"在一起向观众提供服务，这在一定程度上促进了付费电视业务的重新崛起。但就整体而言，付费电视产业在初期并未能在加拿大取得很大成功，直到 20 世纪 80 年代末，数字电视时代到来时，付费电视才重新焕发生机。

此外，加拿大与美国于 1989 年签订了《加拿大—美国自由贸易协定》（FTA），加拿大政府修改了《版权法》，正式要求广播电视传输业者要为转播广播电视信号支付版权费。与 FTA 一致，加拿大政府还把"公共传播"（communication to the public）的定义由广播拓展到所有形式的远程通信。

（四）对独立电视节目制作产业的扶持政策

直到 20 世纪 70 年代，加拿大实际上尚未有独立电视制作产业。到 1980 年，由于推动电影产业的措施并没有很成功，加拿大政府转而启动促进独立电视制作（independent television production）产业的系列政策措施，主要包括：收紧对电影产业的政府补贴；创立加拿大广播基金 Telefilm；对传统广播电视台实施"加拿大内容"投资要求（Canadian content spending requirements）。这些政策从供需两个方面促进了独立电视制作产业的发展。

1983年，联邦政府发布了一份名为《关于新国家广播政策》（*Towards a New National Broadcasting Policy*）的文件，宣布成立加拿大广播电视发展基金，由加拿大电影发展公司（CFDC）负责基金管理，用来资助私营电视制作公司生产加拿大本土节目。1984年，广播电视发展基金正式改名为Telefilm Canada。从这个名字也可以看出，基金主要用于资助在电视上播放的电影，而不是在电影院播放的电影（theatrical films）。此外，CRTC于1982年曾经制定政策，对付费电视公司投资于"加拿大内容"的节目制作经费做出要求；到1987年，这个要求被延伸到传统地面广播公司。这样，独立电视制作公司得到节目制作资金的机会增大了。从以上资助加拿大独立制作产业的政策也可以看出，在实现经济目标的同时，加拿大本土节目仍然是一个政策关注的议题，反映了维护加拿大文化主权与加拿大身份认同的政治和文化目标。

综上所述，20世纪80年代后期，有线电视已取代传统地面电视成为主要传输方式。技术及其影响成为这个时期政策的主题。有线、卫星传输技术的发展改变了传统意义上的广播，新技术开辟的领域趋于为私有资本所占据。公共广播占主导的单一体制概念已被混合体制所取代。其中，公共部门的角色只限于提供整休框架，而在框架内私营成分是最具活力的力量。加拿大广播系统日益按照资本主义市场法则构建和运行，Raboy认为这过程伴随着对文化生态的灾难性破坏。国家虽然也为广播产业制定了文化目标，由于没有由文化引发的政治危机，文化空间持续萎缩和边缘化。1985—1991年的广播政策受经济考量的重大影响。有线电视产业取代传统地面电视，保守党政府致力于减少国家干预，CBC面临财务危机，私营部门面临经济衰退影响，广播服务日益商品化。Mulroney政府时期的政策文件显示似乎公共广播系统取得胜利，得到重视，而实际情况却是公共资金削减、产业出现集中化、美国化继续。

二　私营广播主导地位的确立与巩固（1991—2000年）

20世纪80年代末，私营广播在加拿大广播系统中的主体地位基本确立，公共部门的边缘化日益得到官方承认。1991年，根据卡普兰—

索瓦格工作组报告，加拿大颁布了新修订的《广播法案》，对加拿大广播的基本原则、目标及政策进行了比较完备的规定，这部分法案一直沿用至今。新《广播法案》颁布后 10 年间，私营广播地位不断巩固，公共广播的观众却逐年减少。在促进私营广播产业发展的同时，政府也注意加强对其监管，以最小化市场缺陷带来的弊端，保证《广播法案》规定的政治、文化目标的实现。

（一）卡普兰—索瓦格工作组报告

20 世纪 80 年代以来，加拿大的广播电视产业格局又发生了新的变化，包括观众的分化、新技术的出现，以及对加拿大文化主权的持续关切。1991 年《广播法案》出台前夕，强化广播对于加拿大文化制度的作用的辩论无处不在。加拿大当时也正与美国商签自由贸易协定，保持加拿大文化认同也成为一个热烈辩论的问题。为应对加拿大广播产业的新形势和挑战。加拿大政府成立了一个广播电视政策特别工作组，由佛罗莱恩·卡普兰（Florian Caplan）和杰拉尔德·索瓦格（Gerald Sauvageau）共同担任主席，这个工作组在历史上被称为"卡普兰—索瓦格工作组"。1986 年，工作组向加拿大议会提交了调查报告。

关于国家公共广播公司 CBC，工作组提出的主要建议包括：所有广播执照持有者都是加拿大公众的受托人；在保证加拿大拥有真正国家广播电视系统（英语和法语）这一点上，CBC 应该发挥中心作用；保障对 CBC 的资金供给；CBC 电视中的所有美国节目尽快被撤下；承认法语广播在魁北克及全国广播系统中的特殊性。关于私营广播电视产业界，工作组建议 CRTC 发放执照时，对私营公司制作和播放"加拿大内容"的节目提出更加严格的要求；同时，政府也应该对私营业界提供支持和保护，鼓励私营公司履行《广播法案》中设定的目标。

从卡普兰—索瓦格工作组报告（Caplan-Sauvageau Task Force Report）可以看出，公共利益、国家主权仍然是工作组的主要关切，同时，工作组建议政府继续支持文化产业的发展。一方面，这一时期私营广播已逐渐占据加拿大广播系统的主导地位，市场机制成为调节加拿大广播的主要力量；另一方面，政府通过加强对私营广播产业的监管来防止市场缺陷带来的弊端。

（二）1991年《广播法案》

卡普兰—索瓦格工作组的许多建议被加拿大政府采纳，体现在1991年制定的新《广播法案》中。新法案是历史上曾经出现过的法案的继承与创新，其中对1968年《广播法案》的内容继承最多。

首先，1968年《广播法案》实行以来，广播产业的监管更多的是由CRTC通过颁发执照、发出政策指示、制定规定等来实施；相对而言，当时的加拿大联邦通信部（Department of Communication）被"忽略"。因此，新法案把部分广播政策权力收归于政府，强调了政府对CRTC的"指导权力"（power of direction），即在重大政策取向上，政府有权对CRTC发出指示。其次，新法案确认了法语广播的独特性，对法语广播和英语广播区别对待，适用不同条件和要求；当时的通信部长Marcel Masse因此被有些议员称为"魁北克分离主义者"。再次，1982年《权利与自由宪章》的发布对新法案产生直接影响，对社会问题的关切得到体现，妇女、少数民族、第一民族（土著）、残障人士的权利被加入《广播法案》。最后，根据1991年《广播法案》，CRTC可以向私营广播公司执照申请者收取执照费，如果该公司履行了节目义务，在执照期结束时，执照费用将被退回；反之将不予退回。这是政府为了加强对私营广播履行本土节目制作和播出的管制。

总之，1991年《广播法案》的中心内容是"加拿大内容"要求与保障加拿人各社会群体的广播使用权。Raboy认为新法案是一个各方都获得利益的法案，特别是由于政策制定过程中公众参与机制的作用，公众的呼声和公共利益得以被关注。这部法案一直沿用至今，其间CRTC颁布了一些监管政策作为补充与完善。但是随着数字技术的发展和产业融合趋势的增强，近年来加拿大国内也出现了修改广播政策的呼声。

（三）联邦文化遗产部的成立

1993年，涉及加拿大广播系统管理的联邦政府部门——加拿大通信部被拆分，其技术方面的职能转交给加拿大工业部，而文化方面职能由新成立的加拿大文化遗产部负责。联邦文化遗产部通过规划政策、提议立法、启动项目等来推动加拿大广播产业的发展，最终服务于加拿大社会。遗产部向议会提交关于广播的监管建议，例如内容要求、公民的广播使用权利、广播产业的自由竞争等。遗产部还负责制定针对广播产业的政府资助政策，例如向各种和广播相关的基金会，以及对高质量加拿大本土节目制作的资助。实际上，加拿大遗产部相当于加拿大的"文化部"，是联邦政府负责包括广播在内的一切文化领域事务的部门，其与 CRTC 在广播监管权力上有一定"重叠"。总之，在实际操作中，遗产部涉及广播的业务主要是对一些文化项目的资助，这与 CRTC 负责日常监管业务有很大不同。

1991 年《广播法案》确认加拿大广播系统由三大组成部分：公共广播、私营广播和社区广播。社区电台广播及电视频道是一种面向地方或地区观众的公共广播服务，由社区团体经营，提供了国家公共广播和商业之外的补充模式，一般具备以下特点：面向特定种族和文化群体、非营利性、相对于主流媒体的激进观点。CRTC 于 1991 年颁布了《社区频道政策》，做出以下规定：社区频道的角色主要是提供公共服务；社区频道的节目应该是传统电视频道的补充；社区频道的节目应该反映社区，并促进社区成员的积极参与。可见，加拿大政府对社区广播等替代媒体（alternative media）采取了支持政策，以促进观点的多样性。

对私营传统电视台来说，投资某些类别的国产节目（如音乐舞蹈、高质量娱乐节目、电视剧）会入不敷出，因而在传统电视台的黄金时段很少见到这类节目。为此，CRTC 在颁发执照时要求私营电视台把这类节目列为优先节目播出。1999 年，CRTC 颁布的具体政策措施如下：对于拥有多家电视台的大型广播集团公司，每周必须播放 8 小时国产优先节目，且要安排在黄金时段（晚 7 点到 11 点）；对其中一些节目类别，政府将提供退税激励。此外，CRTC 在 1998 年颁发的《商业广播政策》（Commercial Broadcasting Policy）中，对申请广播电台所有权转让的私营业者，CRTC 要求申请者捐献所有权转让金额的

6%用于资助加拿大本土广播内容的生产。可见,在私营广播主导加拿大广播市场的情况下,为避免经济法则支配下广播公共服务功能的丧失,加拿大政府对私营业者加强了监管,确保广播法所规定的"加拿大内容"政策得到贯彻和落实。

### 三 数字广播时代的新挑战(2000年至今)

进入21世纪,随着数字技术的发展,加拿大政府开始推动广播电视从模拟信号向数字信号转换。随之而来的是互联网、移动设备等新媒体的出现,广播电视内容的传播出现新的载体。1999年,在互联网方兴未艾之时,CRTC即裁定其监管范围不包括互联网上的内容。2009年,CRTC再次裁定其监管范围不包括在互联网或移动设备上的节目。但是,加拿大国内也出现关于新媒体时代广播监管的辩论。2010年,加拿大议会文化遗产常委会的一份报告分析了数字媒体时代加拿大广播的机遇与挑战,涉及建立新的商业模式、对现有法律与监管框架进行检讨以及加拿大国产内容的未来等问题。与此同时,当时保守党执政的Harper政府继续对广播系统执行放松管制政策,削减对文化艺术的资助,致力于让市场发挥主导作用。近年来,加拿大政府组建的政策工作组也对与广播相关的文化主权、社会文化问题及产业融合趋势进行了调研,相关调研报告将成为下一步政策出台的依据和前奏。

#### (一)对文化主权的关注

1991年《广播法案》实施10余年后,加拿大议会遗产常务委员会对《广播法案》实施以来的加拿大广播系统的健康状况进行了一次评估,检讨广播是否有效地服务于公共利益。该委员会由Clifford Lincoln担任主席,于2003年发布名为《我们的文化主权:进入第二个世纪的加拿大广播》(*Our Cultural Sovereignty: The Second Century of Canadian Broadcasting*)的报告。

就国家公共广播公司CBC而言,委员会认为《广播法案》实施10多年以来,CBC的观众数量继续下降。但是,政府应该继续保持对公共广播的大力投入和支持,因为公共广播对促进国家价值认同至关重要。对加拿大而言,公共广播是抵御美国文化入侵的最后防线。

20多年来的预算削减以及从地方广播电视市场的退出使 CBC 日渐式微。委员会建议政府应该稳定对 CBC 的资助，清晰其使命，督促其向议会定期报告等。

就私营广播而言，委员会认为由独立节目制作机构、私营广播电视台、有线及卫星服务提供商以及广告公司构成的加拿大私营广播部门是加拿大广播系统的中流砥柱（mainstay），创造数以万计的工作岗位，使加拿大成为电视节目出口的领先国家。为了支持产业的发展，首先，政府应增加对加拿大电视基金会的投入，支持加拿大广播人才的培养。其次，对加拿大英语节目市场被美国电视剧占领的问题，委员会认为限制播放无法解决全部问题，因为电视台声称播放美剧可以帮助其获得生产本土节目的资金，所以委员会建议不仅要促进在加拿大本土生产的节目，也要支持为加拿大生产的节目（made for Canada）。最后，委员会建议维持现有对外资所有权的限制。

总之，委员会认为1991年《广播法案》本身无须重大修改，关键是如何落实广播法的精神，包括如何促进"加拿大内容"、如何确保公共广播的关键角色（key role）以及公共与私营广播的平衡、如何振兴地方和社区节目等。就广播的监管而言，委员会认为保持各相关政府机构之间的相互制衡（checks and balances）很关键，而 CRTC 在21世纪的作用仍然很重要，但需要重大改革。

（二）对社会问题的关注

加拿大是世界上提供第三语言节目最多的国家之一，第三语言广播已成为加拿大广播系统的重要组成部分。2004年，文化遗产部指定的专家组出台了一份报告，题目是：《融合与文化多样性：第三语言节目服务》（Integration and Cultural Diversity: Report of the Panel on Access to Third-language Public Television Services）。这份报告认为英语、法语之外的第三语言广播服务将贡献加拿大的文化多样性和多元文化的社会特征，丰富加拿大各种族人民的文化生活。与此同时，专家组认为政府必须把以双官方语言为核心的加拿大广播系统作为促进移民融入加拿大社会的重要工具，而加拿大第三语言广播服务的重要责任之一是促进民族融合。至于由外国广播公司提供的加拿大某一语言群体的广播电视节目，专家组建议由 CRTC 认定为合格后才可提供给加拿大观众。报告最后建议政府成立第三语言节目制作基金（third-language production fund），支持高品质的第三语言广播电视节目生产。

国家广播公司 CBC 在新媒体时代如何应对新的机遇和挑战？2007年，加拿大议会文化遗产常务委员会对 CBC 的角色进行了一次评估，发表了一份题为《加拿大广播公司：在变化的媒体格局中保持特性》（*CBC/Radio-Canada: Defining Distinctiveness in the Changing Media Landscape*）的调查报告，认为 1991 年《广播法案》中对 CBC 使命的规定仍然有效，但是 CBC 应该积极利用新媒体来实现其政策目标。该报告同时建议政府与 CBC 签署一个 7 年的备忘录，列出 CBC 在治理结构、资金来源、节目制作等方面的具体目标，要求 CBC 承诺在下一个 7 年内实现。

保证法语与英语在广播系统中具有平等地位是广播法规定的基本原则之一。2009 年，加拿大官方语言办公室出台一份报告，题目是《语言少数民族环境下法语节目的制作与播出》（*Place of French on the Air and Production in a Minority Context*），评估了法语在电视节目制作产业及节目播出中的地位，特别是在法语少数民族社区（official language minority communities）电视节目的生产状况。报告认为无论英语节目还是法语节目，在各自所处的语言少数民族社区都面临制作与播出的问题和挑战，但是法语面临的问题尤其突出。报告建议政府采取行动改善法语节目在少数民族环境下的生产条件，特别是青少年节目的制作与播出。

（三）对所有权与产业融合的关注

2006 年，加拿大工业部发布的《电信政策检讨报告》（*Telecommunications Policy Review Panel Final Report*）提出一个问题：电信和广播日益融合，是否仍然有必要用两套法律框架来规制？加拿大早在1976 年成立 CRTC 时就表明了对电信与广播融合趋势的认可，但此后却一直保持对广播系统的传输网与电信网分开管理的模式，而广播信号传输实际上是电信服务的一种。报告认为技术发展和市场变化会自动破坏现有政策和管制框架，所以加拿大广播政策应该重新检讨，以主动应对新变化。美国和欧盟国家已在立法层面协调电信与广播（但传输与内容分开制定规则）管制，例如，制定统一的《通信法案》来实现一体化的电信传输服务管制，同时涵盖普通电信传输公司（telecommunications common carriers）与电视有线传输网络公司。报告建议加拿大政府把广播的内容管制与传输管制分开，广播传输产业并入统一的电信监管框架，由市场力量来调节。

信息的数字化与集合化，使声音、数字、视听通过一个数字网络传输，这即是融合，而媒体的分化与整合随之发生。作为广播产业与电信产业的共同监管机构，CRTC 于 2010 年出台一份报告，名为《掌控融合：加拿大通信产业之变化及其监管应对》（Navigating Convergence: Charting Canadian Communications Change and Regulatory Implications）。该报告认为在技术发展的推动下，电信与广播产业已融合为通信产业，对产业界、消费者以及监管者都产生了相应影响。在此背景下，CRTC 一方面要改变实现广播政策目标的手段，另一方面要为加拿大企业创造新机会。由于产业整合亦有减少竞争及观点多样化的可能，为避免垄断，该报告建议 CRTC 应该制定规管政策，以保证新来者进入市场参与竞争。消费者保护是 CRTC 在数字融合时代重点考虑的问题，如隐私权的保护。此外，CRTC 也意识到在新媒体时代出现的新情况，例如在不受政府管制的互联网上，加拿大人可以获取并非由加拿大控制的节目内容；互联网经营的广告收入对传统广播广告收入形成竞争等，这些新问题需要在监管政策上给予关照。

2010 年，加拿大议会"产业科技常委会"（Standing Committee on Industry Science and Technology）出台一份报告，题目为《加拿大电信产业外资所有权规定》（Canada's Foreign Ownership Rules and Regulations in the Telecommunications Sector），认为从经济角度来讲，加拿大对电信产业普通传输企业（common carriers）的外资限制不利于产业的发展。鉴于经合组织国家大多解除了电信的外资进入限制，该报告建议加拿大在普通电信传输领域解除外商投资限制，促进电信产业生产效率的提高；作为试点，可以首先取消卫星传输的外资限制。此外，该委员会的报告也提出同样的问题，即在广播电视与互联网日益融合的时代,如何保证"加拿大内容"的线上呈现,以实现保障加拿大文化主权的目标。

# 本章小结

同许多国家一样,无线电广播技术发明之后,20世纪初广播电台在加拿大最初是由私人开办,并很快用于商业目的。起初,报业公司、零售商和电器制造商建立广播电台来推销其商品,但很快便出现第三方广告。随后,由大学、铁路公司开办的具有公共服务广播性质的电台也开始出现。广播作为新媒介对政治、文化、经济的影响逐渐凸显之时,加拿大政府亦开始考虑构建本国的广播体系。鉴于加拿大自身独特的国情,即地域辽阔、人口分散、英法两大民族对立、种族和文化的多元化、强邻美国的文化冲击,决定了加拿大对广播服务于国家认同和文化主权的需要;再加之对广播这一影响巨大的新媒介出现后的审慎态度,加拿大政府决定以英国公共广播体制为参照,建立国家垄断的单一公共广播体制。

20世纪30年代国家公共广播公司成立后,身兼广播者与监管者双重身份,要求私营广播公司先作为其附属电台存在,再最终国有化所有私营电台。然而私营广播产业不断发展壮大,其代言人和游说团体不断向政府施加压力,促使加拿大政府迟迟未能实现国有化私营广播的初衷。到20世纪50年代末,加拿大政府最终以立法形式正式承认加拿大广播系统为公共广播与私营广播共同构成,并成立独立监管机构,结束国家公共广播公司的监管者身份。此后私营广播作为公共广播的平等竞争者加快发展,逐步占领公共广播主导的广播市场和受众。自20世纪70年代开始,资本主义世界出现长达20余年的经济衰退,新自由主义经济思潮兴起,西方国家普遍出现放松管制及私有化、市场化浪潮,以重振经济,广播和电信产业为了生存和发展,亦不能例外于此变革。加拿大政府也开始转向以市场化为主要方式来实现广播政策的各项目标,私营广播在20世纪80年代末已成为市场的主导力量，而公共广播日渐式微，这一趋势一直持续至今。

加拿大广播政策的历史贯穿的一条主线即是对广播的政治、文化、经济目标的平衡与调和。加拿大广播政策制定进程中的参与者便是这三方利益的代表者，即国家主义者、公共利益团体和产业界。国家主义者致力于以广播为工具，对内促进民族和解与国家团结，对外致力于抵制美国化的影响，保持加拿大不同于美国的独特文化，捍卫国家文化主权。公共利益团体致力于使广播服务于民主生活，并促进社会公平。产业界致力于保持自由市场环境，实现经济发展和创造财富。对于如何实现这三个领域的目标，加拿大社会各界不同利益团体在各个历史时期进行了激烈争辩，归结为一个问题，即是实行公共广播体制还是私营广播体制，以国家干预为主还是以市场调节为主？

经过80余年的历史演变，在国内和国际形势综合影响下，加拿大目前的广播管理体制和运行机制与其他西方国家并无二致，乃是以市场机制为主，政府干预为辅，以私营广播唱主角的广播体制。但是，加拿大的广播政策环境亦有其自身特点。首先，广播的公共服务理念在加拿大有很长的历史传统，以公共利益团体和学术界为代表，国内对公共广播的支持力量还很强大。其次，对内促进民族和解与国家团结，对外捍卫国家认同和文化主权，这两个主题在加拿大的国家政治中从未褪色。基于以上原因，加拿大政府仍然视公共广播为其广播系统的重要支柱，并在保持市场环境和商业经济繁荣的同时，对私营广播产业进行了相对严格的监管，确保广播法规定的各项公共政策目标得以实现。自20世纪90年代初颁布新《广播法案》以来，加拿大一直未对其进行修订。在数字化技术推动下，新媒体广播出现并不断发展，通信产业融合也日益加深，加拿大国内也开始出现更新现行广播政策的呼声。

# 第三章　加拿大广播政策分析

　　加拿大现今的广播体系是多方力量互相博弈的结果，既有公众支持公共服务广播的社会压力，也有产业界要求创造有利于经济发展环境的压力，还有国家主义者要求捍卫加拿大的国家认同、文化主权及国家团结的政治压力。概而言之，广播政策仍然是体现政治、经济和社会三方面的目标。《广播法案》明确规定，加拿大广播系统应服务于保护、丰富和加强加拿大的文化、政治、社会和经济结构。加拿大广播政策80余年的历史演变，即是寻求政治、文化、经济目标的平衡与再平衡的过程。加拿大文化遗产常委会的报告就指出：加拿大广播政策的成功与否，在于是否能在文化和经济目标之间找到平衡。广播政策研究学者Raboy则指出，相比其他西方国家，政治斗争是伴随加拿大广播发展的突出特点，加拿大广播政策在某种程度上是其国内宪法政治的体现。本章对加拿大广播政策的分析，即以政治目标、社会文化目标和经济目标为基本框架，论述各项政策出台的背景、政策制定的过程、政策的实施及实施的效果。需要指出的是，以上三项政策目标并非截然分开，而是互相重叠；以种族问题为例，既是政治问题，又是社会文化问题；又如"加拿大内容"政策，一方面实现了保护加拿大本国文化的目标，另一方面也实现了保护加拿大本国广播产业发展的目标。为了提供一个清晰的分析框架，本书对政治目标的分析以捍卫文化主权为主要议题；对社会文化目标的分析主要包括种族和文化多元性以及社会公平等议题；对经济目标的分析则包括广播所有权、市场竞争、产业融合等议题。

## 第一节　广播政策制定过程与广播产业监管机构

加拿大广播政策的任何重大改变必须经过公众咨询（public consultation），公众参与广播政策过程已成为加拿大广播政策制定过程（policy process）的一个传统和特色。加拿大政府颁布的历次《广播法案》，都事先经过政府成立的工作组或委员会进行民意征询，有时长达数年；作为监管机构的加拿大广播电视和电信委员会（CRTC），其制定的监管政策必须经过公开听证。了解加拿大广播政策的制定过程及其参与者有助于对广播政策各项目标的分析。此外，加拿大广播产业的独立公共监管机构CRTC，是加拿大广播监管政策的主要制定者，本节将对其历史变迁、权力、目标及与相关政府部门的关系进行考察。

### 一　广播政策制定过程及其参与者

（一）公众咨询的独特作用

广播政策制定是构成加拿大通信公共领域的核心部分之一，公众咨询（public consultation）是广播政策制定的必要程序。公众咨询有两种，一是由政府成立的工作组、皇家委员会或是议会常务委员会组织进行。皇家委员会成员和工作组主要由非政府人士组成；委员会主要由议员组成，但聘用政府之外的专家担任顾问。加拿大广播政策历史上著名的皇家委员会有艾尔顿委员会、梅西委员会、福勒委员会等。根据工作组报告、皇家委员会报告或议会委员会报告等公共咨询的结果，政府出台广播政策，包括修订广播法。以1991年《广播法案》的出台为例，加拿大政府成立了三个公众咨询工作组，即Caplan-Sauvageau工作组、众议院通信与文化常务委员会以及众议院立法委员会，进行了长达5年漫长的公众意见征询。二是CRTC就监管政策或执照的颁发、更新或吊销进行公开听证。公共咨询的参与者通常是各种社会团体，但也可以是任何有愿意提供意见的加拿大公民。

加拿大广播政策制定过程是代表社会文化、政治、经济利益的参与者之间的博弈，各方通过参加公众咨询或是游说议员以影响政策制定过程。鉴于商业利益集团凭借其实力，越来越多地运用游说手段来影响政策制定者，Raboy 强调了透明性与开放性对非商业的公共利益团体和社会文化团体获得政策制定参与权的重要性。

总之，与其他西方国家相比，加拿大在广播政策制定过程中对民意征询的重视可谓突出。从 1928 年成立第一个皇家广播调查委员会并制定 1932 年《无线电广播法案》开始，通过众议院常务委员会或是专门成立的政策调查工作组，加拿大广播政策的每一次重大变化都有公众咨询在先。而对现今广播独立监管机构 CRTC，法律要求其大多数监管、发照程序需要经过公开听证。此外，各种利益集团还积极开展游说活动，以直接或间接方式（如利用媒体）影响政策制定者。

（二）政策制定过程中的参与者

政策制定过程是代表经济、政治及社会文化利益的各方参与者博弈的过程。有学者把加拿大广播政策制定过程中的参与者归类为代表制度（institutional interest）、产业和社会文化三类利益；换言之，广播政策制定受到国家、市场和社会运动三方因素的影响。但是，实际参与者在现实中常常不能确切地归为其中任何一类。例如，传统广播公司和有线广播公司虽然都属于产业团体，但在政策问题上常常有冲突；国家公共广播公司 CBC 及各省教育广播公司是非营利性质的公共服务机构，但却是广播产业的一部分；工会和产业协会代表节目创作和生产工作者的经济利益，但对社会文化关切相当强烈。有鉴于此，Raboy 把政策过程的参与者分为政策制定者、产业界（公共及私营）及社会文化团体。社会利益团体与商业利益团体总体上是对立关系；政策制定者倾向于支持商业利益，但同时也兼顾社会利益团体的意愿。

1. 政策制定者

整体而言，加拿大政府及各政党有关于广播政策的大致方针，但没有非常具体的政策。主管文化与媒体事务的政府部门、议会委员会对广播政府制定发挥独特作用。主管文化与媒体事务的部长（现在是加拿大文化遗产部）对广播政策发挥决定作用。所以，部长成为各利益集团影响的主要目标。此外，主管部门负责政策方向的高级官员亦具有很大影响力。

作为民意征询的主要组织者，由政府成立的工作组或议会常务委员会虽然不是严格意义上的政策制定机构，但对政策制定发挥独特作用。私营部门利益集团通常试图影响工作组和委员会所做的报告及其建议。

《广播法案》给予独立的公共监管机构 CRTC 非常广泛的政策制定权力。很多政策制定过程参与者，特别是产业界，把 CRTC 视为加拿大广播最有影响的政策制定者，成为其游说的主要目标之一。此外，各省政府对广播政策几乎没有直接权力，但是起着游说者的作用。其中，法语区魁北克的省政府发挥独特作用。

总之，加拿大政府、联邦文化遗产部和 CRTC 成为加拿大广播产业的共同政策制定者。其中，文化遗产部部长对政策的解释作用很关键；CRTC 的主席对政策执行的作用很关键；在某些具体政策问题上，文化遗产部的相关主管官员的作用不可低估。

2. 产业界

私营广播产业参与者在公众咨询过程中，通常以产业界的财务困难为依据，要求政府放松管制，特别是放松对产业界的"加拿大内容"要求政策。对私营传统地面广播公司而言，希望减少其公共义务，而有线传输公司为了自身利益，努力游说政策制定者，使所谓"消费者主权"与文化主权结合起来。私营广播公司和广播传输公司一般通过其产业协会与政治家保持直接接触。

国家公共广播公司 CBC 在很多领域与私营广播公司竞争，因此是社会文化团体关注的对象。CBC 以国家公共广播公司的身份面对议会委员会及 CRTC，游说政策制定者。CBC 自身的未来正是引发国家政策干预的主要问题之一。作为公共广播的一部分，各省的教育广播机构代表公共利益向政策制定者进行游说。

总而言之，公众咨询或公开听证往往被力量强大的私营产业部门主导。凭借其财力，产业协会可聘请专家来游说政府，或是利用其掌握的媒体来施加舆论影响。更重要的是，产业界与议员、部门官员等政策制定者往往有直接接触的渠道，而这是代表公共利益的社会团体所不具备的。

3. 社会团体

社会团体是指产业界之外的代表社会公共利益的各种团体，如加拿大成人教育协会（Canadian Association for Adult Education）、种族关系研究与行动中心（Centre for Research/Action on Race Relations）等民间组织。由于没有堪与产业界相比的资源和财力，这些团体日益被边缘化，对政策制定者的影响很难与产业界相比。不少批评家指出，广播的使命是为公共利益服务，但公共利益团体在公众咨询中的地位与产业界相比却很不公平。

可见，加拿大广播政策往往由产业界和政策制定者所定义的政治和经济问题所驱动，社会和文化因素主要由创作工作者、各种社会利益团体、舆论监督组织（watchdog association）来推动。简言之，广播是由政治和经济法则驱动的社会和文化活动。

有学者指出，在实际公众咨询过程中，私营产业一直是最强大的参与者，而公众参与度并不高。例如，CRTC欢迎公众参与其公开听证，但参与的人却很少。所以，必须保证公众的充分参与才能达到民意征询的目的，而保证公众辩论的透明性是使社会利益团体获得参与权的关键，否则公众咨询势必被产业利益团体支配。此外，社会团体自身要有良好的组织才能有效参与政策咨询，有学者建议给社会团体以资金支持，并对其游说活动进行规范。

## 二 广播产业监管机构

### （一）广播受政府管制的原因分析

在加拿大，广播是唯一受政府管制的媒体。电影、录音、书报、数字新媒体都不受制于政府执照或定价规定。换言之，进入这些媒体行业没有政府壁垒。可见，大部分文化产业不受政府管制。

为什么只有广播产业受到政府管控？首先是历史原因。各国的无线电频谱从发明之初便被视为有限稀缺的资源，如同空中航道或海洋航道一样，理当属于国家所有，因此在各国都受到政府管控，加拿大也不例外，政府从早期无线电报的发明，到无线电广播的出现，再到电视的出现，都采取了国家管控的政策，而此政策一直延续至今。其次，加拿大学者 Armstrong 指出，在广播中展现"加拿大内容"，以保证文化多样性则成为当下政府管制广播系统的主要理由，政府以对广播的管控来实现公共政策目标，也即是实现全体加拿大公民的利益，诸如国家文化与政治主权。此外，市场缺陷也是政府干预的理由，这也是文化产品工业化生产的共性，即导致同质化内容生产，可能只实现其"娱乐"功能，而无法很好实现广播更重要的"启蒙""告知"的社会功能。①

在加拿大，最高法院裁定加拿大的广播由联邦政府负责。至于各地方政府，除了对本省的教育广播及一些基金会负责之外，并无其他管辖广播的权力。广播不属于地方政府职权，从一个侧面说明加拿大政府重视广播对于保持加拿大国家认同和国家统一的作用。在联邦政府部门中，文化遗产部（Department of Canadian Heritage）对加拿大广播政策负责，工业部（Department of Industry）对无线电频谱资源的分配负责，财政部对广播涉及的财务有部分管理权。此外，作为国家公共广播机构的"加拿大广播公司"（Canadian Broadcasting Corporation）有时也起到政策制定的作用。

但是，直接、全面监管广播系统的是由议会立法成立的独立公共管理机构"广播电视和电信管理委员会"（Canadian Radio-television and Telecommunications Commission，CRTC）。CRTC 管辖范围除了广播，还有电信产业，但二者的管理法案各自独立。当时加拿大所实施的电信法为1993年的《电信法案》，广播法为1991年的《广播法案》。

（二）广播监管机构的历史演变

当时加拿大广播产业的监管机构是由政府于1976年立法成立的

---

① 加拿大《广播法案》中定义广播节目的功能为"to inform, enlighten and entertain"。参见 Broadcasting Act [M]. Minister of Justice, 1991. http://laws-lois.justice.gc.ca/eng/acts/B-9.01/page-1.html#h-3。

"广播电视和电信管理委员会"（CRTC），这个机构一直存在至今。但是历史上，加拿大的广播监管机构也经历了不断变迁，反映了政府对广播产业监管的政策变化，也反映了技术变革的要求。

1932 年，加拿大历史上第一个皇家广播调查委员会"艾尔顿委员会"，提交报告建议加拿大国家广播网络由一个独立的联邦机构进行监管和运营。由此，加拿大政府成立了"加拿大无线电广播委员会"（Canadian Radio Broadcasting Commission，CRBC）。这个委员会是当时监管加拿大广播产业的公共机构"广播电视和电信管理委员会"的前身。

1936 年，"加拿大无线电广播委员会"被加拿大广播公司（Canadian Broadcasting Corporation，CBC）取代。当时成立 CBC 是为了建立加拿大国家公共广播服务，联邦政府授予 CBC 监管加拿大私营广播产业的权力。

1968 年，为了改变 CBC 同时作为市场"监管者"与"竞争者"的双重身份，新颁行的《广播法案》确认 CBC 仅作为一个国家公共广播电台的身份，而把监管加拿大广播产业的权力授予新成立的独立公共机构"加拿大广播电视委员会"（Canadian Radio–television and Commission）。

1976 年，议会通过《加拿大广播电视和电信管理委员会法案》（*Canadian Radio–television and Telecommunications Commission Act*），把"加拿大广播电视委员会"的管辖范围扩大到包括电信产业，新机构也更名为"加拿大广播电视和电信管理委员会"（以下简称"CRTC"）。

1999 年，针对互联网的发展，CRTC 裁定其监管范围不包括互联网内容；2009 年 CRTC 又裁定，其监管范围不包括在互联网或移动设备上的节目（新媒体广播）。

由上述历史变迁可以得出结论，加拿大政府对广播产业的监管经历了一个"放权"的过程，由最初国家公共广播公司 CBC 的直接管理发展为公共监管机构 CRTC 的独立管理。CRTC 与政府保持一定距离，政府只能间接施加影响。虽然 1991 年《广播法案》规定内阁可以向 CRTC 发出指令，但实际上政府很少干预 CRTC。此外，广播与电信同归一个机构监管，也体现了加拿大政府对这两个产业融合趋势的认可。

（三）广播电视和电信管理委员会与联邦政府的关系

我们知道，CRTC是加拿大政府通过立法成立的对广播系统进行全面监管的独立公共机构，可以说是政府的"代理人"。但是，作为所谓"独立的公共机构"（independent public agency），CRTC究竟有多"独立"，政府又会施加什么影响？这将是我们下面要讨论的问题。

1. 政府的角色

在监管机构CRTC之外，涉及加拿大广播系统管理责任的有两个联邦部门（文化遗产部和工业部）、一个广播公司（CBC）、一个资助机构（加拿大传媒基金）、一个制作机构［国家电影理事会（National Film Board）］。版权理事会和竞争局也涉及广播产业的管理。首先，若论加拿大广播政策的最终决定者，当属加拿大议会。议会从立法层面，通过制定或修改法律，管控广播产业的政策方向，最终体现在各个时期出台的广播相关法案中，而CRTC的使命和权力（mandate and power）即来自于《广播法案》《加拿大广播电视和电信管理委员会法案》等法案的规定。针对加拿大广播的立法是《广播法案》，但其他法案也对广播系统产生作用，包括《加拿大广播电视和电信管理委员会法案》《无线电通信法案》及《电信法案》。

其次，联邦文化遗产部通过规划政策、提议立法、启动项目等来推动加拿大的广播发展，最终服务于加拿大社会。遗产部向议会提交关于广播的监管建议，例如内容要求、公民的广播使用权利、广播产业的自由竞争等。遗产部还负责制定针对广播产业的政府资助政策，例如向各种和广播相关的基金会，以及对高质量加拿大本土节目制作的资助。实际上，加拿大遗产部相当于加拿大的"文化部"，主要关注广播的文化政策目标，是联邦政府负责包括广播在内的一切文化领域事务的部门，其与CRTC在广播监管权力上有一定"重叠"。历史上，遗产部的前身"通信部"（Department of Communication）曾经与CRTC就广播管辖权产生"争议"，最终政府在1991年的《广播法案》中收回了部分权力。

总之，加拿大联邦政府通过各种政策工具来实现其为加拿大广播产业设定的目标。加拿大学者 Armstrong 总结了联邦政府对加拿大广播产业的间接或直接影响，具体而言，包括以下几方面：通过立法，确立加拿大广播系统的基本框架，例如通过《广播法案》和《加拿大广播电视和电信管理委员会法案》成立 CRTC，并设定其使命与权限；向 CRTC 发出针对广播系统监管的总指导方针；对 CRTC 的具体决策，政府可要求其发回重审，但政府不直接更改任何 CRTC 的具体决策；提供国家公共广播公司 CBC 2/3 的运营资金；有权提名 CRTC、CBC 和加拿大传媒基金会（Canada Media Fund）的管理层；通过提供资金或税收减免来影响广播节目的内容。

2. 监管机构的角色

作为一个独立的公共管理机构，CRTC 管理和监督加拿大广播和电信系统，但是不规管报纸、杂志、手机或电视和电台节目的质量和内容。此外，有别于美国联邦通信委员会，CRTC 的管辖范围并不包括技术性事务。有关频谱编排、呼号发放、防止讯号干扰等事务由联邦工业部负责。

作为一个独立机构，CRTC 服务的利益方包括公民、产业界、其他利益集团以及政府。CRTC 通过加拿大文化遗产部部长向议会报告。CRTC 的使命是确保广播和电信系统为加拿大公众服务；CRTC 的任务是确保加拿大人有机会享用到世界水平的通信（communication）系统。CRTC 以《广播法案》中设定的目标指导其广播政策决定，主要包括：确保所有加拿大人有机会接收到各种各样的高品质加拿大节目，以及在广播系统中获得就业机会；确保加拿大广播节目反映加拿大的创造力和才能、加拿大的双语性质、加拿大的文化多样性和原住民在加拿大社会的特殊地位。

CRTC 负责监督和管理超过 2000 个加拿大电视台、AM 和 FM 广播电台。CRTC 具体规管行为包括：广播执照的发出、修改、更新或吊销，对象涵盖广播电台、传统电视台和有线电视台；裁决广播产业的兼并、收购和所有权变更；回应关于广播问题的要求和投诉；举行公开听证会、圆桌讨论和非正式论坛，征询公众对广播产业的关切和建议。

此外，鉴于广播和电信产业的融合使国际交流更为重要，CRTC与25个国家的国际同行定期举行会议，讨论新技术推动下的全球市场格局。①

3. 监管机构的性质

在其官方网站上，CRTC把自己描述为"独立的公共管理机构，规管加拿大的广播与电信产业"。②那么，在西方语境下，究竟何为公共管理机构（public authority）？与政府机构是否等同？美国奥尔巴尼法学院（Albany Law School）的解释是：在美国，公共机构是传统政府机构的补充，为提供公共服务发挥重要作用，具有公司组织结构（corporate organizational structure），在法律上独立于政府（legally separate from government）。美国纽约州政府对公共管理机构的定义是：公共管理机构是州政府依法成立的法人工具（corporate instruments），法律规定了各类公共管理机构的自治权力水平，以及约束条件。一些公共管理机构是完全自养，完全在州政府财政预算之外，而其他一些则依靠国家拨款基金的运作。公共管理机构不同于传统的政府机构，可以不受政府对其某些运作的监管，如招聘、合同、采购等。美国制定的《公共管理机构责任法案2009》对此有具体规定。

虽然以上定义为美国语境下的定义，但是同属于联邦制民主国家，加拿大和美国的公共管理机构应该大同小异。再比照《加拿大广播电视和电信管理委员会法案》和《广播法案》对CRTC的定义，我们可以发现，作为独立公共管理机构的CRTC有三个本质属性：

第一，CRTC不等同于政府机构（government agency），最多是"准政府机构"，与政府保持一定距离。但是，CRTC的权力较大，是像法庭一样的仲裁机关，有准司法审判权，具有准司法的特点和半政府化的监管职能，例如，其职权包括颁发执照、审查所有权、制定实

---

① 参见 CRTC. About the CRTC ［EB/OL］. http：//www.crtc.gc.ca/eng/backgrnd/brochures/b29903.htm。

② 英文原文为：The CRTC is an independent public authority that regulates and supervises broadcasting and telecommunications in Canada。

现广播法目标的管理规定、解决争议、监督执法、决定外国电视服务在加拿大的传送。CRTC 已不仅是政策的执行者,而且是政策的制定者,政府对其影响和控制很小。但也有学者认为 CRTC 相对政府的独立性被夸大,实际上与政治的联系紧密,作为监管机构的事实限制了 CRTC 可行使的权力和行为。

第二,CRTC 的管理构架是公司治理的结构(corportate structure),委员会主席相当于首席执行官。委员会最多可有 13 名全职委员,包括主席和副主席,及 6 名兼职委员,所有委员成员不经过选民选举产生,而是由内阁提名。由此可见,政府通过提名与任命委员对 CRTC 施加一定影响。但是,与政府部门官员常会因政府的更替而被替换不同,CRTC 的成员一旦任命,政府一般不能解除其职务。对 CRTC 委员的任命方式,有学者认为有违民主的精神。

第三,CRTC 是"一个独立监管机构",服务于公民、业界、利益集团和政府。这个表述有两层含义,一是 CRTC 独立于其他政府部门或监管机构,通过遗产部部长向议会汇报;[①] 二是 CRTC 把维护加拿大公民的利益放在第一位。

(四)监管机构的目标与权力

1991 年《广播法案》第 5 条对 CRTC 的目标规定如下:保障英语和法语广播;考虑到不同地区的需求;适应科学技术变革;有利于提供广播给加拿大人;有利于提供加拿大的节目;不抑制信息技术的发展和应用;不增加广播业者的行政负担。从《广播法案》规定的以上目标可以看出,这些目标都是指导性的整体目标,而不是细化的目标。我们可作以下解读:一是以上目标并没有划分优先顺序,因此这些目标同等重要。二是加拿大政府对英法双官方语言的重视,以及对加拿大国产节目的重视。三是强调了"放松管制",注意减轻产业界的"行政负担"。基于《广播法案》规定的 CRTC 应该实现的政策目

---

① 议会通常也不干涉广电委员会的决议。如《广播法案》第 7 条和第 8 条的规定表明议会不干涉广电委员会颁发、更新或收回执照的决定。参见 Broadcasting Act [M]. Minister of Justice, 1991. http://laws–lois.justice.gc.ca/eng/acts/B–9.01/page–1.html#h–3。

标，议会文化遗产委员会于 2003 年出台的一份报告，认为政府缺乏对 CRTC 的绩效进行评估的体系。

1991 年《广播法案》第 9 条和第 10 条对 CRTC 的权力进行了规定。根据第 9 条规定，为了实现规定的目标，CRTC 的权力包括：设立广播执照类别；颁发广播执照，期限不超过 7 年；修订申请执照的条件；批准执照续期；暂时吊销或撤销任何执照；规定任何广播持照人在涉足电信产业时需要先获得委员会的批准；规定任何持照人若同时被授权从事电信传输产业，须承诺优先传送广播信号。从以上对 CRTC 的授权可以看出，主要的权力都是关于广播执照的颁发、更改、延期、吊销。此权力在历史上曾经由政府部门控制，但是现在由独立的公共管理机构来管控，表明了加拿大政府的"放权"态度。另外，与广播相关的无线电频谱的分配由加拿大工业部来管控，这又体现了政府的"分权"原则。

从《广播法案》对 CRTC 目标和权力的规定来看，政府只是设定一个大的指导框架和原则，而对广播产业的具体监管需要由委员会来把控。《广播法案》第 10 条授权 CRTC 可以在以下方面制定具体管理规定，以实现《广播法案》为其设定的目标：关于播放加拿大广播节目的时间比例；定义加拿大节目标准；广告标准及播放时间；关于播放各种节目的时间比例，如广告、公告、政治节目；关于外国节目的放送；调解节目制片单位与传输单位的争议；规定持照机构有义务向委员会提交其节目及财务报表；审计或审查持照人的财务状况；其他委员会认为贯彻其目标所必需的事项。一旦持照者违反这些规定，《广播法案》规定 CRTC 可以对其进行罚款，直至吊销其执照。由此可见，在加拿大，CRTC 对制定广播产业具体的监管规定有很大的自主权。加拿大学者 Schultz 认为，CRTC 成立至今，成功地抵挡了其政治和官僚对手，捍卫了其在广播监管体制中的主要制度参与者的地位。尽管政府有立法和其他措施来限制其权力，但 CRTC 已确立了广播及电信监管政策和工具的步调和方向。

（五）监管机构的决策过程

如前所述，1991 年《广播法案》要求 CRTC 在颁发、更新或吊销执照时举行公开听证（public hearing）。此外，CRTC 在出台很多新规定前，也都会进行公开听证①，来获取利益相关方的意见，例如持照人、产业界的各种协会等。广播政策的利益集团主要是指大的广播网络集团公司及广播产业协会，例如加拿大广播业者协会（Canadian Association of Broadcasters）。做出符合公共利益的决定对 CRTC 是一个挑战。加拿大学者 Armstrong 指出，大公司和产业协会通常掌握不为外人所知的本行业内部的信息，而且有财力在听证会上进行游说，因此对 CRTC 的决策影响最大。

CRTC 颁发执照的主要"客户"是广播电台和广播信号传输公司。通过对执照的管控权力，CRTC 可以向持照者提出各种具体政策要求。例如，要求传输公司优先传送 CRTC 指定的节目内容。在颁发执照或更新时向申请者提出条件，要求申请者做出承诺。申请者有很大空间提出其要求。虽然《广播法案》规定公共利益至上，但 CRTC 没有具体规定各类利益相关者如何在这些条件下行动。

对 CRTC 做出的决定，任何公民或公司都有权向加拿大政府提出上诉（appeal）。例如，如果有人认为 CRTC 颁发的一项广播执照不适当，可向加拿大联邦政府内阁提出上诉。如果议会认为上诉的理由充分，会要求 CRTC 重新审批该执照的颁发。但是议会不会撤销或更改一项执照的颁发。换言之，执照的颁发或更改只能由 CRTC 执行。此外，如果涉及 CRTC 违反法律的问题，加拿大公民或公司也可就 CRTC 的决定向加拿大联邦上诉法院提出上诉。但是，有学者指出，在现实中，通常广播产业中的利益方不会就 CRTC 的决定提出上诉，而政府通常也不会撤回 CRTC 的决定，因为政府并不想鼓励这类上诉。从 CRTC 的角度来讲，也避免与被监管者发生法律纠纷，因此更倾向于与产业界合作，进行所谓"协商执法"。CRTC 在重大决策前，通常会咨询产业界的意见，并更多诉诸产业界成立的标准组织来解决问题，这类组织可视作是 CRTC 监管的延伸。此外，CRTC 的监管行

---

① 听证会起源于英美，是一种把司法审判的模式引入行政和立法程序的制度。听证会模拟司法审判，由意见相反的双方互相辩论，其结果通常对最后的处理有拘束力。

为并非是命令和控制式的,而更多的是通过劝说方式来实施监管。总之,CRTC视自身的职能为"帮助"产业界而不是"控制"之,并在"放松管制"趋势下,解除了对一些领域的监管。

Raboy和Bonin等学者认为CRTC在历史上曾经是文化的守护者,可是此后通过放松监管,更多地依靠市场力量来调节产业的运行,使其逐渐转变为商业的守护者。虽然当下加拿大政府更加倾向于支持广播的经济目标,但公众支持广播的文化和社会目标的呼声很大。因此,现在和将来的CRTC会担当什么角色还不确定。

### 三 对政策制定过程及监管机构的总体评价

广播从出现的那一天起,就受到加拿大政府的高度重视,直到今天仍然是唯一受政府管控的文化媒介,这不仅是因为传送广播信号的无线电频谱资源曾经是有限稀缺的公共资源,更是因为广播对于个人和社会的巨大影响力。即便是在今天互联网迅速发展的时代,广播电视仍然是人们生活中最容易获取的信息、知识和娱乐来源,因而依然是最有影响力的媒介之一。基于广播的重要性,加拿大政府对广播产业实施了不同于其他媒体的干预和管制,以使广播可以服务于公共政策目标。就加拿大广播政策的目标而言,与加拿大独特的国情有关。首先,加拿大所处的地理位置与美国相邻,而美国文化是全世界最强势的文化,语言与加拿大主体语言相同,而加拿大的主体民族与美国同是盎格鲁—撒克逊民族的后代,在文化上同根同源,所以加拿大最易受到美国文化的"同化",作为一个主权国家,加拿大政府对广播产业的管控便有了维护文化主权的意义。其次,加拿大是一个以英法两大族裔为主的多种族、多文化的移民国家,维护民族和解与国家团结是其国内政治的突出特征之一,因而也体现为广播政策的一个主要目标。为实现这两项主要的国家目标,加拿大政府对广播产业进行了较强的干预和监管,不仅制定了法律,还建立了监管机构,以防止市场失灵导致公共政策目标的丧失。

对广播产业的具体监管,最初是由国家公共广播公司CBC代行此职权。随着私营广播产业不断发展壮大,其代言人和游说团体强烈要求政府改变CBC既是竞争者又是监管者的双重身份。广播监管机构经过一系列历史变迁，最终在 1968 年由议会立法成立了独立的广播电视监管机构，规管包括公共和私营广播在内的整体广播产业。其实，无论是当初的国家公共服务广播公司，还是今天的 CRTC，其性质都是公共机构，而并非政府部门或政府机构。换言之，政府只是在法律上规定对广播产业的总体指导方针和目标，而把广播产业的日常管理交由按公司治理结构运行的公共机构，政府与其保持"一臂之距"。作为公共管理机构，法律授予 CRTC 的权力很大，不仅是《广播法案》规定的各项政策目标的执行者，还是具体广播政策和监管规定的制定者，成为"准司法机构"。当然，政府通过对 CRTC 成员的任命以及对 CRTC 决议"发回重审"的权力，保持对公共管理机构的有效控制。由于加拿大存在民主体制和公民社会，CRTC 在具体决策过程中，必须采用公开听证的民主方式来收集公众和各利益相关方的意见，才能做出相关裁决或制定具体监管政策。在实践中，产业界凭借其掌握的资源对听证会的影响很大，而公共利益团体相对处于弱势地位。

综上所述，加拿大政府对广播产业的监管模式不是政府直接管理，而是通过立法设定总体指导原则的前提下，交由与政府保持一定距离，独立于其他任何政府机构的公共管理机构来制定具体政策和执行日常管理。作为独立监管机构，CRTC 是加拿大广播具体政策的实际制定者和规管者，内阁、议会、文化遗产部对广播的具体政策和监管事务影响不大。CRTC 以公共利益为指导其决策的第一原则，但在实践中受到力量强大的私营广播公司的影响，以及党派政治势力的影响。近几十年来，与加拿大政府的整体广播政策导向相适应，CRTC 亦趋于放松管制，让市场力量发挥主导作用。

## 第二节 加拿大广播政策之政治目标分析

加拿大广播政策的历史演变表明，没有任何一个西方国家广播的发展如加拿大这般伴随着突出的政治斗争。有学者指出，广播在加拿大主要被用于服务国家利益，成为国家政策的工具，解决国家不同时期面临的政治议题，如文化主权、民族团结、经济发展、社会财富与资源的合理分配等。诚然，以上议题都可看作是政治性目标，但本书认为捍卫文化主权是加拿大广播政策的主要政治目标。"为加拿大人提供加拿大内容"乃是加拿大广播政策的基石，而这正是为了维护加拿大的国家认同和文化主权。早在加拿大广播体系建立之初，艾尔顿委员会即注意到美国文化对加拿大的巨大影响，从而把维护文化主权提上议事日程。此后，各个时期出台的政策报告和广播法案都把维护文化主权作为加拿大广播政策的一个主要目标。为了达到捍卫文化主权的政治目标，对广播产业的"加拿大内容要求"是一个核心政策，体现在广播的内容生产、传输、播放各个环节；此外，对外资的限制，以及在国际贸易协定中提出"文化例外"原则，也主要是为了捍卫加拿大的文化主权，本节将就这些政策手段逐一进行考察和分析。

## 一 对"加拿大内容"的传输与播放要求

所谓"加拿大内容"（Canadian Content，简称 CANCON）政策，系指加拿大广播电视和电信管理委员会（CRTC）要求广播电台和电视台（包括有线和卫星电视专门频道）必须播出一定比例的"加拿大内容"节目。"加拿大内容"有两层含义：第一层含义是从内容生产者而言，要求是全部或至少部分地由加拿大人创作、生产、呈现或以其他方式贡献（written, produced, presented, or otherwise contributed）的内容；第二层含义指内容本身，即在本质上是加拿大性质的文化及创意内容（cultural and creative content that is Canadian in nature）。[①] 2003 年，加拿大议会文化遗产委员会的一份报告也建议，不仅要促进在加拿大本土生产的节目（made in Canada），也要支持为加

---

① 从 CRTC 及联邦文化遗产部"加拿大节目认证署"的认证标准来看，"加拿大内容"主要是针对节目的生产者而言，即"加拿大人生产的内容"，大致可视作"加拿大国产内容"或"加拿大本土内容"的同义词。以生产者为标准认证"加拿大内容"，也表明了加拿大政府对"经济目标"的追求。其实，满足了第一层含义，必然满足第二层含义。因为加拿大人生产的内容，很难不反映加拿大性质的文化创意内容。参见 CRTC. Canadian Program Certification [EB/OL]. http://www.crtc.gc.ca/eng/info_sht/tv11.htm.

拿大生产的节目（made for Canada）。

加拿大《广播法案》的一个重要基石，便是"为加拿大人提供加拿大内容"。历史上，加拿大对广播产业的政策中心一直是确保提供"加拿大内容"。今天，加拿大政府也注意提供多样化内容。由于近邻美国的广播内容对加拿大受众的影响，加拿大政府一方面要保证加拿大的文化多样性，[1] 另一方面也要尊重加拿大观众的选择自由。《广播法案》中第3条对"加拿大内容"所做规定是总体上的和原则性的，即加拿大广播系统中各个组成元素皆应以适当方式贡献于加拿大节目的创作和传送；在节目创作与传送中，广播业中每个机构皆须最大限度地保证以加拿大创作及资源为主体；[2] 若一个机构提供的服务的性质，或是广播内容的形式，或是广播语言为英法之外的其他语言，决定了无法履行本要求，该机构仍然须承诺将对加拿大资源的使用最大化。

在此精神指引下，CRTC要求传统的地面广播电视台保证在黄金时间段（18：00—24：00），播放不低于60%的"加拿大内容"，但是允许很多专门频道及付费电视播放的"加拿大内容"少于50%。可见，由于《广播法案》对"加拿大内容"的要求并没有具体细节性的规定，这便成为CRTC自行决定的事项。当CRTC颁发一项广播执照时，便会和持照人签订包括"加拿大内容要求"的协议。如果持照者违反了协议，最严重时会被吊销执照。为执行《广播法案》中规定的"加拿大内容要求"，CRTC制定的具体规定体现在以下领域：对加拿大电视节目及其创作人才的资助；生产高品质的加拿大广播和电视节目；设定广播和电视播放加拿大节目的最低数量；要求广播传输公司传送"加拿大内容"的广播电视节目。

（一）对广播电台的"加拿大内容"要求[3]

根据其性质和业务内容，CRTC把加拿大的无线电台广播执照分

---

[1] 换言之，避免美国文化在加拿大文化市场"一枝独秀"。
[2] 即加拿大国产内容要占一半以上。
[3] 本部分所涉及的CRTC对电台广播的内容要求，参见CRTC. Commercial Radio Policy 2006 [EB/OL]. http://www.crtc.gc.ca/eng/archive/2006/pb2006-158.htm。

为不同类别,各自的内容要求也有所不同,具体包括商业广播电台、非营利广播电台、校园广播电台、社区广播电台、土著台(native stations)、民族台(ethnic stations)及 CBC 所属电台。此外,根据内容的不同,CRTC 把广播节目划分为不同类别,也有不同的内容和本土化要求,即语言类节目(如新闻)、流行音乐类节目、特殊兴趣类音乐节目(special interest music)、音乐剧节目(musical producitons)及广告类节目。

由于语言类节目自然地播放本地新闻,[①] 所以 CRTC 的"加拿大内容要求"主要针对音乐类节目。这实际上促进了加拿大本国音乐的创作以及音乐人才的培养。对播放加拿大音乐的具体要求如下:流行音乐类节目,要保证35%选曲为加拿大歌曲;特殊兴趣类音乐节目中的音乐会,要保证25%选曲为加拿大本土音乐;特殊兴趣类音乐节目中的爵士乐和布鲁斯音乐,要保证20%选曲为加拿大音乐;民族台播放的音乐类节目,要保证7%选曲为加拿大音乐。

那么,如何区分加拿大歌曲和非加拿大歌曲呢?CRTC 制定了一个名为"MAPL"的标准,这四个字母组成了一个和加拿大的标志"枫树"(maple)相近的单词,具体含义如下:

- M(音乐):音乐完全是由加拿大人创作。
- A(艺术家):歌唱或演奏者是加拿大人。
- P(表演):若为现场音乐表演,其录音、表演或直播要在加拿大进行。
- L(歌词):歌词完全由加拿大人作词。

此外,对法语广播电台播放的音乐类节目,要求65%为法语。笔者认为,这也是出于加拿大法语区政治势力的压力,为了保持加拿大作为英法双官方语言国家的性质,因而对法语节目的比例要求要比英语为高。

在音乐节目上对"加拿大内容"的要求,一方面是为了文化上的

---

[①] 笔者在加拿大留学期间,所听到的 CBC 电台广播新闻80%以上是本国和本地内容,国际新闻只占很小部分。

目标，另一方面也是为了经济上的目标，即保护加拿大的本土音乐产业。对于音乐产业的"加拿大内容"政策，在加拿大国内亦有不同观点。Wagman 指出，当电波是有限稀缺资源时，如果不施加政府管制，可能加拿大人接收不到加拿大内容。但是在如今媒介丰富的时代，内容政策已不适用于音乐产业。加拿大音乐产业的繁荣没有内容管制也可实现。但另一位学者 Young 的观点正好相反，他认为政府的"加拿大内容"政策对加拿大本土音乐产业的存在和繁荣至关重要，废除此政策的主张乃是受到新自由主义经济观点的影响。

（二）对电视台的"加拿大内容"要求

1. 电视节目的"国产属性"定义

根据《广播法案》的精神，CRTC 在以下方面对电视节目中的"加拿大内容"进行了规定：全天以及黄金时段播出加拿大内容的要求；持照者对加拿大本土节目内容生产的投资要求；对某些节目类别制定了播放加拿大内容的激励机制，例如退税政策。

如何定义电视节目的"加拿大国产属性"？这是 CRTC 制定针对电视产业的"加拿大内容"要求的一个关键问题。实际上，从 CRTC 成立至今，其对加拿大国产节目的定义历经了 40 年的发展变化。这个问题之所以关键，因为其关系到多方利益，例如，什么样的节目可被视为加拿大国产节目而受到政府资助？CRTC 通常视以下节目为加拿大国产节目：

（1）由持照公司机构内部制作的节目。

（2）由独立制作机构制作、符合 CRTC 认证的节目。

（3）被文化遗产部下属的加拿大视听认证署（Canadian Audiovisual Certification Office）认证的国产节目。

（4）国家电影理事会（National Film Board）内部制作的节目。

（5）根据遗产部签订的国际联合制作协议认证的节目。

由此可见，只有独立制作公司的节目和国际联合制作的节目需要正式认证，而其他类型的节目则不需要认证。

2. 加拿大本土节目认证（Canadian Program Certification）

对"加拿大国产节目"进行认证的机构有两个。一个是联邦文化遗产部下属的一个专门从事认证加拿大视听节目的部门，即加拿大视听认证署（Canadian Audiovisual Certification Office）；另一个是 CRTC。

加拿大视听认证署认证的对象是独立制作机构生产的电视节目，以及在影院放映的电影。对制作机构而言，申请"国产认证"的意义在于可以获得联邦或省的税收抵免（tax credits）。认证署制定的认证要求树立了"产业标准"，其核心部分是一套打分制度（满分为10分，获得认证所需及格分为6分），以确定节目生产过程中包括的加拿大"创意因素"，如导演、编剧、主演等。

CRTC 的认证制度标准与视听认证署基本一致，只在某些方面有少许降低。例如对"加外"合作制作节目的"国产认证"，其要求比认证署宽松，这可能是缘于《广播法案》中要求 CRTC 减少"行政负担"的反映。

总之，两个机构采取打分制度的优点是定量分析，而不是定性分析，因此具有客观性，避免了认证机关的主观臆断，对于想借此获得政府退税的企业而言更加公平。而加拿大政府为国产节目制定的激励制度，则更多地体现了政府实现文化政策目标的意图。

3. 对加拿大国产内容的播放与节目投资要求

对私营传统电视台（conventional television），[①] 全天需要播放 60% 的加拿大节目，晚间需要播放不少于 50% 的加拿大节目。对国家公共广播公司 CBC，在任何时段都须播放不少于 60% 的加拿大节目。2000 年，CRTC 取消了对传统地面电视台投资加拿大节目生产的要求。对付费电视、专门频道等收费电视服务播放加拿大节目的时间和投资要求，CRTC 根据个案情况做出具体决定。

对传统电视台来说，投资某些类别的国产节目（如音乐舞蹈、高质量娱乐节目、电视剧）会入不敷出，因而观众在传统电视台的黄金时段很少观看到这类节目。为此，CRTC 在颁发执照时要求电视台把

---

[①] 传统电视台是指采用空中电波发射广播信号，信号由观众直接用一台电视机和一个天线接收。观众可免费接收信号。与传统电视相对的有线电视，观众则需要付费才能获得服务。

这类节目列为优先节目播出（priority television programs）。1999年，CRTC颁布的具体措施如下：对于拥有多家电视台的大广播公司，每周必须播放8小时国产优先节目，且要安排在黄金时段（晚7点到11点）；对一些高制作成本节目类别，政府提供退税激励。

但是，CRTC要求优先播出的本土节目，其播出时间常常被电视台安排在与美国同步播放的美国热门节目之后，因为播放这些美国节目可以吸引观众，而加拿大电视台可以利用CRTC的"同步替代"（simultaneous substitution）政策获取广告收入。因此，同步替代政策近年来也引起争议。一方面，它为加拿大本土广播公司带来不菲的广播收入；另一方面，却也在加拿大宣传了美国的热门节目，这有违于"加拿大内容"政策的基本目标。

然而，CRTC推出的刺激本土优先节目生产与播出的措施并不很成功。根据统计数据，在政策实施后的几年中，加拿大本土优先节目的产量并未能出现增长，特别是电视剧。2003年，加拿大议会文化遗产委员会的一份报告认为，对加拿大英语节目市场被美国电视剧占领的问题，以限制播放的手段无法解决全部问题，因为私营电视台声称播放美剧可以帮助其获得生产本土节目的资金，所以委员会建议不仅要促进在加拿大本土生产的节目，也要支持为加拿大生产的节目（made for Canada）。

（三）对广播传输公司的"加拿大内容"要求

加拿大《广播法案》明确要求加拿大广播系统中每个组成部分都应该贡献于"使加拿大内容提供给加拿大人"。CRTC因而也针对广播产业中的一个重要组成部分"广播信号传输产业"（包括有线、卫星传输公司）制定了具体规定。在《广播传输规定》（*Broadcasting Distribution Regulations*）中，CRTC要求广播信号传输公司对传送加拿大本土节目要优先于外国节目，并遵循以下优先顺序：

（1）CBC运营和拥有的地方电视台节目。

（2）经各省教育主管部门指定的教育电视节目。

（3）其他地方电视台的节目。

（4）CBC运营和拥有的地区性（regional）电视台节目。

(5) 其他地区性电视台节目。

综上所述，加拿大制定广播政策的最根本目标，或者说《广播法案》最基本的精神，便是"向加拿大人提供加拿大内容"。这也是加拿大政府管制广播产业的一个最基本的原则。可见，"加拿大内容要求"是加拿大广播政策的核心，其他政策都从属于这个核心。为什么要制定这个政策呢？一言以蔽之，维护国家认同和文化主权。加拿大人口少，市场小，文化产业生产成本高，因此面临被其他国家（特别是美国）文化占领国内市场的危机，进而丧失国家认同和文化主权。因此，必须由国家干预从生产到播出的各个环节，对国产内容进行支持。因此在加拿大广播产业的三个组成部分中，即无线电台广播产业、电视产业及广播传输产业中，"加拿大内容要求"无处不在。为了实现这个目标，从传输和播放两个环节都制定了政策和激励措施。就具体节目类别而言，CRTC致力于推动"加拿大内容"的两个重点节目的制作与播出，一是加拿大本土音乐，这既是吸引无线电台广播听众的主要内容，也是吸引电视观众的重要内容；二是由本国公司制作、通常很难收回成本的电视节目，如电视剧、音乐舞蹈、综艺节目等。

## 二 对"加拿大内容"生产的扶持政策

加拿大政府对广播电视台播放加拿大本土节目的强制性规定，实际上是对"媒体终端"（media outlet）的要求，而要实现"提供加拿大内容给加拿大人"这个《广播法案》规定的基本目标，还需要制定针对"前端"的政策，也即是说，对内容的生产进行支持和促进。否则，广播电视台即便想播放国产节目也是"巧妇难为无米之炊"。进而言之，不仅要保证有国产内容可提供，还要保证内容的质量，否则无法吸引听众或观众也是徒劳无功。为此，加拿大政府制定了一系列支持、鼓励加拿大国产内容生产、本土人才培养的政策，帮助从事本土节目制作和生产的个人或机构解决资金问题。

（一）对电台广播内容生产的资金保障

1. 对私营广播电台的捐献要求

作为广播系统的监管机构，CRTC自身并不直接提供资金给本土内容生产者，而主要对私营广播电台提出资金"捐献"（contribution）要求。具体而言，CRTC 在两种情况下提出捐献要求：一是在颁发电台广播执照时对持照申请单位提出"捐献"要求；二是在批准无线电台之间的所有者进行产权转让时，要求其捐献出转让金额的一定比例用于支持内容生产。根据 1998 年颁发的《商业广播政策》，对申请广播电台的拥有权转让的私营业者，CRTC 要求申请者捐献拥有权转让金额的 6% 用于资助加拿大本土广播内容的生产。除了对广播电台提出捐献要求之外，政府当然也直接对内容生产者提供支持，一是通过退税，二是通过联邦文化遗产部直接注资给相关基金会。

CRTC 还要求私营无线广播电台从其全年收入中抽取一部分贡献于"加拿大内容发展"（Canadian Content Development），以此来促进加拿大本土音乐类和语言类（spoken-word）节目人才的培养，[①] 进而提高加拿大本土节目的质量和播出频率。2006 年，CRTC 颁布的《商业电台广播政策》对私营广播电台捐款给"加拿大内容发展基金"做出如下规定：

（1）上年全年收入 6.25 万加元以下的私营电台，贡献 500 加元。

（2）上年全年收入在 6.25 万—125 万加元的私营电台，贡献 1000 加元。

（3）上年全年收入在 125 万加元以上的私营电台，贡献 1000 加元，再加上全年收入之 0.5%。

FACTOR 和 Music Action 是管理电台广播节目生产基金的主要机构。为了保证这两个主要基金会的资金供应，CRTC 规定"加拿大内容发展基金"的 60% 必须拨款给 FACTOR 和 Music Action，其余部分可以由持照人决定捐献给其他本土节目人才培养项目，包括国家和省级或地方音乐产业协会、省级政府认证的学校或教育机构、艺术新人大赛、语言类节目独立制作人等。

2. 基金管理机构

在加拿大，管理无线电台广播内容生产基金的机构都是非营利组

---

[①] 对无线电视广播电台而言，最主要的节目内容是音乐类和语言类节目。所以对这两类节目的生产者的支持是政策的重点。

织。一般而言,加拿大内容生产基金多一半来自私营广播电台的捐献,少一半来自联邦政府的拨款。

音乐产业人才资助基金会(FACTOR)是由 CHUM 有限公司、莫法特通信公司、罗杰斯广播有限公司,联同加拿大独立唱片制作人协会(CIRPA)及加拿大音乐出版商协会(CMPA)于 1982 年成立。[①] FACTOR 作为一个私人的非营利性组织,自成立以来,一直负责管理联邦资金,致力于向加拿大独立英语音乐产业人才的成长和发展提供援助。该基金会管理的资金来自私人广播电台和联邦文化遗产部的"加拿大音乐基金理事会项目"。截至目前,FACTOR 每年提供超过 1400 万加元用于支持加拿大的音乐产业。2011—2012 财年,FACTOR 从联邦文化遗产部收到 843 万加元,从加拿大私营广播电台(包括卫星广播)收到 1007 万加元。[②]

Music Action 基金会是于 1985 年在魁北克省成立的非营利组织,主要是致力于资助加拿大法语音乐产业的发展。通过管理私人和公共资金,该基金会帮助独立音乐制作人的成长和发展。以 2008 年为例,联邦文化遗产部通过"加拿大音乐基金理事会项目"向 Music Action 基金会提供了 590 万加元,而私营广播电台捐献了 210 万加元,这使得基金会当年向加拿大法语音乐产业的各类独立制作人提供了大约 700 万加元的资助。

(二)对电视节目内容生产的资金保障

由于加拿大总人口少,且又分为英语和法语两个市场,所以加拿大生产电视节目的人均生产成本要比别的国家高;再加之加拿大的边境是开放的,因此来自美国"物美价廉"的广播电视节目对加拿大市场形成很大冲击。为了维护加拿大身份认同和文化主权,加拿大政府不得不资助本国的电视产业,以促进高品质加拿大本土节目的生产,特别是那些生产成本高,靠市场很难收回投入的所谓"优先节目"类

---

① 参见 Factor. About Us [EB/OL]. http://www.factor.ca/AboutUs.aspx。
② 为了格式整齐,这里略去了小数点后的数字。详细数据请参见 FACTOR. Annual Report 2011-2012 [EB/OL]. 2012. http://www.factor.ca/annualreport.aspx。

别，如电视剧、纪录片、综艺节目、儿童节目等。加拿大的电视节目生产机构分为两类，一是由电视台内部制作，二是由独立制作公司生产。加拿大政府的资金政策主要扶持独立制作公司。按照CRTC的规定，独立制作公司是指电视台持股不超过30%的公司。这类独立制作公司获得的资金包括：预生产资金、节目预售收入、国外发行预付款、退税及其他政府资助（如基金会资助）。一个独立制作机构在节目生产开始之前，80%的节目制作预算通常可以到位。

1. 文化目标与经济目标的关系

为了确保"优先"节目类别的资金供应，联邦政府及各省政府建立了很多资助机构（funding instruments），来资助独立电视节目制作单位。如加拿大电视基金（Canadian Television Fund）、加拿大音乐基金（Cannadian Music Fund）等基金管理机构。各基金管理机构制定了各自的资助条件，同时还要求申请者提供由联邦文化遗产部"视听认证署"或由CRTC颁发的"加拿大本土节目认证"。

联邦及省政府对加拿大电视节目制作机构的资助，是为了文化目标还是经济目标？文化目标关乎节目内容本身，而经济目标则关系到就业、广告收入（取决于观众人数）、节目销售收入以及出口收入。加拿大传媒基金、魁北克企业文化发展基金（SODEC）这类机构的资助项目可视为同时追求文化目标与经济目标；对申请项目是否符合文化目标的判断通常需要基金管理者酌情决定，而对经济目标的判定则是依据定量标准决定。至于联邦和省政府的退税机制，特别是"生产服务退税"（production service tax credits），主要是为了鼓励外国电影或视频制作机构把加拿大作为一个生产基地，来雇用加拿大本地人才，同时也可吸引外资投入加拿大的影视生产，因此可视为是主要追求经济目标。加拿大在鼓励把本国作为节目生产基地方面比较成功，甚至一些美国广播公司愿意在加拿大生产节目。

2. 资金来源

所有获得加拿大视听认证署认证的"加拿大本土节目"，其生产预算的50%以上由联邦及省政府的退税解决，其余由政府设立的资助机构（funding agency）提供。① 可见，联邦和省政府的退税及通过资助机构（例如加拿大电视基金、加拿大音乐基金）所提供的资金对生产加拿大本土"优先类别节目"起到重要作用。对电视节目及电影制作的资助主要来自加拿大传媒基金、Telefilm Canada、省政府资助机构、私营部门的捐献以及联邦和省政府的退税。

（1）政府拨款与私营部门捐献（通过基金管理机构发放）。由政府与私营组织联合成立的各种资助机构（基金会），其管理的资金主要来自私营部门（电视台及传输企业）的捐献和联邦文化遗产部的拨款。私营部门对电视节目生产的资金捐献，缘于 CRTC 在颁发执照时的附加要求。例如，CRTC 要求广播传输企业向加拿大传媒基金捐献资金，以资助加拿大本土电视节目的生产。管理加拿大传媒及视听产业基金的主要机构有加拿大传媒基金（Canada Media Fund）和 Telefilm Canada。

加拿大传媒基金（CMF）是一家非营利公司，由加拿大有线和卫星传输企业及加拿大政府创建，致力于支持"加拿大内容"的创造与推广。以 2011 年收入为例，其基金来源最大一部分来自 CRTC 要求传送企业捐献的资金（214 万加元），其次是来自联邦政府拨款（134 万加元），还有一小部分来自自身投资所得②（如表 3-1 所示）。

表 3-1　　　　　　　　加拿大传媒基金收支　　　　　单位：千加元

|  | 2011 年 | 2010 年 |
| --- | --- | --- |
| 收入 |||
| 广播传输企业捐献 | 214227 | 194273 |
| 文化遗产部拨款 | 134146 | 119950 |
| 生产投资回报 | 9502 | 9920 |
| 利息 | 1797 | 542 |
| 合计 | 359672 | 324685 |

---

① 政府设立的资助机构，即各种基金会，为非营利机构，创立方常常也包括私营企业和组织，所管理的资金来自私营部门（根据 CRTC 的要求）捐献和政府拨款。
② 为了格式整齐，略去了小数点后的数字。

续表

|  | 2011 年 | 2010 年 |
| --- | --- | --- |
| 支出 |||
| 节目制作资助 | 334492 | 325588 |
| 一般行政支出 | 17198 | 13710 |
| 摊销 | 60 | 60 |
| 合计 | 351750 | 339358 |
| 收入超过支出 | 7922 | -14673 |

资料来源：Canada Media Fund. Independent Auditors' Report and Financial Statements [EB/OL]. 2011. http：//ar-ra1011.cmf-fmc.ca/index.php/finance/auditors_report/。

  Telefilm Canada 是一个联邦文化机构，总部设在蒙特利尔，属于皇家公司（royal coroporation）[①]，通过联邦文化遗产部部长向加拿大联邦政府报告。作为加拿大政府资助加拿大视听产业的主要工具之一，Telefilm Canada 通过各种资助项目，促进加拿大视听产业在商业、文化和经济上的成功，并刺激这些加拿大作品在国内和国外的需求。同时，Telefilm Canada 也参与管理加拿大传媒基金的一些资助项目。

  各省政府除了退税以外，也设有不少政府资助机构，以支持加拿大本土电视节目的生产。例如魁北克企业文化发展基金（SODEC）、安大略媒体发展公司（Ontario Media Development Coporation）、不列颠哥伦比亚电影基金（British Columbia Film）等机构。

  （2）政府退税。政府的退税（tax credits）政策对支持加拿大本土电视节目的生产作用巨大，特别是生产 CRTC 规定的"优先"节目类别。出于鼓励雇用本土人才的目的，退税是根据工资额来计算的，联邦的退税额度可以抵消多达 15% 的生产成本。联邦文化遗产部视听认证署与加拿大税务局共同管理加拿大电影及视频生产税和服务税（production tax credit and production service tax credit）的退税事宜。生产税抵免是为了鼓励加拿大国产节目的生产，夯实国内产业发展的经济基础；服务税抵免则是为了鼓励外国电影或视频制作机构把加拿大

---

① 相当于国有企业。

作为一个生产基地,来雇用加拿大本地人才,同时也可吸引外资投入加拿大的影视生产。省政府的退税对本土节目生产也很重要,例如,魁北克省也有本省的生产税抵免和服务税抵免,具体由魁北克企业文化发展基金(SODEC)操作。

那么,各种资金来源对于加拿大国产电视节目生产所占的比例如何呢?根据表3-2可以看出,私营广播公司的执照费所占比例最大,其后依次是省政府退税、加拿大传媒基金、联邦退税、广播传输企业捐献、公共广播公司执照费。

表3-2　　　　　　　　加拿大国产电视节目资金来源

| 项目 \ 年度 单位 | 2006—2007 % | 2006—2007 百万加元 | 2007—2008 % | 2007—2008 百万加元 | 2008—2009 % | 2008—2009 百万加元 | 2009—2010 % | 2009—2010 百万加元 | 2010—2011 % | 2010—2011 百万加元 |
|---|---|---|---|---|---|---|---|---|---|---|
| 私营广播公司执照费 | 23 | 492 | 22 | 468 | 24 | 556 | 19 | 385 | 23 | 469 |
| 公共广播公司执照费 | 11 | 227 | 12 | 265 | 10 | 229 | 10 | 215 | 9 | 183 |
| 联邦政府退税 | 10 | 212 | 11 | 242 | 10 | 237 | 10 | 211 | 10 | 213 |
| 省政府退税 | 16 | 350 | 14 | 298 | 14 | 317 | 19 | 397 | 18 | 365 |
| 广播传输企业捐献 | 7 | 140 | 7 | 150 | 7 | 166 | 5 | 98 | 10 | 199 |
| 外资 | 10 | 218 | 9 | 186 | 10 | 242 | 10 | 206 | 6 | 123 |
| 加拿大传媒基金 | 12 | 252 | 12 | 242 | 13 | 275 | 15 | 307 | 14 | 282 |
| 其他公共资金 | 0 | 2 | 2 | 44 | 1 | 34 | 10 | 198 | 5 | 100 |
| 其他私人资金 | 11 | 240 | 11 | 232 | 10 | 257 | 3 | 60 | 7 | 147 |
| 总计 | 100 | 2131 | 100 | 2128 | 99 | 2314 | 100 | 2077 | 100 | 2081 |

资料来源:CMPA And The APFTQ. Profile 2011: An Economic Report on the Screen - based Production Industry in Canada [R]. 2012. www.cftpa.ca/newsroom/pdf/profile/Profile2011Eng.pdf。

综上所述,"加拿大内容"政策是广播产业捍卫文化主权的一个核心政策,加拿大政府在广播的内容生产、传输、播放各个环节都进行了干预,以确保"为加拿大人提供加拿大内容"。随着数字技术的发展,促进加拿大内容的政策在互联网媒体时代也面临重大挑战。有学者指出,由于受众在网上有更多元的内容选择,为促进加拿大内容而实施的传统广播和电信监管体制已不适用。

### 三 对外资拥有权的限制政策

"加拿大拥有权"(Canadian ownership)是加拿大广播政策的一个基本原则。1991年《广播法案》规定,"加拿大广播系统必须为加拿大人有效拥有和控制"。就此来看,这应是对加拿人广播系统整体而言,并没有要求加拿大广播系统中每一个部分或单个广播公司必须由加拿大人所有。此外,法案所强调的是"有效拥有",而非百分之百拥有;换言之,法案并不是完全禁止外商投资于加拿大广播产业。

加拿大议会根据《广播法案》赋予的向CRTC发出指令的权力,对加拿大拥有权做出更为严格的指示,明确要求CRTC"不可向任何非加拿大人颁发加拿大广播执照"。如何定义"加拿大拥有权"?议会在其指令中规定:"加拿大拥有权"是对于在加拿大持有广播执照的公司,加拿大人拥有不少于80%的投票股权(voting share)。如果加拿大广播执照申请者为某一集团公司下属的子公司,则"加拿大人所有"是指在集团母公司中,加拿大人拥有不少于2/3的投票股权。实际上,这使外资最多可以拥有一家加拿大广播企业46.7%的股权(如图3-1所示)。加拿大《电信法案》对电信企业的外资所有权规定与此相同;目前,加拿大国内关于解除电信产业外资限制的呼声很大,鉴于电信与广播关系紧密,可能会影响到广播的内容控制政策。

为什么要制定广播产业的加拿大人拥有权的政策?在战争时期,这是出于国家安全的原因;而在当代,则是基于捍卫国家文化和主权的需要。加拿大政府认为,加拿大本国公民或公司将更有效执行《广播法案》所设定的文化、社会目标,而且一旦有违反《广播法案》目标的行为,加拿大政府也可更有效地要求其实行整改。与此类似,《加拿大投资法案》(Investment Canada Act)对于投资加拿大其他文化产业的外国公司也有类似规定。① 如果外资持股比例可以达到拥有或控制一家加拿大公司的水平，联邦文化遗产部将负责对其审核，有权要求这家公司履行遗产部设定的一系列加拿大文化政策目标的义务。

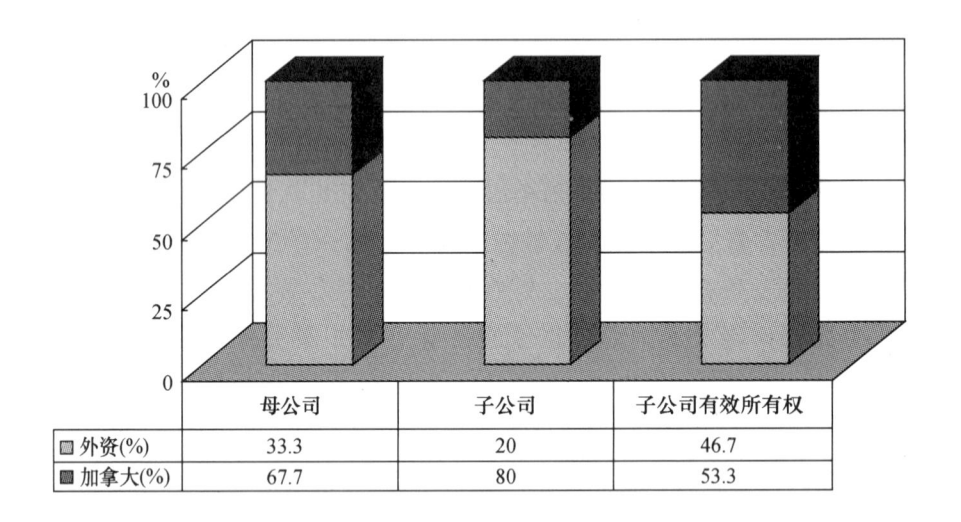

|  | 母公司 | 子公司 | 子公司有效所有权 |
| --- | --- | --- | --- |
| 外资(%) | 33.3 | 20 | 46.7 |
| 加拿大(%) | 67.7 | 80 | 53.3 |

**图3-1 外资最多可拥有的加拿大广播公司股权**

资料来源：Lincoln C. Our Cultural Sovereignty: The Second Century of Canadian Broadcasting; Heritage S. C. O. C., 2003. http://www.porl.gc.ca/content/hoc/Committee/372/HERI/Reports/Rp1032284/herirp02 - e. pdf。

随着经济全球化的加强，以及数字技术推动下的电信、广播产业的融合趋势，加拿大国内出现是否在广播、电信产业保留外资限制政策的争论。支持者认为通信与文化不应该被商业化，放松外资限制会让美国媒体集团控制加拿大媒体，而这些大公司对"加拿大内容"不会有兴趣。反对者认为加拿大担心外国（主要是美国）对加拿大电波的控制是没必要的，因为公司的公民身份与其产品的国家主义理想之间未必有必然联系，如果外国投资者遵守"加拿大内容"的规定，亦可有利于加拿大的传媒产业的发展，实现双赢。

---

① 参见 Canada. Department of Justice [EB/OL]. Investment Canada Act. 1985. http://laws - lois. justice. gc. ca/eng/acts/I - 21. 8/index. html。

针对国内各界有关外资限制政策的争论和呼声，加拿大政府和议会也成立了数个工作组就此问题进行调研。2003 年，议会常务委员会的报告认为，加拿大的外资限制政策应该予以保留。2009 年，加拿大工业部电信政策调查报告指出，鉴于电信和广播日益融合，应把广播的内容管制与传输管制分开，广播传输可并入统一的电信监管框架；电信产业应该由市场力量来调节，解除加拿大电信普通传输公司（common carriers）的外商投资限制，以促进电信产业提升生产效率。2010 年，议会常委会的一份报告认为从经济角度来看，加拿大对普通电信传输产业的外资限制政策应该被取消，建议先试行取消卫星传输业的外资限制。

综上所述，加拿大政府限制外资控制本国广播公司，主要是出于捍卫文化主权的需要；《广播法案》中设定的政治及文化目标依赖于加拿大人和加拿大公司来实现。近年来，经济全球化的发展和通信产业的融合趋势在加拿大国内引发对于外资限制政策存废的争论，但有一点是肯定的，即广播内容相关产业是不能取消外资限制的。目前，加拿大国内利益相关方尚只是在讨论对电信普通传输企业取消外资限制政策，至多再加上广播传输企业，但后者对外资开放仍然使很多人担心会由此失去对加拿大本土内容传输的控制。

**四 国际贸易中的"文化例外"原则**

在经济全球化背景下，国际贸易已成为各产业发展之必然，文化产业亦不例外。一个主权国家制定文化政策，不能不考虑与其他国家或组织签订的双边或多边贸易协定。经济全球化在促进经济增长的同时，也削弱了一些国家的经济独立能力以及文化主权。美国主导全球经济带来的贸易不平衡对其北美邻国加拿大、墨西哥的影响尤其大。加拿大经济对出口的依赖度很高，[①]而且加拿大人口少、国内市场小，因此加拿大受世界经济波动影响很大。当全球经济出现下滑时，包括文化产业在内的加拿大整体经济下滑趋势非常明显。本部分考察加拿大如何在国际贸易协定谈判中保护包括广播产业在内的文化产业，捍

---

① 2012 年，中国已成为加拿大第二大出口国。

卫其文化主权。

(一) 加拿大文化产业所处的国际环境

加拿大总人口少，国内又分为法语和英语两个市场，导致加拿大文化产业的人均生产成本高于很多国家。所以，仅仅靠私营部门很难支撑文化产业的生产成本，这解释了为什么加拿大政府要干预包括广播产业在内的文化产业，对其给予一定政策支持和资金扶持。

加拿大与美国相邻，而美国的文化娱乐产业十分发达。由于有3亿人口的国内市场，美国文化产业的成本在国内即可收回，因而便可以非常低廉的价格出口国外，使其他国家的本土产品无法与之竞争。因此，加拿大及其他西方国家的政府对文化政策领域的干预要比美国多很多，这也解释了为什么美国没有设立文化部，而其他国家一般都设有管理文化事务的政府部门。就美国而言，一是，其文化产业很发达，与其他产业并无二致，不需要政府特别支持；二是，美国文化相对于别国文化处于强势地位，并没有来自其他文化的"同化"威胁，因而也没有保护文化主权的必要。由于美国文化出口的强势，包括加拿大在内的其他国家需要由政府干预来支持本国文化产业，以确保高品质的本土文化产品对国内市场的供应，从而保持国家认同和文化主权。

(二) "文化多样性"国际协定的签订

国际贸易自由一方面可以促进经济增长及消费者福利；但是另一方面，倡导贸易自由化也会削弱国家认同，并给民族国家实施保护本土文化及文化多样性的政策带来压力。美国要求包括加拿大在内的其他国家对进口货物实现非"歧视性"政策，其中包括文化产品，这给各国文化产业带来的冲击是不言而喻的。当然，一个国家承担的国际贸易协定义务并不会在本国法院得到强制执行；换言之，国际贸易协定在一个国家的执行尚需服从于所在国的法律。国际争端解决机制、公共和政治压力等因素也会对国际贸易协定的履行产生影响。

如前文所述，加拿大自身所处的国内和国际政治环境决定了其对国家认同和文化主权的特别重视，这也体现在加拿大与其他国家签订的双边或多边贸易协定中。1994年，加拿大与美国及墨西哥签订

《北美贸易协定》(NAFTA),加拿大提出了保留"文化例外"的权利。与此类似,加拿大与智利、以色列等其他国家签订的贸易协定,也包括了绝对"文化例外"条款。多年以来,加拿大已经在其外交战略和双边贸易协定中把"文化例外"原则制度化,主张一个国家的文化主权没有谈判的余地。

基于"文化例外"原则,加拿大政府支持建立文化多样性国际协定。[①] 1999年,加拿大成立了"文化产业顾问工作组",致力于推动国际文化多样性法律文件的建立。2005年,在联合国教科文组织大会上,成员国以压倒多数的优势批准了《保护和促进文化表达多样性协定》(Convention on the Protection and Promotion of the Diversity of Cultural Expression)。加拿大与法国等国成为促成该协定出台的领导国家。

《保护和促进文化表达多样性协定》指出,文化产品和服务传递身份认同和价值观,不应该只作商业价值之考虑,肯定了各国政府有权对文化产业做出特殊政策安排,以促进文化的多样性表达。该协定唤醒了各个国家捍卫本国文化主权,保护文化多样性的意识。但是,该协定至今还只作为一种理念存在于国际贸易中,并非是被法律或法庭强制实施的国际贸易规则。由于美国不承认此协定,任何国家与美国签订的双边贸易协定目前都不受该协定的约束。

**五 对政治目标的总体评价**

加拿大所处的国内和国际两个环境决定了在加拿大本国市场上,本土文化产品的供应处于弱势地位。一方面,加拿大国内市场整体规模小,且又分为英语和法语两个市场,导致其文化产品的人均成本高于其他国家。另一方面,加拿大地处美国之邻,开放的边境和相通的语言使强势的美国文化更易进入加拿大。因此,如果政府不干预文化产业,不提供政策支持和资金保障,将无法为国民提供本土文化产品消费,势必削弱国民的国家认同和国家文化主权。基于此,加拿大制

---

[①] 加拿大和法国等国以"文化多样性"取代"文化例外"口号,是为了赢得更多国际支持,参见 Grant P. S., *The UNESCO Convention on Cultural Diversity: Cultural Policy and International Trade in Cultural Products* [M], //Mansell R., Raboy M. The Handbook of Global Media and Communication Policy, Wiley – Blackwell, 2011。

定了"加拿大内容"政策，作为在广播产业捍卫文化主权的一个核心政策。广播内容要到达受众，由三个环节组成，即内容的生产（前端）、广播信号的传输（中端）、内容在电台或电视上播出（终端）。为了实现"为加拿大人提供加拿大内容"的目标，政府在广播的三个环节上都进行了政策干预。在终端，对广播电台和电视台规定了播放加拿大国产内容的最低数量要求；在中端，要求广播信号传输企业优先传送加拿大国产内容；在前端，以各种方式对本土内容生产提供资金保障。

就本土内容生产的资金来源而言，主要是向私营广播业者征收，其次是省政府和联邦政府的退税，最后是联邦政府的直接拨款。资助来源的结构体现了政府主要以商业广播公司捐献其利润来贡献于本土广播内容的生产，而不是主要依靠普通纳税人的贡献。就资金管理方式而言，作为监管机构的CRTC本身并不直接对本土内容的生产提供资金，也不参与资金的管理和发放。资金的管理与发放由政府和私营机构共同创立的非营利组织来承担，这体现了政府对资金管控保持"一臂之距"的原则。就资助的重点而言，节目类别以制作成本较高、在广播电视台"曝光率"偏低的本土节目类别为主，如音乐、舞蹈、电视剧、纪录片、综艺节目等；资助的生产机构以独立制作人为主。政府资助的目标，一方面是为了鼓励加拿大国产节目的生产，夯实国内产业发展的经济基础；另一方面也是为了鼓励外国电影或视频制作机构把加拿大作为一个生产基地，来雇用加拿大本地人才，同时也可吸引外资投入加拿大的影视生产。这体现了加拿大政府的雄心，不仅要保证"量"，更要保证"质"，因为观众有选择的自由和权利，只有保证质量才能吸引本国观众，甚至把加拿大国产节目推向国际市场。

除了加拿大内容政策，加拿大政府还制定了限制外资控制加拿大广播公司的政策，因为政府认为《广播法案》中设定的政治和文化目标有赖于加拿大人和加拿大公司来实现。最后，由于经济全球化的发展，以美国为主的文化强势国家要求别国开放文化市场，这便有了在国际贸易层面确立"文化例外"原则的必要。在加拿大等国的推动下，联合国教科文组织于2005年通过了《保护和促进文化表达多样性协定》，确立了各国制定本土文化保护政策的合法性。需要指出的是，加拿大的"文化例外"政策，并非对世界各国的文化采取排斥的态度，而主要是避免"美国化"的影响。

总之，加拿大以捍卫文化主权为核心的一系列政策取得了很大成功，在世界上影响很大，受到很多国家的支持和效仿。但是，这些政策也受到一些批评。有学者认为，政府或国家主义者（nationalists）强调抵御美国文化支配，捍卫文化主权，实际上是以国家目标模糊了公共利益目标，即发挥广播的民主功能，促进公共民主生活（public democratic life）。还有学者指出，虽然《广播法案》规定了"加拿大内容"的优先地位，但是由于私营广播的逐利法则和观众的需要，"加拿大内容"政策并不很成功，加拿大文化的"美国化"已加深而不是减弱。加拿大传媒学者 Vipond 把加拿大当前广播电视节目的特征描述为三个"并存"，即英语和法语节目并存、公共和私营广播节目并存、加拿大和美国节目并存。

## 第三节 加拿大广播政策之社会文化目标分析

在社会、文化团体和学者们看来，社会文化目标（social cultural objective）[1] 真正反映了公共利益，而与政治利益（或称国家利益）、商业利益相对立。[2] 广播服务于公共利益首先体现为培育和促进民主，其次还体现为促进社会公平、关照弱势群体等。在加拿大语境下，广播政策的社会文化目标是使广播服务于保护、丰富和加强加拿大的社会、文化结构。加拿大《广播法案》第3条中做了进一步规定：加拿

---

[1] 社会问题和文化问题常常互相重叠，很难区分，因此本节采用"社会文化"术语来统称社会、文化方面的议题。参见 Armstrong R. Broadcasting Policy in Canada [M]. Toronto：University of Toronto Press，2010。

[2] 参见 Raboy M. Missed Opportunities：The Story of Canada's Broadcasting Policy [M]. Montreal；Buffalo：McGill – Queen's University Press，1990。

大广播系统应该通过其节目并运营所提供的工作机会，服务于加拿大成人和儿童的需要和利益，反映他们的境况和愿望，包括平等权、加拿大社会的双官方语、多元文化和多种族的属性以及土著人在加拿大社会中的特殊地位。可见，反映种族与文化之多样性、保障各社会群体之平等权是加拿大广播政策要实现的主要社会文化目标，本节将对此进行重点探讨。此外，公共广播系统是应对市场缺陷，使广播服务于社会文化目标的重要政策工具，也是本节要讨论的一个重要内容。

## 一　公共服务广播与公共利益

为了实现社会文化目标、服务于公共利益，建立公共广播系统是一个重要政策手段。捍卫公共利益是加拿大的社会精英们在为国家设计广播体制之初的主要出发点，从历史上出台的皇家调查委员会报告、政策工作组报告以至《广播法案》，都可看出公共利益的崇高地位。可以说，服务于公共利益是加拿大广播政策的传统，也是加拿大政府监管广播产业的基本原则。那么，作为公共利益守护者的公共广播公司现状如何？国家对公共广播有哪些法律上的规定？公共广播公司与CRTC是什么关系？这些将是以下要讨论的问题。

### （一）什么是公共服务广播

公共广播的目标是服务于公共利益，因而是非营利性质（not-for-profit）的广播服务。公共广播公司通常由国家所有，政府以此作为政策工具去干预广播市场，这是基于市场缺陷的存在，即商业广播为追求广告利润而可能不顾及公共利益。加拿大广播公司、英国广播公司、法国二台（France2）和法国三台（France3）、意大利RAI、美国PBS，以及加拿大的地方教育广播公司如Tele-Quebec、TVOntario、TFO等，都属于各类公共广播公司。有些公共广播公司也播放商业广告，如CBC（电视台）、Tele-Quebec，它们的收入策略可能会影响其动机与行为；有些广播公司则完全不播放广告，如BBC、France Television；还有的公共广播公司不属于政府所有，如美国的PBS。在西方国家，政府对公共广播公司的节目编辑要保持"一臂之距"，使公共广播为公众利益服务，既不受商业影响，也不受政治影响。①

在加拿大，国家公共广播公司有三个重要使命：增加社会凝聚力、反映加拿大的独特文化及促进民主。加拿大议会在一份报告中指出，国家公共广播公司——加拿大广播公司（CBC/Radio - Canada, CBC），对加拿大广播系统的发展发挥了主要作用，成为加拿大文化、政治、社会经济生活的中心，把加拿大人团结得更紧密，并创造了在北美的独特加拿大文化，加拿大大多数民众支持 CBC 继续存在。虽然面临多媒体、新媒体、专门频道、数字化电视的挑战，但 CBC 仍然是加拿大广播系统的关键组成部分（key component）。可见，作为民主和文化的工具，CBC 培育和强化了加拿大多元文化共存的社会结构。

（二）国家公共服务广播公司

1. 加拿大广播公司的使命

作为加拿大的国家公共服务广播公司，CBC 是国家所有的皇家公司（royal corporation）。CBC 在历史上曾经作为私营广播公司的监管机构存在。即便在当下，CBC 在加拿大广播系统中仍然有不同于私营广播、社区广播的特殊地位，其目标与使命由《广播法案》直接设定，而不是像其他广播公司那样由 CRTC 具体设定。但是近年来 CBC 也被批评过度追求观众数量，而忽略其作为公共广播公司的使命。

作为国家公共广播公司，CBC 的使命是以广播和电视服务向加拿大公民提供信息、启蒙和娱乐。加拿大《广播法案》第 3 条规定 CBC 提供的节目应该包含以下内容：加拿大内容占主导；反映国家特色和地方特色；反映多元文化和多种族的加拿大社会性质，贡献于文化表达与交流；以英语和法语双官方语言广播，努力使英语和法语节目达到同等质量；促进共同的国家意识和身份认同；向加拿大全境播放。

如上文所述，CBC 的目标与使命由《广播法案》直接设定，而不

---

① 笔者于 2012 年参观 CBC 位于蒙特利尔的法语广播总部时，对法语电台广播的早间新闻主播 Philippe Marcoux 先生进行了采访，他表示政府与 CBC 保持"一臂之距"，不干预新闻的采编自主权；他本人选播各类报纸的新闻时，可自行决定，没有任何上级或政府部门对其发出指示。

是像其他广播公司那样由 CRTC 具体设定。那么，CBC 与作为监管机构的 CRTC 是什么关系呢？《广播法案》对此做出规定，即要求 CBC 由 CRTC 颁发执照，并受其监管规定的制约。如果 CBC 与私营广播公司发生冲突怎么办？《广播法案》对此也做出了规定，要求以公共利益为最高标准，即以公共广播公司 CBC 的目标优先。

2007 年，加拿大议会遗产常务委员会对 CBC 的角色进行了一次评估，发表了一个报告《加拿大广播公司：在变化的媒体新格局中确定特性》（*CBC/Radio - Canada: Defining Distinctiveness in the Changing Media Landscape*），建议保持《广播法案》中对 CBC 使命的规定，但是加入新媒体的角色，同时建议政府与 CBC 签署一个 7 年的备忘录，列出了 CBC 的治理结构、资金来源、节目制作等。这个备忘录实际上是政府要求 CBC 承诺实现的一系列目标。

不少学者指出，当今公共广播存在的一个问题是作为"委托人"的公众和作为"代理人"的公共广播公司可能无法有效沟通，CBC 有时不能真正反映公众的喜好。[1] 一是公共广播公司可能依据自己的方式和利益来定义公众喜好；二是政府可能以"公共意愿"为名，对广播公司施加影响；三是就文化问题而言，为了实现"文化多样性"目标，公共广播常常会倾向于"高雅"文化。

在私有化浪潮下，各国的国家公共广播公司不断面临危机，加拿大的 CBC 也不例外。CBC 的一份报告指出，CBC 电视网黄金时段收视率在加拿大排名第二，但目前遭遇财务危机，政府连年削减对 CBC 的资助。有研究表明，加拿大公共广播得到的政府资助，比大多数西方国家都少。Raboy 指出，CBC 现在不得不与私营公司竞争观众和广告，这与《广播法案》中规定的公共服务使命有很大差距。尽管面临危机，加拿大国内公众和学者们大都对加拿大公共广播持支持态度。Taras 认为公共广播对确保民主讨论和公民社会至关重要，他批评加

---

[1] 例如：Armstrong R., *Broadcasting Policy in Canada* [M], Toronto: University of Toronto Press, 2010; Raboy M., *Missed Opportunities: The Story of Canada's Broadcasting Policy* [M], Montreal; Buffalo: McGill - Queen's University Press, 1990.

拿大政府对公共广播缺乏热情，使 CBC 不断面临危机，公共广播在新技术背景下生存和发展需要政府额外支持。

2. 加拿大广播公司的组织结构①

《广播法案》规定 CBC 享有"新闻、创作和节目编辑自由"。换言之，政府应该尊重与 CBC 保持"一臂之距"的关系。按《广播法案》的规定，CBC 实行董事会制度（board of directors），成员共有 12 名，包括一名主席与一名总裁，前者相当于名誉主席，后者相当于首席执行官，负责日常管理。所有成员均不得以任何形式同时在私营广播公司中任职。与 CRTC 相同的是，CBC 董事会成员由加拿大政府内阁指派，并且 CBC 通过联邦文化遗产部大臣向议会报告。此外，CBC 的 12 个董事会成员同时也在其他委员会中任职，包括英语和法语广播常设委员会、审计委员会、治理与提名委员会、人力资源及薪酬委员会、房地产委员会及战略规划委员会。

在董事会领导下，CBC 运营两个传统电视台网（英语和法语）、4 个无线电台广播网（英语和法语）以及 7 个专门频道。CBC 英语团队的总部设在多伦多，法语团队的总部设在蒙特利尔，两个团队都受渥太华总部领导。

3. 加拿大广播公司与 CRTC 的关系

与监管私营广播公司不同，CRTC 对 CBC 的管理在某些方面会受到《广播法案》的限制。虽然 CRTC 被授权监管加拿大广播系统中的所有成分，包括公共、私营及其他类别的广播机构，但是 CBC 有《广播法案》直接规定的使命、目标以及组织结构。另外，虽然 CRTC 有颁发 CBC 执照的权力，但是《广播法案》规定 CRTC 为 CBC 设定执照条件时应该与其协商（consult），若双方无法达成一致，CBC 可提请联邦文化遗产部大臣进行仲裁。《广播法案》还规定，如果没有得到 CBC 的同意，CRTC 不能暂停或吊销任何 CBC 运营的广播电台或电视台的执照。由此可见，根据《广播法案》，CBC 享有一定

---

① 参见 CBC, Who We Are, What We Do [EB/OL]. http://cbc.radio-canada.ca/en/explore/who-we-are-what-we-do/。

程度的 CRTC 管辖之外的自治权力。但是就 CRTC 自己制定的政策或条例而言，除了要求广播传输公司须优先传送公共广播节目（包括 CBC 及各省教育广播公司的节目）之外，并没有给 CBC 太多"特权"，而是基本上对所有广播公司一视同仁。

（三）其他公共服务广播机构

1. 国际公共广播公司

加拿大有两家国际公共广播公司，一家为 Radio Canada International，是由联邦政府提供运营资金的短波广播电台，用包括中文在内的 7 种语言向全世界播出；另一家为 TV5，是联邦和魁北克省共同资助的法语电视台，法国、瑞士、比利时三国政府也以提供节目的方式对 TV5 予以支持，成为以有线及卫星向全球法语社区播出节目的国际电视网。

2. 全国性公共广播公司

除了 CBC 外，加拿大尚有三家非营利性质的全国性公共广播公司（national public broadcasters）。第一家是土著人电视网（Aboriginal Peoples Television Network，APTN），从 1999 年开始向全国广播，成为加拿大广播史上一个里程碑式的事件，体现了《广播法案》赋予土著人在加拿大社会的特殊地位。作为全国性广播公司，APTN 不仅面向各种原住民，也面向其他所有加拿大人播出节目，成为加拿大社会跨文化交流和理解的平台。APTN 的运营资金来自订户费、政府拨款、广告及其他收入。第二家是有线公共事务频道（Cable Public Affairs Channel，CPAC），播放加拿大议会的会议记录，由几家有线公司共同运营。第三家是 Vision TV，是世界上唯一提供多种宗教信仰服务的非营利广播公司。

3. 各省教育广播机构

如前文所述，加拿大最高法院裁定加拿大的广播由联邦政府负责，但是教育广播例外，可由各省自行开办。教育广播机构是公共广播的一部分，通常由一些教育机构开办，由省政府拨款，CRTC 对各省的教育广播机构的运作基本上采取了不干涉态度。教育广播机构播出的节目主要是教育类节目，在节目内容上对青少年问题比较关注，一般不播放广告。

4. 社区广播

1991年《广播法案》规定社区广播（community broadcasting）是加拿大广播系统的三大组件之一。学术界有时也把社区广播称为公共、私营之外的第三部门广播（third sector broadcasting）。社区广播服务于地方社区，反映社区公众的观点和需要，属于公共广播性质，但不由政府运营，主要由捐款、广告或会员费支持；在魁北克，联邦和省政府也为社区广播提供一些资助。

社区广播包括广播电台和电视台。在加拿大，大多数5万人以上的城市都拥有一个社区无线广播电台；目前，全加拿人约有150个无线电台。社区电视频道（community television channel）是一种面向地方或地区观众的电视服务。CRTC于1991年颁布了《社区频道政策》，规定社区频道的角色主要是提供公共服务；社区频道的节目应为传统电视频道的补充；社区频道的节目应该反映社区文化，并促进社区成员的积极参与。为了保证社区频道的生存，CRTC曾经要求有线传输公司必须为社区广播保留一个频道，虽然这项强制规定于1997年被撤销，但并没有影响社区频道的发展，此后社区频道数量反而有所增加。

1997年，CRTC颁布针对广播传输公司的"加拿大内容"政策，要求每一个传输公司拨出其全年收入的5%用于加拿大节目的生产与播放。为了达到5%的目标，允许有6000以上订户的广播传输公司拨出其全年收入的2%，以社区频道的方式贡献于地方文化表达（local expression）。为此，很多大型有线公司都经营社区频道，来履行CRTC的这项规定。有线公司可以利用其经营的社区频道发布公共信息，也可发布一定比例的商业信息，只要不违反CRTC在《广播传送政策》中的相关规定。2002年，CRTC又发布一个针对社区媒体的新政策，涉及地方节目的定义、培训、使用权、广播与赞助等问题。

社区广播与学生广播、少数民族广播、土著广播等一起被称为替代广播（alternative broadcasting）。替代广播由目标或使命驱动，而非利润；一般面向特定种族和文化群体，其观点常常很激进，挑战主流媒体的垄断力量，向公众发出不同的声音。可见，社区广播等替代广播使受众可以参与节目决策，表达其社会和文化需要，而不只是被动地作为受众。在某种程度上，社区广播具有公民媒体（citizen media）或草根广播（grassroot broadcasting）的意义，可视为公共领域（public sphere）的一部分。

总之，虽然私营部门已占据当下加拿大广播市场的主体地位，但是加拿大的公共广播机构仍然是广播系统至关重要的组成部分。特别是加拿大的国家公共广播公司（CBC），依法拥有私营部门所无法比拟的"特权"，因为公共服务广播对实现加拿大广播政策的社会和文化目标，以及政治目标都不可或缺。议会文化遗产委员会在2003年的一份报告中确认，公共广播对加拿大文化遗产而言仍然是一个基本支柱（fundamental pillar）。

## 二 多元文化与广播多样性政策

加拿大是一个多民族、多文化并存的移民国家，英裔加拿大人是第一大主体民族，然后是法裔加拿大人，此外还有由土著人和来自世界各地的移民组成的众多少数民族。承认种族和文化的多元性，并促进各民族的文化交流与融合，维护国家认同和国家团结是一个重要的政治和文化政策议题。加拿大的广播政策也体现了这一议题。首先，保证英语和法语在广播系统中的主体地位；其次，反映加拿大社会"多种族与多元文化"的属性，保证各少数民族的语言和文化在广播中得到体现；最后，保证土著人在加拿大社会的特殊地位，支持土著人广播的发展。总之，多样性和多元化已成为当今加拿大广播系统的一个突出特点，也是加拿大广播政策社会文化目标的重要体现。

（一）英语和法语广播

加拿大有两大主体民族，即英裔加拿大人和法裔加拿大人[①]，因此有英语和法语两种官方语言。官方双语政策（linguistic duality）受到法律保护，被写进了加拿大《宪法》、语言法案和语言管理条例，其目标是确保英语和法语作为加拿大双官方语言，受到同等尊重，在

---

[①] 绝大部分讲法语的人居住在魁北克省，但在安大略省和大西洋地区各省（尤其是新不伦瑞克省）也有很多讲法语的社区。

联邦机构的使用中拥有相同的地位、权利和权限。究其根源，官方双语政策与促进英法两个民族的和解，维护国家团结有关。在历史上，应对魁北克分离主义、促进国家团结也成为加拿大广播政策演变的一个重要特征，特别是在20世纪60—70年代达到高潮。此后，魁北克于1980年和1995年进行的两次独立公投都以联邦主义支持者获胜而告终，应对分离主义的政治迫切性在加拿大虽然有所减弱，但仍然将是加拿大广播政策长期关注的一个重要议题。

当下，加拿大广播系统呈现多样性和多元化，以反映加拿大社会的多种族与多元文化特性，并增进不同文化之间的交流和理解，促进民族的融合。但是，保证英语和法语双官方语言在广播中的主体地位是广播多样性政策的首要原则。加拿大的官方双语政策鼓励在加拿大社会中全面认可和使用英语和法语。1991年《广播法案》也明确规定"英语和法语广播节目应该提供给所有加拿大人"。由于英语人口占绝对优势，具有天然的强势地位，保证法语的平等地位就成为广播政策体现官方双语准则的一个重点。2009年，加拿大官方语言办公室（Office of the Commissioner of Official Languages）出台一份报告，评估了法语在电视节目制作产业及在广播电视节目中播出的地位；报告认为当下法语和英语少数民族社区（English and French linguistic minority community）①的电视节目制作与播出都面临问题和挑战，而法语社区尤甚，建议政府支持法语节目的生产和播出，特别是法语青少年节目。

就英语或法语之语言少数民族社区的广播问题，CRTC要求确保提供最低数量的少数民族语言的节目。2008年，CRTC在一份政策文件中要求所有的地面广播传输公司保证每传送10个主体语言节目时，必须传送1个少数语言节目。此规定说明，在一个特定地区播放的节目首先要照顾这个地区的主体民族，因为其人口最多，对节目的需求必然最多。与此同时，也不能忽略居于少数民族地位的人群，也要给

---

① 英语和法语是加拿大并列的官方语言。就人口数量上而言，说英语和说法语的人在加拿大的比例最大，都不能算作少数民族。这里所言的英语和法语少数民族，是所谓语言少数民族，是两大语言在对方占优势的地区相对成为少数民族。例如，在魁北克省的英语社区，即成为英语语言少数民族社区；而法语在魁北克之外都是少数民族。

他们提供一个不低于最低数量的本民族语言节目。鉴于法语在魁北克省之外基本上都处于少数民族语言地位,此政策主要是为了保护法语广播。总之,加拿大的官方双语政策在广播系统得到充分体现,首先是保证英语和法语共同构成加拿大广播系统的主体,其次是保证法语与英语具有同等重要地位。

(二) 少数民族广播

所谓民族节目,是指英裔民族、法裔民族及加拿大土著之外的少数民族文化节目,可以使用包括英语和法语在内的任何语言,也可以是多语言之组合。为了反映加拿大社会的多民族、多元文化性质,CRTC 制定了《民族广播政策》(*Ethnic Broadcasting Policy*),颁发民族广播电台和电视台营业执照。① CRTC 对民族广播电视台的具体要求包括:鉴于电波之稀缺性,CRTC 要求传统民族广播电视台不只播放一个特定少数民族的节目,而是多个少数民族的节目;民族广播电视台必须保证其 60% 的节目是民族节目,其余 40% 可以播放非民族节目,如英语或法语节目,以获得广告收入;民族节目可以自行选择使用民族语言或官方语言(英语或法语);为了"保护"民族广播电视台,非民族台播放第三语言的节目不能超过其节目总量的 15%;民族台播放"加拿大国产内容"的要求与非民族台是一样的,即全天节目的 60% 以上,晚间节目的 50% 以上必须为加拿大内容。可见,CRTC 对于民族节目的定义,乃是以节目内容来决定,而不是语言。换言之,只要节目内容体现民族性即可,而对节目所使用语言"放任不管"。笔者以为,此规定一方面可以使更多普通加拿大人了解少数民族文化,促进跨文化交流;另一方面也与加拿大政府鼓励在加拿大社会中全面认可和使用英语和法语的政策一致。

加拿大少数民族广播公司播放的非英语、法语节目也被称为"第三语言节目",其来源有三类:加拿大国产节目、外国进口节目及加拿大与外国合作制作的节目。由于加拿大是多种族的移民国家,为了

---

① 参见 CRTC, *Ethnic Broadcasting Policy* [M], 1999, http://www.crtc.gc.ca/eng/archive/1999/pb99 - 117. htm。

关照不同种族的观看需求，加拿大对第三语言节目采取支持态度。2004年，文化遗产部指定的专家组出台了一份报告，名为《融合与文化多样性：扩大第三语言公共电视节目服务》(Integration and Cultural Diversity: Report of the Panel on Access to Third - language Public Television Services)，建议成立第三语言节目生产基金（third - language production fund），支持制作加拿大本土节目以及加拿大与外国合作生产的节目；对于外国的主要广播公司提供的第三语言节目，要由CRTC认定为合格者才可提供给加拿大观众。总之，加拿大政府认为第三语言节目可贡献于加拿大的多元文化和文化多样性，丰富加拿大各族人民的文化生活。

　　加拿大的少数民族广播及其政策对促进跨化交流、民族融合以及国际文化交流都发挥了积极作用。首先，少数民族广播在多元文化和多种族社会可对社会凝聚力发挥支持作用，建立跨文化对话和理解的桥梁，促进不同种族的对话，调和各种不同的价值观。为此，有学者建议少数民族广播不应该只是服务于本民族观众，而应该提供跨义化交流的广播服务，其节目向全国观众开放。其次，少数民族广播有助于促进民族一体化融合（integration process）的进程。2004年，文化遗产部指定的专家组报告指出，加拿大第三语言广播的重要责任之一是促进移民融入加拿大社会。有学者认为加拿大的少数民族广播公司对国家与省级新闻以及跨文化报道很少，利基战略（Niche Strategy）[①]隔离了少数民族媒体与更广泛大众的联系，建议政府在政策上给少数民族广播公司更多灵活性，使其更好发挥民族融合的作用。最后，随着卫星电视和互联网电视的发展，加拿大的民族广播可以把流散于世界各地的少数民族"聚合"起来，发挥国际文化交流的作用，展示加拿大丰富多彩的多元文化。经过多年发展，少数民族广播已成为加拿大广播的重要组成部分，加拿大也成为在世界上提供第三语言广播电

---

① 市场营销学术语，是指企业为了避免在市场上与强大的竞争对手发生正面冲突而受其攻击，选取被大企业忽略的、需求尚未得到满足、力量薄弱的、有获利基础的小市场作为其目标市场的营销战略。

视节目最多的国家之一。

（三）土著人广播

1991年《广播法案》规定："加拿大广播系统应该反映土著人民在加拿大社会的特殊地位。"土著人的广播在加拿大经历了渐进发展的过程。最初，广播在加拿大原住民居住的偏远北部地区出现时，大部分是英语节目，而且反映原住民生活的内容也很少，这引起当地人的关切。1979年，CRTC成立专门委员会进行了调查研究，最后建议政府拨款建立土著广播网，以保护原住民的语言与文化。1981年，CRTC颁发了服务北方地区的电视网执照，政府专门创立了"北方原住民广播项目"（Northern Native Broadcast Access Program）来资助原住民广播节目；1991年，CRTC颁发执照给原住民电视网"北加拿大电视公司"（Television Northern Canada Incorporated，TVNC）；1999年，土著人民电视网（Aboriginal Peoples Television Network，APTN）开始向全国播放节目，成为第一家土著人全国广播电视网，每天播出三次节目，60%为英语节目，15%为法语节目，25%为各种原住民语言节目。APTN的成立对文化和种族多样性的构建发挥了重要作用，促进了加拿大的文化多样性和跨文化交流，成为加拿大多元文化社会的一个标志。

到目前为止，CRTC已颁发了250多个土著节目广播执照，很多不用经过一般执照审核程序就可获得批准。值得注意的是，CRTC于1999年批准成立"土著人民电视网"时，强调土著节目要面向全体加拿大人的重要性，以提供给全体加拿大人了解土著文化的一个正面窗口；因此，CRTC要求有线及卫星传送输业把传送"土著人民电视网"的节目作为其基本服务之一。

CRTC认为英语和法语节目应该服务于所有加拿大人，以帮助来自世界各地的移民融入加拿大社会；同时，加拿大广播也应当反映不同种族和文化背景的加拿大人如何看待彼此及自身在加拿大社会中的地位。为此，CRTC致力于解决加拿大的土著、亚裔、有色族裔在广播节目中的呈现不足（under-represented on air）的问题。加拿大广播业者协会提出一个名为《行业行为准则检讨》（*CAB Review of Industry Codes*）的报告，建议把现有的《性别角色描绘准则》（*Sex-Role*

*Portrayal Code*）拓展到覆盖其他弱势族群的角色描绘准则。为此，CRTC 于 2008 年颁布了新规管政策《公平描绘准则》（*Equitable Portray Code*），包括了该协会的建议。不难看出，制定对残障人士、土著、有色族裔角色描绘的广播行业行为准则，是为了防止广播节目中出现对这类弱势群体的歧视性内容。

### 三 弱势群体保护与广播内容规制

1991 年《广播法案》规定，"加拿大广播系统应该通过其节目并运营所提供的工作机会，服务于加拿大成人和儿童的需要和利益，反映他们的境况和愿望，包括平等权"。这段规定的关键词是"平等权"；进而言之，乃是保护社会弱势群体的平等权利，因为"强势群体"一般不需要政府或政策的干预来保护，只有在社会中处于相对弱势的群体（包括妇女、儿童、少数民族、残障人士等），以及所谓"易受伤害的价值"（vulnerable values）才需要政府法规或行业自律规则来予以保护。保护"易受伤害的价值"是各国传媒政策法规普遍包括的一项内容，包括保护隐私权，保护少年儿童不受色情、暴力内容的影响等。对弱势群体的保护还包括在广播产业内的平等就业权、残障人士的广播使用权以及公平描绘等议题。

（一）行业自律的作用

对实现《广播法案》中规定的社会、文化相关目标，CRTC 在很大程度上依靠行业自律（self-regulation）来实现。① 行业自律是产业界自发行为（industry initiatives），包括广播内容标准和行业行为准则，一般由业内有影响的行业组织，如加拿大广播业者协会下属的加拿大广播标准理事会（Canada Broadcast Standard Council）和加拿大广告标准协会（Advertising Standard Canada）建立相应的标准。CRTC 一般只处理针对非行业协会会员企业的投诉，或是属于行业组织标准及行为准则之外的投诉。广播行业行为准则对规范广播节目和广告内容涉及的社会问题有很重要的作用。各个私营广播公司依据这些标准规

---

① 参见 Canadian Broadcast Standards Council. CRTC Public Notice［R］.1988，http://www.cbsc.ca/english/links/crtcdocuments/pn1988159.php。

范诸如儿童广播、性别描绘（sex portrayal）、电视暴力等社会问题。通过行业自律，使业者保持其自身的采编自由与新闻自由责任的同时，承诺尊重其所服务的公众的利益。

作为监管机构，CRTC 把制定行业自律准则的责任交给行业组织，而 CRTC 对规则执行的有效性进行监督。一般而言，CRTC 并非对行业自律完全放手不管，而是参与到准则的制定（development）、检讨（review）、批准（approval）、执行（enforcement）等各个环节。一旦有社会问题无法通过行业自律解决，CRTC 有权进行仲裁处理。加拿大学者 Armstrong 指出，从某种程度上讲，行业自律更像是"共同监管"。就日常监管而言，无论 CRTC 还是行业协会，通常都不会主动就社会、文化问题干预广播公司的运营，只在接到具体投诉或是相关政府部门有指示的情况下才会采取行动。总之，依靠行业自律可大大减少 CRTC 的行政工作量，同时还可增加行业自身对与社会问题相关的行为准则的理解和接受，从而比 CRTC 单方制定的规则更容易被接受和遵守。

加拿大广播产业界最有影响力的行业自律组织当属"加拿大广播标准理事会"（Canada Broadcast Standard Council，CBSC）。[①] 此外，在业界有重要影响力的自律组织还有"加拿大广告标准理事会"，负责制定与广告相关的行为自律准则。CBSC 是由加拿大广播业者协会（CAB）于 1989 年创立的，职责是制定并管理行业行为准则，并向业者提供咨询及监督投诉之处理进程，但其做出的裁决对业者没有强制约束力。[②] 加拿大广播标准理事会主要制定与节目内容本身有关的自律准则，包括：《CAB 公平描绘准则》[③]《CAB 电视节目暴力自律准则》《广播电视新闻制作人协会新闻操守准则》（Radio Television News Director Association of Canada Code of Ethics）以及《CAB 道德准则》等。

---

[①] 参见 Canada Broadcast Standard Council. About the CBSC [EB/OL]. http://www.cbsc.ca/english/index.php。

[②] 若有针对某一业者之投诉，CRTC 会进行有约束力的处理，因为其掌握对业者营业执照吊销的权力。

[③] 主要是防止歧视性刻画特定性别或群体的形象，因为这有可能煽动社会分化甚至是仇恨。例如，穆斯林在一些影视剧中的刻板形象。

如上所述，CBSC 或 CRTC 只会审查受到公众投诉的案例。换言之，两机构都不会主动调查一个广播公司的节目行为。因此，CRTC 鼓励公众对广播业者的不操守行为进行投诉。公众的投诉可首先送交被投诉的广播业者，若结果不满意，则可上诉到 CBSC，由后者发出一个不具约束力的决定。若结果仍然不满意，则可上诉到 CRTC。CRTC 宣称其并不是广播节目的审查者，因而无权在任何节目播出之前进行审查或阻止其播放；相反，CRTC 只能在收到公众投诉后对相关广播公司进行事后追责。

（二）与儿童相关之广告准则

保护儿童是西方国家制定传媒监管政策的基本关切之一。就广播内容规制而言，广告是各国规制的重点领域之一。为了防止广告对儿童产生负面社会影响，CRTC 要求私营广播公司遵守两个关于广告内容的行业准则，即《对儿童广告的广播准则》和《酒精类饮料广告准则》，作为对 CRTC、省政府、加拿大工业部和加拿大健康署相关规定的补充。

《对儿童广告的广播准则》（Broadcast Code for Advertising to Children）于 1971 年由加拿大广播业者协会和 CRTC 共同制定，规制的对象是儿童节目及儿童相关节目中播放的商业信息，[①] 对儿童的定义是指 12 岁以下的观众。该准则是《加拿大广告标准准则》（Canadian Code of Advertising Standards）的补充，后者是更广范围的准则，针对所有广告。从 1974 年开始，CRTC 把此准则作为颁发广播公司营业执照的一个必需的要求。该准则中言道："儿童，特别是幼童，生活在一半是真实、一半是想象的世界中，有时不能分辨真实与想象；广告不应破坏孩子们的想象力。"该准则不但对指向儿童的广告内容做了具体规定，并且对播出时间也做了上限规定，即每小时不得超过 8 分钟。对儿童广告准则进行监管的机构是加拿大广告标准协会（Advertising Standard Canada），私营广播公司在播放儿童广告前要获得该机构的批准。国家公共广播公司 CBC 不是加拿大广播业者协会的成员，经 CRTC

---

① 指向儿童的广告（advertising directed to children）是指在儿童节目间隙插播的广告，一般是广告商推销儿童商品。成人广告当然更不允许在儿童节目中播出。

批准建立了自己的《广告标准政策》及《12 岁以下儿童广告标准》。CRTC 在颁发（更新）CBC 执照时，向其提出遵守广告准则的条件。

《酒精类饮料广告准则》（*Code for Broadcast Advertising of Alcoholic Beverages*）是针对在广播电视上播放酒精类饮料广告的规制，体现了表达自由与广播公司的社会责任之间的平衡。① 该准则虽然整体上不是专门针对儿童，但是也规定了面向青少年（低于法定饮酒年龄）播放酒精类广告的标准，包括不得试图劝说本不饮酒的人饮酒或买酒，不得以任何方式暗示或把饮酒与低于法定饮酒年龄的青少年联系起来等规定。CRTC 主要责成行业协会负责监管该准则的执行，监管方式主要是播前预检（Pre-clearance）。

魁北克省对面向儿童的广告的规制则更为严格。《魁北克消费者保护法》中规定，全面禁止指向 13 岁以下儿童的广告。但是，这项规定只针对本省的广播节目，来自外省或美国的节目不受此限制。魁北克省政府的这项规定导致私营广播公司不愿播放儿童节目，因为没有广告收入。因此，儿童节目大多在该省公共广播机构或是有订阅费的专门频道播出。可见，该规定是一把双刃剑，一方面保护了儿童不受广告的影响，另一方面也减少了儿童节目播出的平台。

（三）对电视暴力内容的规制

媒体暴力是传媒政策长期关注的议题，各国都制定了相关法规来减少各种媒体中的暴力内容对受众的影响，特别是对儿童的影响，例如漫画、电影、电视、电子游戏以及互联网。在加拿大，CRTC 于 1996 年颁布了《关于电视暴力的政策》（*Policy on Violence in Television Broadcasting*），② 主要措施包括：制定行业行为准则；家长利用一些工具控制节目选择，如分级制度、屏幕上的图标或是 V-Chip③；进

---

① 参见 CRTC. Code for Broadcast Advertising of Alcoholic Beverages [M]. 1996, http://www.crtc.gc.ca/eng/general/codes/alcohol.htm。

② 参见 CRTC. Policy on Violence in Television Programming [M]. 1996, http://www.crtc.gc.ca/eng/archive/1996/Pb96-36.htm。

③ 能阻止过度暴力或性感电视节目之收看的电脑晶片或其他电子装置。

行媒介素养①和公众意识（public awareness）教育等。

　　行业自律是对电视暴力内容进行规制的主要方式。目前，电视暴力相关的行业行为准则主要有以下几个：加拿大广播业者协会（CAB）制定的《电视节目暴力自愿准则》（Voluntary Code Regarding Violence in Television Programming），由加拿大广播标准理事会进行管理和执行；付费电视、按次收费及视频点播节目的暴力内容准则；广播电视新闻制作人协会制定的《新闻操守准则》（Code of Ethnics）。其中，加拿大广播业者协会（CAB）制定的《电视节目暴力自愿准则》涉及的内容比较全面，②包括节目内容、儿童节目、节目时间安排、节目分类、观众咨询（viewer advisory）、新闻和公共事务节目、对妇女和特定群体的暴力、对动物的暴力以及体育节目中的暴力。需要指出的是，该准则特别反对一些影片充满无端、不必要的暴力（gratuitous violence）；此外，以成年观众为目标的含暴力电视节目必须在深夜时段播出，即21：00至次日6：00。为了强化以上行业自律准则的执行，CRTC在颁发新广播执照或审批旧执照延期申请时，把以上标准或准则作为一个必需的条件，对私营广播公司或是CBC都一视同仁。但是，如果持照者是加拿大广播标准理事会的成员，则可免于这个条件，这体现了对行业自律协会成员企业的照顾政策。

　　在加拿大国内，对于当下的电视暴力监管存在两种不同意见。2007年，来自魁北克省的魁人党向议会提案，建议把限制电视暴力问题加入《广播法案》中。作为广播监管机构，CRTC同意该提案的目标，但不认为制定指令性监管（prescriptive regulation）是必要的，只是希望增加自身对政策实施的权力，例如对违反准则的业者进行罚款。加拿大广播标准理事会则认为现有行业准则已足够，没有立法的必要，因为导致社会暴力问题的主要原因不是电视，而更多的是由其他媒体所致，如电子游戏、DVD等。由此可见，对是否应该把限制电视暴力列入法律约束

---

　　① 媒介素养的英文是"media literacy"，就是指人们正确地判断和估价媒介信息的意义和作用，有效地创造和传播信息的素养。

　　② 参见 CAB. CAB Code Regarding Violence in Television Programming [M]. 1992, http://www.cab-acr.ca/english/social/codes/violencecode.shtm。

的构架之内,加拿大广播政策的各利益相关者之间尚存争议。

(四) 对广播平等权的保障

1991年《广播法案》规定所有加拿大人在加拿大广播系统中享有平等权利。与广播相关的平等权范围很广泛,但至少包括三个方面:广播电视角色的公平描绘、广播产业内的平等就业权及视听残障人士的广播使用权。

为确保男性和女性角色在广播电视节目获得公平、非歧视性之描绘,加拿大广播业者协会(CAB)于1990年制定了《广播电视性别角色描绘准则》(*Sex Role Portrayal Code for Television and Radio Programming*)。此后,加拿大广播业者协会在一份名为《行业行为准则检讨》(*CAB Review of Industry Codes*)的报告中,建议把现有的《广播电视性别角色描绘准则》拓展到覆盖其他角色描绘。为此,CRTC于2008年批准了新的行业自律准则《公平描绘准则》(*Equitable Portray Code*)。新准则致力于防止在广播电视节目及广告中,基于种族、国籍、肤色、宗教、年龄、性别、性取向、婚姻状况、身体或精神障碍等因素,而不当地从负面角度描绘、定型、模式化相关人物形象。然而,虽然有针对内容的行业自律准则,但在实践中并不能完全消除广播或电视中的基于性别或是其他因素的歧视。以中国的国家形象为例,一份基于在加拿大城市蒙特利尔进行的问卷调查的研究显示,大部分被调查者从加拿大的广播电视节目中获得关于中国形象的描绘,而他们对中国的政治形象观感非常差,这与加拿大广播电视节目对社会主义国家政治形象的定型化描绘不无关系。

1991年《广播法案》特别规定加拿大广播产业要为加拿大人提供平等就业机会。作为广播产业的监管机构,CRTC通常不干预广播系统中与就业相关的事务。根据政府的相关法律,只有少于100人的广播公司才受CRTC政策的管辖,而100人以上的广播企业受加拿大联邦政府制定的《公平就业法案》管辖。为了贯彻《广播法案》的精神,CRTC于1992年颁布《就业平等政策》,要求申请新执照或是执照延期时,业者需要提供其机构内部关于就业平等的信息,诸如能够证明男女员工享有平等就业机会的资料。在1997年公布的《平等就业政策》修订案中，CRTC还特别规定了广播公司在其节目播放时要确保四类职员在电视镜头或电台播音中有平等出现的机会，即女性、土著人、残障人士和有色人种。平等就业政策一方面保护了弱势群体的就业权利，另一方面也促进了加拿大多元文化的发展。

1991年《广播法案》明确规定加拿大广播系统要为"听力或视力障碍者提供适合其利用的节目"。为了照顾失去听觉或听力不佳的观众，CRTC于2007年颁布了一项政策，要求英语和法语电视台保证其播出的节目（广告除外）为听力障碍者提供闭路字幕（closed captioning），[①] 观众通过安装外部解码器，可在电视屏幕上看到闭路字幕。对于失去视力或视力不佳的观众，可以通过电视台提供的"副音频节目解说服务"（secondary audio programming service）收听到电视节目的语音解说。为此，CRTC于2009年颁布相关政策，要求电视台保证提供一定数量的"副音频节目解说服务"。从以上政策可以看出，加拿大广播政策制定者对广播系统的社会公平问题给予了极大关注，致力于保护社会弱势群体的权益。

### 四 对社会文化目标的总体评价

作为最有影响力的传统媒介，广播在西方国家既被用作解决社会问题的工具，亦是文化政策制定的主要领域。就加拿大广播政策的社会文化目标而言，首先有基于其国情的"特性"，即广播系统要"反映加拿大独特的社会属性，包括官方双语、多种族和多元文化共存以及原住民的特殊地位"。其次，加拿大广播政策社会文化目标也有与其他西方国家相同的"共性"，体现为规制有碍社会风化的广播内容，以及保护社会弱势群体的权益。

应对魁北克分离主义，促进英、法两个主体民族之和解，维护国家团结是加拿大国内政治和文化领域的主要议题之一，也成为加拿大

---

① 电视台为失去听觉或听力不佳的观众设置隐藏字幕、闭路字幕，但要通过解码器才可以看到。其实正常人也可能需要解码器，例如在所谓英语少数民族地区，笔者在蒙特利尔时，法语节目听不懂，但可以通过解码器看到翻译成英文的字幕。

广播政策长期存在的一个社会文化目标。① 在 20 世纪 60—70 年代民族分裂危机达到高潮时，当时颁行的 1968 年《广播法案》曾明确赋予国家公共广播公司 CBC 促进国家团结（national unity）的使命。此后，随着私营广播产业的发展和广播技术的进步，公共广播已失去垄断地位，受众也呈现分散化，加拿大政府意识到要实现促进国家团结的目标已不宜再进行直接的政治宣传；加之魁北克于 1980 年和 1995 年进行的两次独立公投都以联邦制拥护者获胜而告终，加拿大应对分离主义的政治迫切性有所减弱。因此，在当下实行的 1991 年《广播法案》中，已经没有促进"国家团结"的直接条款，而主要强调保证法语广播与英语广播具有同等重要的地位，共同构成加拿大广播系统的主体，并要求英语和法语广播应该提供给所有加拿大人。显而易见，以上条款仍然意在"安抚"法裔加拿大人。可以预见，加拿大国内政治中关于英、法两大族裔的和解问题仍然将是一个长期存在的议题，促进国家团结也必将继续成为广播政策的重要目标。②

除了英法两大民族之外，来自世界各地的移民和世代居住在加拿大的各原住民群体，共同形成了加拿大多种族、多元文化并存的社会结构。促进各民族及其文化的融合、塑造共同身份认同，成为加拿大面临的另一个民族问题。为此，加拿大把推行多元文化主义作为一项基本国策，公开承认文化多样性的多元社会，主张不同文化或种族在加拿大社会中享有平等权利和机会。③ 广播成为体现文化多元政策的

---

① 虽然美国、澳大利亚等国家也是多元文化并存的移民国家，但都是以英裔民族为绝对主体；只有加拿大是以英裔和法裔民族并列为主体民族，且在历史上英国和法国殖民者为争夺加拿大的控制权曾经发生长期战争。

② 1995 年的公投，49.42% 的选民认同魁北克应脱离加拿大，50.58% 的选民反对，联邦主义者以微弱优势险胜。2012 年，魁人党在省议会选举中再次取得胜利，重新执政魁北克，关于魁北克的未来命运再次引起加拿大国内各界的关注。

③ 早在 1971 年，多元文化主义即在加拿大开始传播。多元文化政策包括种族包容政策和公开承认文化多样性的多元社会。广播是体现文化多元政策的重要领域，其政策目标包括广播使用权、平等权和社会凝聚力。参见 Roth L., *Snapshots and Dialogues: Canadian Ethnic Television Broadcasting and Social Cohesion* [M] //D'Haenens L., Hooghe M., Van Heule D., et al. New Citizens, New Policies? Developments in Diversity Policy in Canada and Flanders. Gent: Academia Press, 2006: 171–200。

重要领域，政府对少数民族广播的发展实施了支持和鼓励的政策，目标是增进各民族文化之间的交流、理解与融合。具体而言，一是允许各少数民族开办民族广播电视台；二是要求非民族广播电视台增加对少数民族生活与文化的呈现；三是在促进文化多样性的同时，注意广播系统要以英法双官方语言为核心，促进来自世界各地的移民融入加拿大社会。需要指出的是，加拿大政府对土著人广播给予特别支持，允许成立面向所有加拿大人的全国性土著人广播网，体现了土著人在加拿大社会中的特殊地位。

与其他西方国家一样，加拿大广播政策的社会文化目标也体现为对广播内容的规制和保障社会弱势群体的权益。为了获取广告收入，广播电视台的目标必然是为广告商争取最大数量的观众，因而节目会趋于娱乐甚至是低俗，反映大众口味和主流人群的需要，从而忽视广播的教育与启蒙使命，忽视对社会弱势群体的反映。① 加拿大对广播内容规制采取了政府监管与行业自律相结合的方式，即 CRTC 在颁发广播执照时附加相关内容规制条件，行业协会制定行业行为标准或准则，并负责日常咨询与管理。内容规制的领域包括广播电视中的儿童广告、暴力色情内容、弱势群体之歧视性描绘等。此外，加拿大政府对弱势群体的保护还体现为提供公平就业机会，以及为视听残障人士提供可以利用的广播电视节目。总之，加拿大政府重视发挥广播的社会和文化功能，并致力于保障社会弱势群体的广播权利，以实现文化进步和社会公平。

## 第四节 加拿大广播政策之经济目标分析

自 20 世纪 70 年代开始，由经济衰退引发的新自由主义思潮开始在西方盛行，并在此后一直在西方经济学中占据主导地位，成为全球

---

① 社会弱势群体一般是指在种族、性别、年龄、宗教、身体等方面居于"少数"或是"弱势"的群体，如少数民族、女性、儿童、残障人士等。

绝大多数国家所采取的政治和经济趋向。新自由主义经济反对由国家主导的直接干预，强调自由市场机制，支持私有化和自由贸易。20世纪80年代以来，受新自由主义的影响，西方国家普遍出现放松管制和私有化、市场化浪潮，在传统上受政府监管较为严格的电信、广播产业也概莫能外，西欧国家纷纷放弃公共广播垄断的单一体制，引入市场机制，发展私营广播产业。在国内和国际环境变化影响下，加拿大广播产业的政策制定者也转向以市场力量为主实现广播的政治、经济和文化目标，私营广播已逐渐成为加拿大广播系统的主导力量。加拿大广播产业国内市场总量小，又分为英语、法语两个市场，生产成本很高，同时又受到美国文化产业的冲击。在经济全球化背景下，为了本国广播产业的生存、发展和壮大，加拿大政府制定了一系列经济政策，创造私营广播产业发展的市场和商业环境，包括版权保护政策、鼓励竞争政策、适度限制产业集中、在国际贸易协议中保护本国产业主和市场等措施，以增强加拿大广播产业的全球竞争力，并创造就业、增加收入、促进经济和社会文化的发展。本节首先将考察加拿大广播产业的整体经济特征；其次将分析加拿大政府对私营广播的总体政策；最后将探讨加拿大政府对私营广播的具体扶持政策和措施。

**一 广播产业经济结构与特征**

经过80多年的发展，加拿大的公共广播和私营广播经历了此消彼长的变化。由私营广播电视台、独立制作公司、广播传输公司以及广告公司构成的私营广播部门从营业收入到观众份额都已居于主导地位。在进行相关经济政策分析之前，首先须对加拿大广播产业的基本经济状况和特征有一个准确把握，包括广播产业各组成部门之收入结构、受众比例、竞争状况与产业集中度等数据。[1]

---

[1] 如无特别说明，本部分所引用数据综合来自 CRTC. CRTC Communications Monitoring Report [R] . 2012, http://www.crtc.gc.ca/eng/publications/reports/PolicyMonitoring/2012/cmr.htm#toc; Statistics Canada. Government Expenditures on Culture: Data Tables [R]. 2012, http://www.statcan.gc.ca/pub/87f0001x/87f0001x2012001 - eng. htm; Office of the Auditor General of Canada. Canadian Broadcasting Corporation Special Examination Report – 2013 [R]. 2013, http://cbc.radio - canada.ca/_files/cbcrc/documents/submissions/oag - 2013 - e.pdf.

## （一）广播产业整体经济特征

就加拿大通信产业①总产值而言，2011 年保持了增长势头，收入上升了 3.3%，从 2010 年的 574 亿加元上升为 2011 年的 593 亿加元。② 其中，广播电视产业总体收入增长 5.5%，电信产业收入增长 2.5%。通信产业提供的服务覆盖几乎所有 1370 万户加拿大家庭，平均每人每月用于通信的支出超过 180 加元。

加拿大广播产业的收入包括无线电台广播的收入、电视台的收入和广播传输产业的收入。电台广播产业的收入来自调幅（AM）和调频（FM）商业电台广播的收入；③电视产业收入来自 CBC 传统电视台收入、私营电视台收入、付费电视、按次收费电视服务（Pay Per View，PPV）、视频点播（Video–On–Demand，VOD）及专门频道的收入。广播传输产业的收入来自有线电视、数字高清晰度直播电视卫星（DTH/MDS）以及网络电视（IPTV），但不包括互联网和电话服务收入。2011 年，广播产业整体收入从 2010 年的 157 亿加元增至 2011 年的 166 亿加元。广播产业所属的所有行业都有增长，其中：有线电视和卫星电视的总收入增长了 5.8%，由 81 亿加元增至 86 亿加元；付费、按次计费、视频点播及专门频道电视的收入增长 7.9%，由 35 亿加元增至 37 亿加元；传统电视收入（包括 CBC）增长 2.2%，由 26 亿加元增至 27 亿加元；无线电广播收入增长了 3.9%，从 15 亿加元增至 16 亿加元。从以上数据可以看出，有线及卫星传输产业的收入占据当代加拿大广播产业半壁江山，各类付费电视及专门频道略高于传统地面电视，无线电台广播的收入最小（如图 3–2 所示）。

就无线电台广播服务而言，2011 年加拿大的广播和音频（audio）服务提供机构有 1183 个。在这个总数中，76% 面向说英语的加拿大人，21% 面向说法语的加拿大人，3% 面向说第三语言的加拿大人。当年，广电委员会批准了 30 个新电台的业务申请。可见，虽然政府

---

① 加拿大通信产业（communication industry）包括广播电视产业（broadcasting industry）和电信产业（telecommunication industry）。
② 加元与美元的汇率基本相同。
③ 国家公共广播公司 CBC，其无线电台广播不播放商业广告，因此没有经济收入。

对少数民族广播以及第三语言节目采取支持政策，但是由于市场关系，这类节目在整体市场所占的比例非常小。

无线电台广播，10%
传统地面电视，16%
付费、按次计费、视频点播及专门频道，22%
有线及卫星传输产业，52%

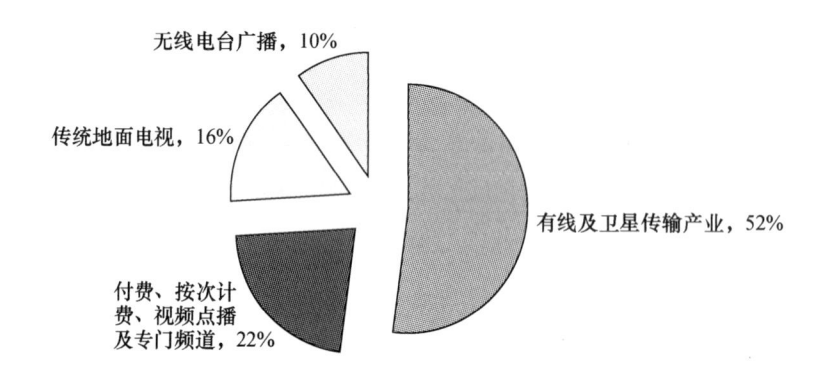

**图 3-2　2011 年加拿大广播产业收入结构**

就电视服务而言，2011 年加拿大英语节目服务的观看比例为 83.0%，而法语节目服务的观看比例为 92.2%。加拿大人偏爱电视剧和喜剧节目，但是在 2011 年，81% 的英语电视剧和喜剧节目及 70% 的法语电视剧和喜剧节目并非国产片。可见，加拿大政府虽然对本土电视剧等"优先类别"节目的生产给予大力支持，但其受观众欢迎的程度仍然无法与美国等文化大国的进口节目相比。

就电视传输产业而言，2011 年该产业继续保持强劲增长。约 90% 的加拿大家庭付费订阅了电视传输服务，比 2010 年增长 2.2%；[①] 其中，69.9% 的家庭订阅了有线电视服务，24.5% 的家庭订阅了卫星电视服务或多点传送服务（multipoint distribution），5.6% 的家庭订阅了网络电视（IPTV）服务。[②] 2011 年，数字媒体 62% 的收入来自广告，35% 的收入来自用户的订阅费。其中，IPTV 的可用性（Availability）从 2010 年的 22% 上升到 2011 年的 34%，与 72% 的有线普及率相比，IPTV 普及率为 14%。2011 年，80% 的电视用户接收

---

① 换言之，10% 的观众选择了免费的传统电视。
② IPTV 全称为 Internet Protocol Television，即互联网电视。

到数字电视服务;业界最大的 4 个电视信号传输商获得约 89% 的用户。可见,加拿大的数字电视服务和新媒体电视服务呈现进一步增长态势。

就过去 5 年的复合年增长率（compound average growth rate）而言,除了电台调幅广播和私营传统电视略有下降之外,各个产业部门基本上都呈现增长态势;其中,信号传输产业和电视产业增幅较大,但无线电台广播只有小幅增长(如表 3-3 所示)。

表 3-3　　　　加拿大广播电视产业收入趋势　　　单位:百万加元

|  | 2007 年 | 2008 年 | 2009 年 | 2010 年 | 2011 年 | 2007—2011 年复合年增长率（%） |
| --- | --- | --- | --- | --- | --- | --- |
| 无线广播电台产业 ||||||||
| AM | 329 | 331 | 306 | 307 | 311 | -1.4 |
| 年增长（%） | 2.4 | 0.4 | -7.4 | 0.4 | 1.2 |  |
| FM | 1173 | 1260 | 1201 | 1244 | 1302 | 2.6 |
| 年增长（%） | 6.9 | 7.5 | -4.7 | 3.6 | 4.6 |  |
| 广播总计 | 1502 | 1591 | 1508 | 1552 | 1613 | 1.8 |
| 年增长（%） | 5.9 | 5.9 | -5.2 | 2.9 | 3.9 |  |
| 电视产业 ||||||||
| 加拿大广播公司传统电视 | 356 | 412 | 392 | 450 | 500 | 8.9 |
| 年增长（%） | -9.2 | 15.7 | -4.9 | 14.8 | 11.1 |  |
| 私营传统电视 | 2171 | 2138 | 1971 | 2147 | 2153 | -0.2 |
| 年增长（%） | 1.3 | -1.5 | -7.8 | 9.0 | 0.3 |  |
| 付费、按次收费、视频点播及专门频道 | 2729 | 2929 | 3113 | 3457 | 3732 | 8.1 |
| 年增长（%） | 9.2 | 7.3 | 6.3 | 11.1 | 7.9 |  |
| 电视总计 | 5256 | 5480 | 5475 | 6055 | 6385 | 5.0 |
| 年增长（%） | 4.4 | 4.3 | -0.1 | 10.6 | 5.5 |  |
| 广播传输产业 ||||||||
| 有线及网络电视 | 4334 | 4762 | 5123 | 5594 | 5918 | 8.1 |

续表

|  | 2007年 | 2008年 | 2009年 | 2010年 | 2011年 | 2007—2011年复合年增长率（%） |
|---|---|---|---|---|---|---|
| 年增长（%） | 8.1 | 9.9 | 7.6 | 9.2 | 5.8 |  |
| 直接入户/多点分配接入 | 1834 | 2036 | 2196 | 2385 | 2532 | 8.4 |
| 年增长（%） | 11.8 | 11.0 | 7.8 | 8.6 | 6.1 |  |
| 非报告广播传输企业 | 134 | 116 | 111 | 139 | 139 | 0.9 |
| 年增长（%） | -5.7 | -13.9 | -3.7 | 25.1 | 0.0 |  |
| 广播传输业总计 | 6302 | 6914 | 7430 | 8119 | 8588 | 8.0 |
| 年增长（%） | 8.8 | 9.7 | 7.5 | 9.3 | 5.8 |  |
| 广播产业总计 | 13061 | 13987 | 14413 | 15728 | 16586 | 6.2 |
| 年增长（%） | 6.7 | 7.1 | 3.0 | 9.1 | 5.5 |  |

就广播产业集中的态势而言，加拿大广播产业呈现出由最大的几家公司占据绝大部分市场份额的局面。图3-3显示，2011年，最大五家公司占据加拿大广播产业80%以上的收入。

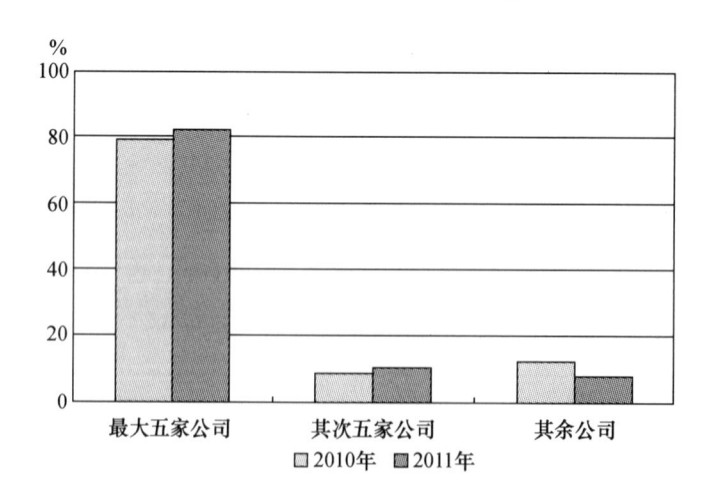

图3-3 加拿大广播产业最大五家公司收入

（二）电台广播产业经济特征

加拿大无线电台广播市场由超过1200个无线电广播和音频服务

机构组成。无线电广播和音频服务机构99%通过无线电波传送节目，其他类型的传送只占余下的1%。加拿大广播公司CBC约占7%的无线电台广播和音频服务，而私营商业广播电台约占62%的广播和音频服务，剩下的30%由宗教、社区、校园、原住民和其他广播电台以及多频道音频服务占据（见图3-4）。由此可见，私营部门是当下加拿大无线电台广播服务的主力军。

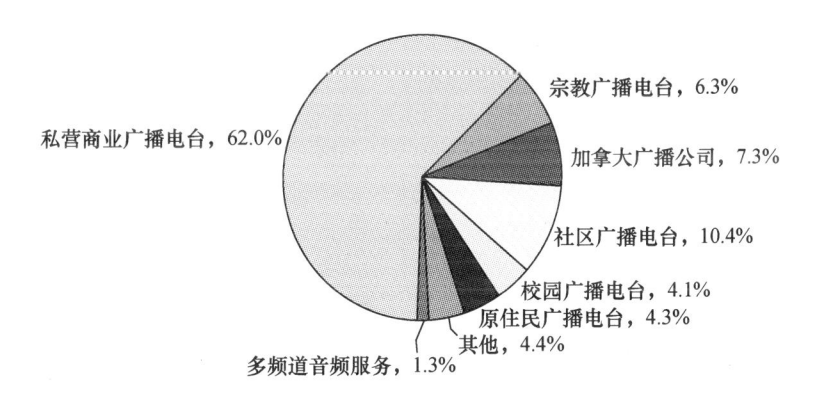

图3-4 各类广播电台服务所占的比例（2011年）

从听众收听比例来看，也是私营广播电台的听众最多，超过3/4；其次是加拿大广播公司，约占一成多（见图3-5）。

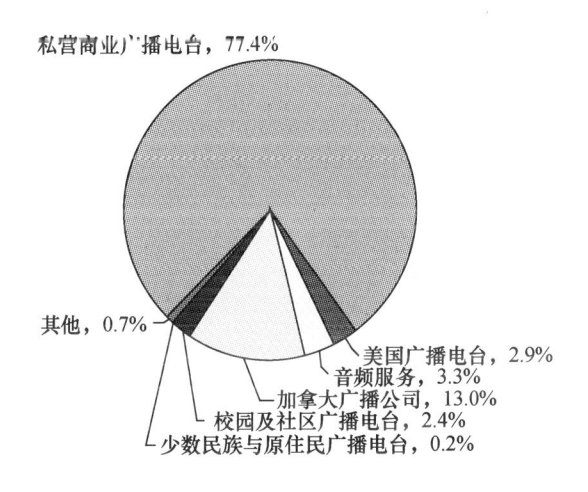

图3-5 各类广播电台的周平均收听比例

就无线电台广播整体听众数量变化趋势而言，无论是总量还是各个年龄段的听众数量都呈现逐年下降趋势（见表3－4）。此外，更多的听众从 AM 广播转向 FM 广播，从户内收听转向户外收听（如出租车上）。

表3－4　　　　各年龄段听众平均收听广播小时变化趋势

| | 2007 年 | 2008 年 | 2009 年 | 2010 年 | 2011 年 | |
| --- | --- | --- | --- | --- | --- | --- |
| 每个年龄段周收听小时 | | | | | Diary | PPM[①] |
| 所有人 12 岁及以上 | 18.3 | 18.3 | 17.7 | 17.6 | 17.7 | 8.3 |
| 年增长（%） | -1.6 | 0.0 | -3.2 | -0.6 | — | — |
| 青少年 12—17 岁 | 7.2 | 7.2 | 6.8 | 7.0 | 7.3 | 4.0 |
| 年增长（%） | -5.3 | 0.0 | -6.2 | 3.0 | — | — |
| 成年人 18—24 岁 | 13.3 | 13.1 | 12.0 | 11.9 | 12.5 | 5.8 |
| 年增长（%） | -5.7 | -1.5 | -8.0 | -1.0 | — | — |
| 25—34 岁 | 17.4 | 17.3 | 16.6 | 15.8 | 16.8 | 6.5 |
| 年增长（%） | -4.9 | -0.6 | -4.1 | -4.6 | — | — |
| 35—49 岁 | 20.2 | 19.9 | 19.2 | 19.1 | 19.8 | 8.2 |
| 年增长（%） | -1.9 | -1.5 | -3.2 | -0.4 | — | — |
| 50—54 岁 | 21.2 | 21.5 | 20.6 | 21.0 | 21.3 | 9.5 |
| 年增长（%） | 1.0 | 1.4 | -3.9 | 1.6 | — | — |
| 55—64 岁 | 21.1 | 21.1 | 20.8 | 20.8 | 20.0 | 9.5 |
| 年增长（%） | 0.0 | 0.0 | -1.4 | 0.4 | — | — |
| 65 岁及以上 | 21.5 | 21.6 | 21.0 | 20.7 | 19.4 | 12.0 |
| 年增长（%） | 0.9 | 0.5 | -2.9 | -1.1 | — | — |

从收入来源来看，私营无线广播电台主要依靠广告收入；公共广播电台因为不播放任何广告，所以其收入主要依靠议会拨款（见表3－5和表3－6）。

① Diary 和 PPM 为不同测量方法。

表3-5　　　　　　　　　私营广播电台收入情况

| | 2007年 | 2008年 | 2009年 | 2010年 | 2011年 | 2010—2011年增长率（%） | 2007—2011年复合年增长率（%） |
|---|---|---|---|---|---|---|---|
| 收入（百万加元） | | | | | | | |
| AM 英语 | 291.4 | 295.5 | 271.9 | 272.1 | 274.9 | 1.0 | -1.4 |
| AM 法语 | 16.2 | 12.6 | 11.6 | 11.2 | 11.7 | 4.7 | -7.8 |
| AM 少数民族 | 21.8 | 22.6 | 22.7 | 24.0 | 24.4 | 1.6 | 2.9 |
| AM 总计 | 329.4 | 330.7 | 306.2 | 307.3 | 311.1 | — | -1.4 |
| 年增长（%） | 2.5 | 0.4 | -7.4 | 0.4 | 1.2 | — | |
| FM 英语 | 946.5 | 1021.0 | 958.8 | 986.9 | 1035.0 | 4.9 | 2.3 |
| FM 法语 | 210.8 | 225.3 | 226.8 | 239.9 | 246.7 | 2.8 | 4.0 |
| FM 少数民族 | 16.1 | 16.8 | 16.2 | 17.9 | 19.8 | 11.0 | 5.3 |
| FM 总计 | 1173.4 | 1263.0 | 1201.8 | 1244.7 | 1301.6 | — | 2.6 |
| 年增长（%） | 6.9 | 7.6 | -4.9 | 3.6 | 4.6 | — | |
| 总收入 | 1502.8 | 1593.7 | 1508.0 | 1552.0 | 1612.6 | 3.9 | 1.8 |

表3-6　　　　　　　　　公共广播电台收入构成

| 收入（千加元） | 2009年 | 2010年 | 2011年 |
|---|---|---|---|
| 广告收入 | 0 | 0 | 0 |
| 年增长（%） | — | — | — |
| 议会拨款 | N/A | 346548 | 327267 |
| 年增长（%） | — | — | -5.6 |
| 销售/节目分销 | 417 | 893 | 859 |
| 年增长（%） | — | 114.1 | -3.9 |
| 其他 | 414929 | 10856 | 8803 |
| 年增长（%） | — | — | -18.9 |
| 总收入 | 415347 | 358298 | 336928 |
| 年增长（%） | — | -13.7% | -6.0 |
| 单位数 | 82 | 82 | 82 |

就产业集中度而言，最大的五家私营商业广播电台占据全行业63%的收入（见图3-6）。

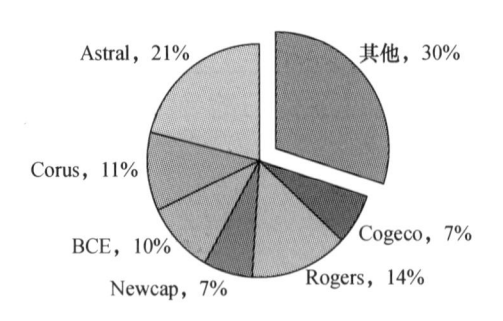

图 3-6 各商业广播电台收入比较

### （三）电视产业经济特征

付费电视和专门频道等非传统电视服务①是电视产业收入之主体。广播电视产业为加拿大人提供了超过 700 个电视服务，其中包括一些大型广播集团公司，其收入占总产业比例超过 92%，业务涵盖私营传统电视台、付费电视、按次收费电视服务、视频点播和专门频道服务。私营的英语传统电视产业包括三个最大的集团：BCE（CTV 及 CTV2 台）占产业整体收入份额的 46%，Shaw（全球）占 29%，罗杰斯（Citytv 和 Omni）占 17%。法语的私营传统电视产业有两个主要集团：魁北克（TVA）在产业总收入份额中占 71%，Remstar（V）占 18%。当然，加拿大电视产业也包括一个提供英语和法语节目的国家公共广播电台（CBC）和一些省级公共广播电台。图 3-7 列出了 CBC，私营传统电视，付费电视、按次收费电视、视频点播和专门频道服务占总收入的比例。从图中可以看出，专门频道所占收入最多，接近行业总收入的一半；其次是私营传统电视的收入，所占比例超过 1/3；加拿大广播公司 CBC 的收入最少，不到一成。由此可见，加拿大的电视产业与电台广播产业一样，由私营部门占据主体地位。其中，最大的几家私营集团控制着绝大部分市场份额；就电视服务类别而言，包括专门频道和付费电视在内的非传统电视服务的收入占主体。

---

① 相对有线和卫星电视服务，传统电视服务是指通过电波传送的电视信号，用户只需要安装天线即可免费接收。

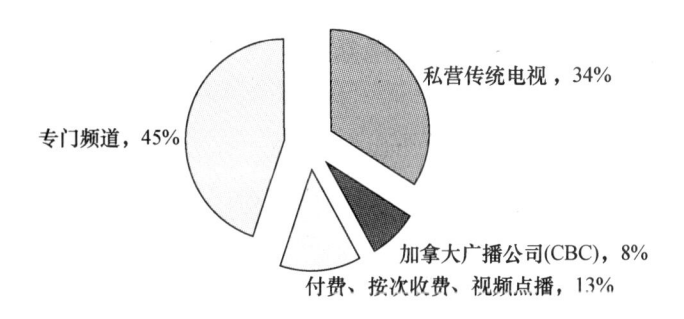

图 3-7 各类电视服务占产业总收入的比例

互联网的快速发展会不会带走更多电视观众？2008—2011 年的调查数据显示，至少到目前为止，电视观众的数量无论在整体上，还是各个年龄阶段，大致上保持了稳定，并没有受到新媒体电视的太大影响（见表 3-7）。

表 3-7 全国各年龄段观众周收视小时比较

|  | 2008—2009 年 | 2009—2010 年 | 2010—2011 年 |
| --- | --- | --- | --- |
| 所有人 2 岁及以上 | 26.5 | 28.0 | 28.5 |
| 年增长（%） | -0.4 | — | 1.8 |
| 儿童 2—11 岁 | 17.2 | 22.4 | 22.7 |
| 年增长（%） | -5.5 | — | 1.3 |
| 青少年 12—17 岁 | 16.6 | 23.0 | 22.4 |
| 年增长（%） | -4.6 | — | -2.6 |
| 18 岁及以上 | 28.8 | 29.2 | 29.8 |
| 年增长（%） | 0.0 | — | 2.1 |
| 18—34 岁 | 20.6 | 23.5 | 23.0 |
| 年增长（%） | -2.4 | — | -2.1 |
| 18—49 岁 | 23.5 | 24.3 | 24.1 |
| 年增长（%） | -2.1 | — | -0.8 |
| 25—54 岁 | 26.1 | 25.1 | 25.4 |
| 年增长（%） | -1.5 | — | 1.2 |

作为国家公共广播公司，CBC 电视台从政府取得公共资金拨款，但与无线广播电台不同的是，CBC 电视台也播放商业广告来获取收

入。从图3-8可以看出，议会拨款占 CBC 收入的近 2/3，其次是广告，约占 1/4。

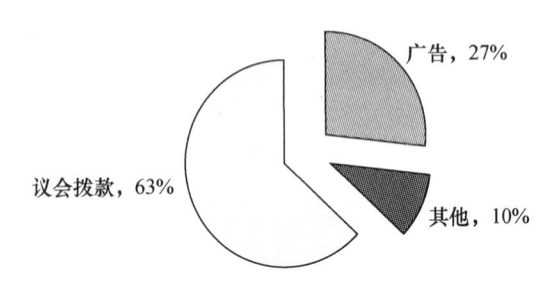

广告，27%
议会拨款，63%
其他，10%

图 3-8 加拿大广播公司收入来源（2011 年）

加拿大政府的广播政策强调的一个中心问题是：为加拿大人提供"加拿大内容"。从表 3-8 可以看出，在过去 5 年中，加拿大本国提供的电视服务在观看比例上占有绝对优势。但这是否代表"加拿大内容"的观看比例也占有绝对优势呢？加拿大观众偏爱电视剧和喜剧节目，但其收看的这类节目大部分是非国产的。2011 年，81% 的英语电视剧和喜剧节目及 70% 的法语电视剧和喜剧节目为非国产。

表 3-8　　　　　加拿大及非加拿大电视服务的收看份额比较（2007—2011 年）

| 收看份额（%） | 2007—2008 年 | 2008—2009 年 | 2009—2010 年 | 2010—2011 年 |
| --- | --- | --- | --- | --- |
| 加拿大电视服务 ||||
| 英语 ||||
| 加拿大广播公司 | 5.4 | 4.9 | 6.3 | 6.4 |
| 私营传统电视 | 23.9 | 22.2 | 26.6 | 25.0 |
| 专门频道 | 28.4 | 29.3 | 36.9 | 36.0 |
| 付费 | 5.3 | 5.1 | 6.5 | 6.3 |
| 数字付费及专门频道 | 4.2 | 4.6 | 5.9 | 7.0 |
| 其他 | 2.6 | 2.4 | 2.3 | 2.3 |
| 英语总计 | 69.8 | 68.6 | 84.5 | 83.0 |
| 增长率（%） | 0.3 | -1.7 | — | -1.8 |

续表

| 收看份额（%） | 2007—2008年 | 2008—2009年 | 2009—2010年 | 2010—2011年 |
|---|---|---|---|---|
| 法语 ||||| 
| 私营传统电视 | 0.6 | 0.5 | 0.2 | 0.1 |
| 加拿大广播公司 | 0.6 | 0.5 | 0.1 | 0.2 |
| 魁北克电视广播公司 | 0.1 | 0.0 | 0.0 | 0.0 |
| 其他 | 0.1 | 0.0 | 0.0 | 0.0 |
| 专门频道 | 0.6 | 0.6 | 0.4 | 0.4 |
| 付费 | 0.0 | 0.0 | 0.0 | 0.0 |
| 数字付费及专门频道 | 0.0 | 0.0 | 0.0 | 0.0 |
| 法语总计 | 2.0 | 1.7 | 0.8 | 0.8 |
| 增长率（%） | -9.1 | -15.0 | — | 0 |
| 其他语言 |||||
| 私营传统电视 | 1.4 | 1.4 | 1.3 | 1.3 |
| 专门频道 | 0.4 | 0.4 | 1.0 | 1.2 |
| 数字 | 0.1 | 0.1 | 0.0 | 0.0 |
| APTN | 0.2 | 0.1 | 0.2 | 0.2 |
| 其他语言总计 | 1.9 | 1.9 | 2.4 | 2.6 |
| 增长率（%） | 11.8 | 0 | — | 8.3 |
| 社区服务 | 1.0 | 1.1 | 0.2 | 0.3 |
| 视频点播/按次收费 | 0.5 | 0.8 | 0.0 | 0.0 |
| 加拿大电视服务总计 | 75.3 | 73.9 | 87.9 | 86.7 |
| 增长率（%） | 0.5 | -1.9 | — | -1.4 |
| 非加拿大电视服务 |||||
| 美国传统电视 | 11.8 | 10.9 | 4.7 | 5.3 |
| 美国专门频道 | 9.4 | 9.7 | 7.3 | 8.0 |
| 国际 | 0.2 | 0.3 | 0.0 | 0.0 |
| 非加拿大电视服务总计 | 21.4 | 21.0 | 12.1 | 13.3 |
| 增长率（%） | -5.3 | -1.9 | — | 9.9 |
| 其他 | 3.5 | 5.1 | 0.0 | 0.0 |
| 增长率（%） | 29.6 | 45.7 | — | 0 |
| 收看份额总计 | 100 | 100 | 100 | 100 |
| 收看小时总计（百万） | 644.2 | 650.1 | 709.3 | 713.2 |
| 增长率（%） | -2.3 | 0.9 | — | 0.5 |

最后，就私营电视产业而言，其产业集中度仍然居高不下，业内最大的五家广播公司占有全行业约3/4的收入（见图3-9）。

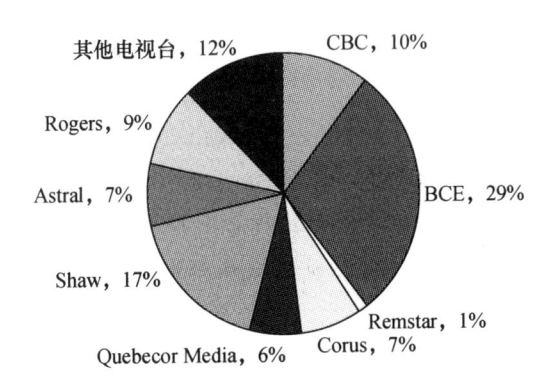

图3-9 各商业电视台收入比较

（四）广播传输产业经济特征

在加拿大，无线电广播和电视节目有三个传输平台（见图3-10）。

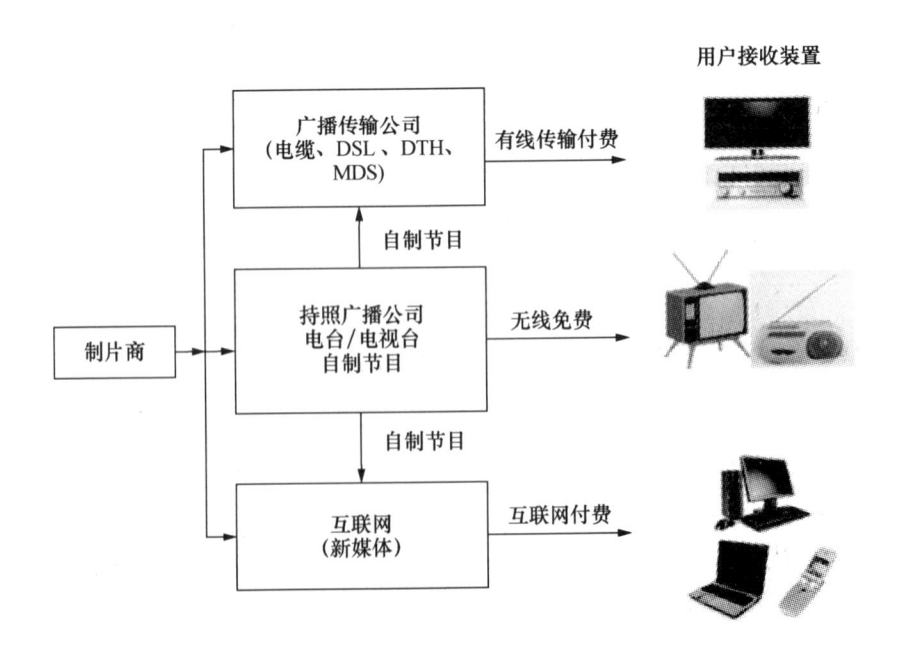

图3-10 加拿大广播和电视节目传输平台

（1）传统的地面广播公司①，通过分配的频率或频道（AM、FM、VHF、UHF、L-波段），免费向公众传送广播或电视节目；

（2）广播传送机构通过专用地上通信线路（电缆或 DSL）或无线（卫星、DTH②或 MDS③）设施向其服务的用户传输广播或电视节目，用户需要支付月租费；

（3）近年来，通过互联网或无线蜂窝服务（wireless cellular services）向高速网络或宽带服务用户传送电视节目。

广播电视信号传输产业的收入占广播电视产业总收入的一半以上，传送的信号包括传统电视台、无线广播电台、付费音频服务、付费电视、按次收费电视服务、视频点播和专门频道服务。广播传输产业占主导地位的五家大公司利用电缆或卫星设施传输广播电视信号，占有广播传输产业总收入的 90%（见图 3-11）。

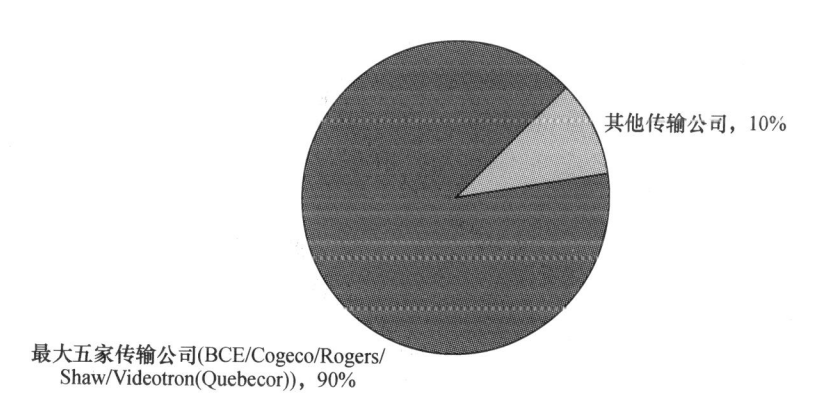

图 3-11　信号传输产业最大五家公司收入份额

加拿大广播电视信号传输产业由有线电缆传输、网络电视传输、卫星传输（DTH）和多点数据传输（MDS）组成。如图 3-12 所示，

---

① 传统广播（conventional broadcastings）是指地面广播，即通过无线电波传送广播和电视节目。

② Direct-to-Home，卫星直播电视。

③ Multipoint Distribution Sevice，多点传输服务。

无论是产业收入还是订户,有线电视传输占据绝大部分份额,占 2/3 以上;其次是卫星传输,占 1/4 左右;二者合在一起大约占据传输产业 95% 的份额。网络电视传输目前大约占 5% 的市场份额。

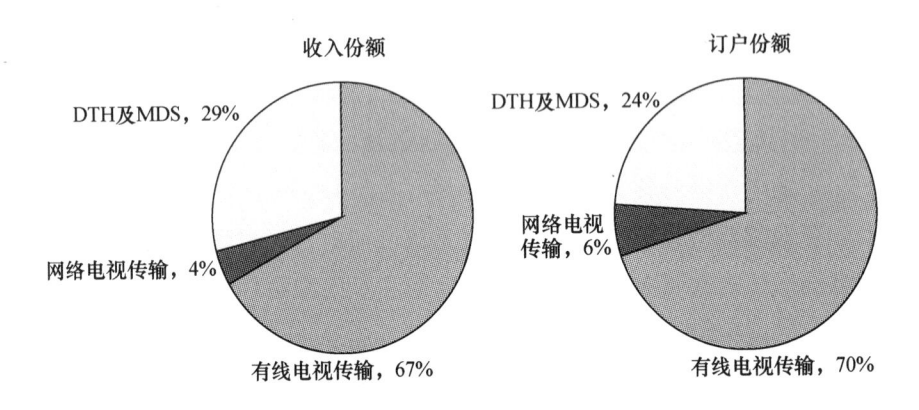

图 3-12 各类传输平台之收入及订户份额(2011 年)

由于分辨率高,画质清晰,并且与互动服务、互联网及高清电视有兼容性,近年来,数字电视信号的传送一直呈现逐年高速增长态势,而且也直接导致了 DVD 对 VCR 的取代(见图 3-13)。

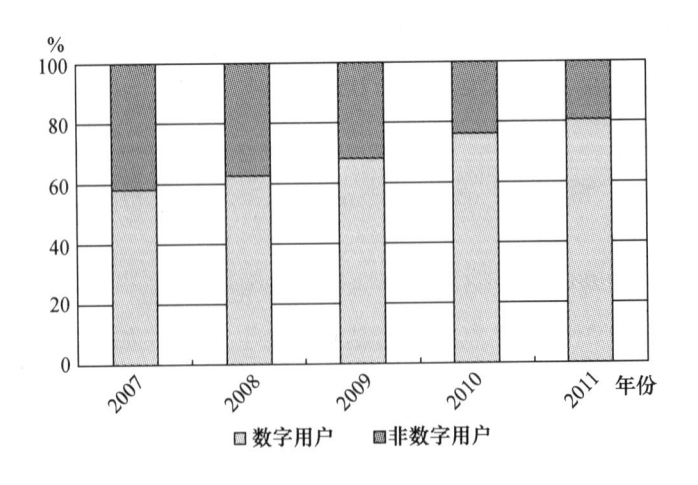

图 3-13 数字与非数字用户比较(2007—2011 年)

综上所述，我们可以把加拿大广播产业的总体经济特征概括为几个"相比"：相比公共广播，私营广播收入和观众份额占主体；相比广播和电视收入，广播传输机构收入占主体；本国电视服务占绝对主体，但是相比国产电视剧，观众更偏爱外国电视剧；相比传统地面电视服务，有线和卫星电视服务收入占主体；相比英语和法语广播，第三语言广播服务市场份额非常小。此外，加拿大广播产业的其他特点还包括：广播的产业集中度非常高；数字广播服务推广迅速，数字电视几近普及；网络电视等新媒体广播呈现增长态势。

## 二 对私营广播产业的总体政策

当下加拿大的广播系统被认为是公私混合模式，而广播产业的经济目标主要由私营部门来实现，私营广播的收入和受众份额都占据市场主体地位。公共广播的运营主要由国家财政来负担，主要是为了政治和社会文化目标。加拿大广播产业的经济目标主要由私营部门来实现，包括创造就业机会，创造国民收入及国家税收。

加拿大政府刚刚建立广播体制时，最初的目标是建立单一的公有广播体制。1932年，根据法律成立的加拿大无线电广播委员会，被政府赋予逐步公有化当时存在的私营广播公司的权力和使命，最终在加拿大建立单一的国营广播体制。此后，1936年成立的加拿大广播公司CBC继承了此权力和使命。虽然政府的初衷是公有化所有私营广播公司，但此后加拿大私营广播产业的发展壮大从未间断过，反而是公有广播日渐式微。加拿大当时的广播政策虽然是针对整体广播业，但实际对私营广播产业的经济发展限制很小，而对公共广播的社会发展却起到了阻碍作用。总体而言，历届加拿大政府都未采取具体行动对私营广播的市场营利活动进行限制，这种状况一直持续到第二次世界大战前后。

第二次世界大战结束后，私营广播开始稳步发展。通过其在议会的支持者，私营部门要求成为加拿大广播的合法构成部分和CBC的平等竞争者，为此要求政府成立独立监管机构。梅西委员会成立时，日益壮大的私营广播力量开始发出声音。当时委员会受到三方面力量的影响，即公共利益团体、CBC以及代表私营广播的加拿大广播业者协会（Canadian Association of Broadcasters）。CBC 在一定程度上捍卫了公共广播的地位，即 CBC 占据全国性广播网，而私营广播可以在地方社区发挥作用。广播业者协会要求政府承认加拿大广播体系包括两个组成部分，即由国家资助的公共广播系统和以商业方式运营的私有广播系统。1952 年，保守党领袖 George Drew 首次使用"双重系统"（dual system）来描述加拿大广播体系。1953 年，自由党的 Lionel 在宣传其政策时，指出私营广播是公共广播的补充，而不是 CBC 的竞争者。虽然有不同意见，但是显然私营广播的支持者占据了上风。1955 年成立的福勒委员会，确认了公共和私营广播系统中强烈的商业色彩，[①] 正式承认了私营广播的合法地位。此外，委员会还承认私营广播公司也可作为非营利性的公共服务广播机构。

1958 年，加拿大颁布了新《广播法案》。正是由于来自私营广播产业的压力，加拿大政府决定拆分国家广播公司 CBC 的监管和运营职能，成立了新的独立公共监管机构——广播治理委员会（Board of Broadcast Governors），结束了 CBC 既作为监管者，又作为私营广播公司竞争者的双重角色时期，由此正式确立了对私营广播的保护政策。加拿大政府把公共干预的重心从经营转为监管，区分了广播服务与广播系统，后者由新成立的监管机构进行监管。此后，政府开始考虑向私营部门颁发电视执照。当时的反对党将对私营业者开放电视执照称为自东印度公司以来最有利可图的公共特许权（public franchises）。总之，1958 年颁行的《广播法案》削弱了国家公共广播公司 CBC 的特权，承认了私营广播在广播产业中的合法和平等地位。

由于有公共监管机构 BBG 作为保护伞，20 世纪 60 年代初期的私营广播已与公共广播处于实际上的平等地位，虽然当时官方言辞仍然称加拿大广播是单一系统。1961 年，私营部门建立了自己的全国电视网 CTV 与 CBC 竞争。当时 CBC 的总裁 Apphonse Ouimet 认为加拿大应该放弃广播是"单一系统"的成见，承认其公私并存之"二元"

---

① 当时 CBC 也购买美国广播电台的节目，与私营广播电台在市场上竞争人才、观众和广告收入。

（duality）性。保守党政府并没有像前任政府那样把广播作为国家构建的文化工具，而是更多地把广播作为一种商品。广播政策研究学者Wagman也指出，从建立制度到建立监管机构反映了政府政策的转向，从20世纪六七十年代开始，加拿大的广电政策从支持文化机构扩展为支持文化产业整体发展。

此后，商业广播的利润和力量超速发展，直到1968年新《广播法案》出台和广播电视及电信委员会（CRTC）成立。1968年CRTC成立后，其政策和监管行为对私营广播产业的发展实际上也起到了推动作用。从早期的有线电视政策到1987年的专门电视服务政策，CRTC对市场调节力量的关注增加。Raboy指出，为了应对魁北克分离主义等国家目标的实现，1968年《广播法案》意图重新树立公共广播居于支配地位的单一广播系统，但政府并没采取实际措施来改变私营广播不断发展壮大的势头。到20世纪70年代初，广播所处的社会和技术环境发生了很大变化。1968年《广播法案》虽以电视内容的管制为中心，但政策很快聚焦于当时出现的新传输技术——电缆。电缆为广播与电信搭起桥梁，也成为公共与私营利益冲突的导火线，CRTC努力以政策调解这种矛盾。1969年成立的通信部主要从产业和经济角度考虑新兴的卫星及计算机通信科技的发展，而把通信的文化责任（cultural aspects）交给广播系统来承担。

进入20世纪80年代，新自由主义经济的兴起是加拿大乃至西方广播产业私有化、市场化发展的背景。第二次世界大战后，资本主义经历了黄金时代，一直到20世纪70年代。这一时期国家相对来说对经济干预较多，如消费不足时，政府补贴以促进持续发展；限制企业过分逐利而损害劳工利益等。但西方资本主义经济从20世纪70年代开始出现萧条，尤其是制造业，一直持续到20世纪90年代，被称为长期低迷（long downturn）。各国政府把此归因为政府对经济干预太多，因此要重新回到自由市场经济政策。文化产业作为整体经济的一个部门，在市场化、放松管制大潮下，亦经历了此政策变化，其中主要是电信、广播之放松控制、私有化浪潮。首先，解除或放松传媒所有权管制，电信产业之全部和部分广播产业从公有制向私有制转化。

其次，减少对公共文化部门之扶持和补助，以利于私有文化生产者进入市场。再次，放松内容管制，例如广告时间不再被严格限制，而教育节目时间亦不做严格要求。最后，放开产业融合之限制，允许电信、传媒、计算机产业进行融合。在此背景下，世界各国都出现广播解除管制和公共广播私有化浪潮，尤其以1979年上台的英国撒切尔政府和1981年上台的美国里根政府为代表。1986年，连历来注重国营广播的法国也开始出售公共广播公司给私人。在加拿大，1984年新上台的保守党Mulrone政府进一步完成了加拿大广播的产业化，推翻了自由党的一些基本经济政策，致力于向美国投资者开放加拿大的市场，并宣布在公共部门实施紧缩政策，对CBC的政府资助削减了7500万加元。当时的通信部长Marcel Masse对加拿大通信与广播政策的改革有三个原则：削减公共资助、推动私营产业发展以及扩大省级政府和机构的作用。经历放松管制和市场化、私有化的加拿大广播系统，到20世纪80年代末已基本确立私营广播占主导地位的格局，并一直持续至今。

近年来，加拿大政府继续致力于为本国私营广播产业的发展创造良好环境，并在经济危机时给予一定资助。例如在2009年，由于受到全球经济衰退的影响，加拿大不少私营广播网关闭或出售其地方分公司，如CTV决定不再申请延期其在安大略省温厄姆等地的一些A频道电视台。Canwest Global Communications也决定出售一些传统地面电视台，包括在蒙特利尔的CJNT-TV，在汉密尔顿的CHCH-TV等。为此，议会常务委员会建议增加对地方电视台的资助额度。

从以上分析可以看出，加拿大政府对私营广播的发展采取了从默许到承认再到支持的政策。近30年以来，加拿大广播系统已形成以私营广播为主体、公共广播为补充的局面。政府对私营广播的总体政策与其他西方国家的情况大致相同，即以市场为导向，创造了有利于广播产业生存和发展的商业环境，支持私营广播公司发展壮大，满足本国人民的文化生活需求，并参与全球文化产业竞争。总之，加拿大政府支持私营部门在广播产业中的主体地位，致力于以市场力量为主，在创造就业和财富、实现广播经济目标的基础上，实现广播的政治和社会文化目标。

### 三 对私营广播的具体扶持措施

(一) 版权保护政策

保护版权是广播产业可持续发展的重要保证。在加拿大，广播传输公司传输电视节目需要向拥有版权的广播公司或独立制作机构支付版权费。对转播远距离地面电视信号（off air signals），信号传输企业须向节目版权所有者支付许可使用费（royalty fee），费率由加拿大版权局（Copyright Board of Canada）规定，版权所有者不得与信号传输企业"议价"，这种制度被称为"强制许可"（compulsory licensing）。对付费电视、专门频道、按次计费、视频点播等电视节目版权费，数据传输企业需与版权所有者进行"议价"，这种付费方式给版权所有者更多空间来收取较高版权费。

新媒体公司在互联网转播的广播节目也须就版权费与版权所有者进行议价。在加拿大传播电视信号需要申请执照，但 CRTC 对新媒体传输电视信号并没有规定。例如，加拿大有两家公司使用流式传输技术在网上转播地面电视信号，一家是 iCraveTV，另一家是 JumpTV，两家公司都面临版权争议问题。美国和加拿大的节目版权持有人发起的法律诉讼迫使 iCraveTV 停止了其业务。JumpTV 则希望可向加拿大版权局申请"强制许可"版权费，以转播地面电视信号。但是加拿大政府于 2002 年修改了《版权法》，规定新媒体公司不享有"强制许可"版权费制度，所以这类公司不得不与节目版权所有者商谈版权费。因担心在网上盗版泛滥，版权方（特别是独立制作公司）通常不愿授权新媒体公司在互联网上传播其节目，或索要高额版权费。因此，JumpTV 主要播放加拿大之外的国家的电视节目，而且这些节目版权属于电视台，而不是第三方独立制作公司，以避免版权纠纷。

另外，加拿大本土广播公司的节目如果是购自独立制作人，通常并不附带节目在网上的传播权，所以广播公司不愿意和新媒体公司商谈网上传输的业务。如果广播传输企业申请在互联网上传输广播信号，CRTC 通常也不会为其颁发相关执照。虽然移动设备（如手机）上也可播放一些电视节目，但是由于其屏幕小、画质不佳、电池时间有限以及存在节目版权问题等劣势，CRTC认为其不足以与传统电视竞争，因此，对经营移动电视业务不设执照要求或其他管制。

综上所述，传输企业对电视信号的传输需要支付之版权费，基本上分为两类：一类是为传输远距离①地面电视信号支付版权费，费率固定，由版权局设定，双方都不得议价，称为"强制许可制度"。另一类是向付费电视、专门频道、按次计费、视频点播等节目传输支付版权费，费率需与以上节目版权所有者进行议价，从而给版权所有者更多空间来收取较高版权费。此外，通过网络、手机等新媒体传输广播电视节目，也需支付版权费。目前，CRTC对新媒体采取不监管之政策。新媒体需要与广播电视节目之版权所有人协商版权费。由于担心网上传播之盗版风险，广播公司或独立制作人通常不愿与新媒体接洽，或索取高额版权费。

（二）适度限制产业集中

广播系统的产业集中分为以下几类：首先是横向合并（horizontal integration），即同一所有者在单一市场拥有多家业务相近的公司；其次是纵向合并（vertical integration），即同一所有者在产业链不同环节拥有多家公司；最后是跨媒体合并（cross-media ownership），即同一所有者拥有多种大众媒体。当前加拿大传媒产业的集中度比较高。2011年，通信行业（电信与广播产业）的五家最大的公司占据行业总收入的83%，其次的五家公司获得10%的收入。在这十家公司中，有三家提供的服务覆盖所有11个通信市场，三家公司占据行业总收入的62%。近年来，比较著名的大型并购是加拿大电信运营商Bell公司收购了CTV电视网和Globeand Mail报业公司。

对任何产业而言，产业集中都会导致过于强大的市场力量和消费者福利丧失。广播产业集中对社会、经济、政治和文化福利都可能产生潜在威胁，特别是会带来表达多样性的公共政策问题，影响加拿大公众接收到多样化的信息和观点。但是，从全球范围来看，媒体产业的集中已成为不可避免的趋势。产业集中给企业带来规模经济效应，

---

① 对近距离地面信号，用户可以用天线接收，不需要有线电视。

可节约生产成本，从而获取更多利润，并可有实力参与全球文化产业竞争。由此，加拿大国内对产业集中也有两种观点。支持者是广播产业界，认为加拿大有自己的独特国情，国土广袤，人口稀少且主要集中在几个大城市和地区中心，整体市场小且又区分为英语和法语两个市场，这使广播企业的经济压力很大。通过兼并，可以增加企业的实力和竞争力，在全球市场上与其他国家的大型广播公司竞争。反对者以社会、文化团体和学术界为代表，认为产业集中使传媒被少数几个公司控制，会影响观点的多样性，于民主不利。

为了平衡广播产业的经济目标和文化目标，加拿大政府采取的途径是对产业集中进行适度限制，特别是对跨媒体所有权进行限制，以保证来源与内容的多样性。首先，限制集中即是要鼓励竞争。一个特定市场的竞争程度由市场竞争者的数量来决定。市场中只有少数竞争者的产业称为集中性产业，市场中有较多竞争者的产业称为竞争性产业。为了鼓励竞争，加拿大政府制定了针对所有产业的《竞争法》，其条款亦适用于广播产业。其次，加拿大于1991年颁行的《广播法案》虽然没有直接涉及竞争问题，但是规定：加拿大广播系统应该体现"各不相同和综合性"之特点；加拿大人应该接收到"不同观点和声音"；独立节目制作业应该对加拿大广播节目有"重要贡献"。为了贯彻《广播法案》的精神，作为广播产业监管机构的CRTC采取了一系列措施，对产业集中进行了一定程度的限制。

2008年，CRTC颁布了关于广播产业所有权的政策《管理政策：声音多样化》(*Regulatory Policy: Diversity of Voice*)。针对跨媒体所有权，规定一个地区的公司只能拥有该地区的广播电台、电视台、报纸中的两类媒体；针对横向集中，宣布将不批准导致同一所有者控制的地面电视、付费电视、专门电视服务超过45%的电视观众的合并交易；针对信号传输企业，宣布将不批准导致同一所有者有效控制一个市场的全部节目传输服务的合并交易。

就无线电台广播而言，CRTC于1998年颁布的《商业电台广播政策》(*Commercial Radio Policy*)做出如下规定：在少于8家商业电台的单一语言市场，一个公司可以拥有最多3家电台，在一个波段上可以拥有不超过 2 家电台；在多于 8 家商业电台的单一语言市场，一个公司可以拥有最多两家电台。

就电视产业而言，1999 年，CRTC 颁布了关于电视产业的政策《构筑成功：加拿大电视产业政策框架》（*Building Success: A Policy Framework for Canadian Television*），其中对纵向和横向产业集中有如下规定：就横向合并而言，在一个语言市场，任何公司不能拥有超过一家地面电视台，以保护市场竞争和提供给观众多种声音；就纵向合并而言，要求执照申请者须采取措施预防纵向合并导致的问题。

从以上分析可以看出，加拿大广播政策制定者在应对产业集中问题时，处于两难境地。一方面是私营广播公司要求发展壮大，应对全球竞争的压力；另一方面是公共利益团体要求保证新闻来源和观点多样性的压力。为了平衡广播产业的经济目标和文化目标，加拿大政府采取的折中途径是对产业集中，包括横向合并、纵向合并以及跨媒体所有权进行适度限制。但是，总体而言，加拿大政府对产业集中的控制不甚严厉，几家最大的传媒公司占据了当前加拿大广播市场大部分份额。究其原因，加拿大政府还是以广播产业的经济目标优先于社会文化目标，即把广播产业的生存、发展和壮大放在第一位。

（三）保护本国广播公司利益

通过加拿大的广播信号传输公司，在加美边境的美国电视台节目可以传输到加拿大家庭，因此加拿大的广告公司有可能在美国边境电视台购买广告播放时间。对此，加拿大政府制定了同步替代政策和《收入所得税法案》19.1 条款，作为反激励措施，抑制加拿大的广告商在加美边境的美国广播电视台投放广告，为加拿大本土广播电视台争取广告收入。

1. 同步替代（simultaneous substitution）

1997 年，CRTC 颁布的《广播传输政策》（*Broadcasting Distribution Regulations*）第 30 条，强制加拿大的有线、卫星等电视传输公司，在本国和外国的两个电视台同时播出相同节目时，用加拿大电视台信号来取代外国的或者非本地的电视台的信号。这项政策被称为"同步替代"或"信号替代"。虽然此政策适用于任何外来信号，在实际应用中遥远的信号几乎都源自美国的边境电视台。

也就是说,若加拿大电视台和美国电视台播出同样的节目,这时,对于一个加拿大观众而言,他可以同时收看两个台,这也就意味着他可以同时看到两个台的广告。如果他看美国频道的转播,就不会看加拿大台的广告。所以 CRTC 制定这个规定,要求加拿大的电视信号传输公司,把美国台的信号同步转为加拿大台的信号。这样,不影响观众看这个节目本身,例如一个美国 NBA 篮球直播。但是,却可以看到加拿大台播出的广告,因而加拿大台收到广告收入。当然,如果加拿大观众通过室外天线仍然可以接收到美国电视台的信号,但绝大多数加拿大家庭通过有线来收看电视节目。

如表 3-9 所示,同步替代政策给加拿大私营广播公司(英语)带来的收益从 1996—1997 年的 1.47 亿加元增加到 2003—2004 年的 1.99 亿加元。可见,同步替代的做法保护了加拿大广播公司的经济利益,促进了本土广播产业的发展。

表 3-9　　　同步替代为英语私营广播公司带来的经济收入

单位:百万加元

| 年度 | 原收入 | 实施同步替代后收入 |
| --- | --- | --- |
| 1995—1996 | 137 | 137 |
| 1996—1997 | 147 | 147 |
| 1997—1998 | 159 | 162 |
| 1998—1999 | 161 | 166 |
| 1999—2000 | 162 | 170 |
| 2000—2001 | 165 | 176 |
| 2001—2002 | 161 | 175 |
| 2002—2003 | 177 | 195 |
| 2003—2004 | 177 | 199 |

资料来源:Nordicity Group Ltd. Analysis of Government Support for Public Broadcasting and Other Culture in Canada [R]. 2006, http://www.nordicity.com/reports/CBC%20Public%20Broadcaster%20Comparison%20FINAL%20%28Submitted%29.pdf。

2.《收入所得税法案》19.1 条款

《收入所得税法案》第 19.1 条规定，若加拿大广告公司在外国广播电视台投放广告，将不能享受所得税应税收益减免额（income tax deduction）。此项税收政策旨在阻止广告商在美国电视台（主要是加拿大观众可以接收信号的边境电视台）投放广告，鼓励把广告收入保留给加拿大本土电视台。根据相关统计，这项税收政策对加拿大本土电视台广告收入的正面影响持续增长，从 1995—1996 年的 9800 万加元增加到 2003—2004 年的 1.32 亿加元（见表 3-10）。

表 3-10　　税收政策对加拿大本土电视台广告收益的贡献

单位：百万加元

| 年度 | 原收入 | 实施税收政策后收入 |
| --- | --- | --- |
| 1995—1996 | 69 | 98 |
| 1996—1997 | 77 | 109 |
| 1997—1998 | 81 | 115 |
| 1998—1999 | 85 | 120 |
| 1999—2000 | 87 | 123 |
| 2000—2001 | 87 | 122 |
| 2001—2002 | 84 | 119 |
| 2002—2003 | 95 | 135 |
| 2003—2004 | 93 | 132 |

资料来源：Nordicity Group Ltd. Analysis of Government Support for Public Broadcasting and Other Culture in Canada [R]. 2006, http://www.nordicity.com/reports/CBC%20Public%20Broadcaster%20Comparison%20FINAL%20%28Submitted%29.pdf。

此外，私营广播公司获得的政府支持还包括：国产节目补助、优先传输条例、对广播电视台的加拿大内容要求政策、国际贸易协定的文化例外原则等，这些措施在实现捍卫国家文化主权的目标之外，也起到了保护加拿大本土节目制作产业和国内市场的效果。相关内容在本章第二节已做论述，在此不再重复。

（四）促进数字广播与新媒体广播发展

自 20 世纪 90 年代开始，数字技术在广播信号传输产业得到应用，由模拟信号向数字信号的技术转变趋势引发广播产业各个层面的变革。① 互联网的迅速发展，以及近年来开始流行的移动数字媒体，为广播内容传播提供了新的媒介。随着观众从传统广播转向互联网、移动等新媒体，尚不受管制的线上广播电视服务与受管制的线下广播电视服务对观众和广告展开竞争，这促使广播产业监管机构CRTC考虑制定新的监管规则。

1. 推动模拟信号向数字信号转换

数字信号在所有信号传输方式中都可以传输，包括无线、有线、多点传输（multipoint distribution）②、卫星及数字用户线（digital subscriber line）传输。③ 1995年，CRTC就颁布了推动无线电台广播由模拟向数字信号过渡的政策，开始颁发数字电台广播执照。2000年，CRTC颁布了促进数字电视服务普及的政策，一是为观众提供更好的视听服务，二是为了推动数字技术的发展。2002年，CRTC开始颁发数字电视服务执照。2003年，CRTC要求传统电视以传输数字信号为主。2006年，CRTC要求付费电视和专门电视服务开始由模拟向高清（HD）数字信号转换。2007年，CRTC要求所有持执照的电视服务机构在2011年8月31日后只传播数字信号，这意味着模拟电视时代结束，加拿大全面进入数字电视时代。

加拿大国内各界对于数字转换也有不同意见。关于向数字电视转换的讨论，从20世纪90年代末开始，一直持续到2010年政府才确定数字转换的期限。Taylor比较了加拿大和美国的数字电视转换进程，认为加拿大的数字电视转换标志着加拿大广播系统以"市场效率"牺

---

① 数字电视是指电视信号的处理、传输、发射和接收过程中使用数字信号的电视系统或电视设备，该系统所有的信号传播都是通过由0、1数字串所构成的数字流来传播的电视类型。其具体传输过程是：由电视台送出的图像及声音信号，经数字压缩和数字调制后，形成数字电视信号，经过卫星、地面无线广播或有线电缆等方式传送，由数字电视接收后，通过数字解调和数字视音频解码处理还原出原来的图像及伴音。

② 多通道多点分布服务是一种广播和通信服务，在2.1—2.7千兆赫的超高频无线电频谱工作。MMDS（Multichannel Microwave Distribution System），也叫MUDS，是多路微波分配系统的英文缩写。特点是使用微波，一台发射机可发射多套节目。

③ DSL的中文名是数字用户线路，是以电话线为传输介质的传输技术组合。

牲传统的公共利益目标；反之，美国在数字电视转换过程中却注重保证公共利益目标，原因是美国有公共利益团体参与决策，而加拿大却是由政府和产业界主导。数字电视转换进程主要由产业界和政府参与，政府成立了数字电视实施任务组（The Task Force on the Implementation of Digital Television）以及数字电视工作组（Digital Television Working Group），产业界则主要有加拿大数字电视公司参与其中。要满足政府提出的停止模拟信号传输的最后日期，业界面临很大的技术和资金困难，因为市场对数字电视接受的成熟度以及政府支持都不充分。加拿大研究者 Bonin 认为其中最关键的是两个问题：政府政策不充分及业界的资金投入不足。政府通过成立任务组成功组织了利益相关者参与讨论，但却没有制定一个操作框架；对产业界而言，为了成功实现转换，必须找到数字电视时代的商业模式，并让消费者认可。

2. 对新媒体广播的不监管政策

随着互联网的发展和普及，加拿大人收看广播和电视节目的方式也增加了新的平台。在互联网上传输广播内容还涉及版权问题。新媒体公司在互联网转播的广播节目须就版权费与版权所有者进行协商。通过互联网提供内容给用户的广播公司通过各种模式收回成本，有的是向用户免费服务，但通过广播公司网站上的广告收回成本，有的则收取用户的订阅费（如 Netflix），或按次计费（如 Apple TV）。可见，基于互联网传送节目的新媒体商业盈利模式尚在探索之中。

CRTC 于 1999 年宣布其管辖的范围不包括互联网相关的新媒体，理由是互联网上的信息传播不构成《广播法案》对广播活动的相关定义。随着互联网的快速发展，上网人数持续增加，网上和移动设备上提供的内容（包括专为其制作的内容和广播公司的内容）不断增多，广告商在新媒体上的投入也持续增加，与此同时，加拿大国产内容在新媒体上的展现却远远落后，这引起 CRTC 的关注。2008 年，CRTC 就新媒体监管问题发起了公开征询。2009 年，CRTC 在一份政策公告中声明，保持对新媒体上的广播保持不监管的做法，而且声称没有足够理由对新媒体上的"加拿大内容"生产进行资助；同时，CRTC 声明在 5 年之后重新检讨新媒体广播的状况。换言之，互联网广播电视在 2014 年前将保持不受监管的状态。此外，2007 年，CRTC 曾经宣布在移动设备转播电视节目不在其监管范围之内，但是在 2009 年，CRTC 撤销了移动电视业（mobile television broadcasting undertakings）免于监管的政策。

总之，对数字电视以及新媒体广播的发展，CRTC 的政策乃是尽可能依靠市场力量，把完成《广播法案》规定的目标所需要的监管降到最低程度，以实现市场效率与经济目标。目前，数字电视在加拿大已普及，而互联网等新媒体广播也逐渐发展壮大。广播产业进入数字时代带来对广播政策与监管的挑战，例如，在电视节目向观众自由选择（包括按需点播电视服务和互联网电视）发展的趋势下，如何在推动产业经济发展的同时兼顾"加拿大内容"要求？自 20 世纪 90 年代初颁布新《广播法案》以来，加拿大一直未对其进行修订。在数字广播和新媒体广播不断发展、通信产业日益融合的背景下，加拿大国内也开始出现更新现行《广播法案》的呼声。

### 四 对经济目标的总体评价

从 20 世纪 80 年代开始至今的 30 余年，加拿大的广播政策日益以经济目标优先于政治和社会文化目标；或者说，政策制定者更多依靠私营部门和市场机制来实现广播政策的各项目标，放弃了以公共广播为主体、突出政府干预和管制的"家长式广播体制和监管"模式（Paternalistic Regulation）。[①] 事实也证明了此政策转变，包括私营广播公司、广播传输公司、独立节目制作公司、广告公司在内的私营部门已成为当下加拿大广播系统的中流砥柱。这不仅仅是加拿大的独有现象，而且是西方国家广播产业的普遍现象；广播领域已经经历了几个历史性转变，即从公共受托人模式向市场模式转变，从文化属性向经济属性转变，从传播自由向市场自由转变，广播公司从信息的传播者和接收者向企业经营者转变，监管机构从特殊的文化监管向一般的经

---

[①] 关于西方广播政策和监管体制的三类模式，参见本书第四章。

济监管转变。① 从更广泛的领域来讲，不仅在广播部门，而且在整体传媒领域，西方各国政策制定者日益把经济政策目标作为优先考虑事项。这一切政策转变的背景是20世纪70—80年代以来新自由主义经济在资本主义世界的兴起，以及由此引发的放松管制和私有化、市场化浪潮，这种趋势一直持续至今，成为西方国家政治和经济的主流意识形态。

以经济目标优先于政治和社会文化目标，是加拿大广播产业生存、发展和壮大的需要。Hoskins指出，经济环境分析是理解包括广播产业在内的文化产业的关键。加拿大广播产业的发展有其自身独特的国内和国际环境。首先，由于总人口少，决定了其国内市场总量小，而且又分为英语和法语两个市场，因此广播产业的人均生产成本很高。其次，加拿大与世界上传媒产业最发达的美国相邻，开放的边境和相通的语言使加拿大成为受美国广播电视节目冲击最大的国家。最后，随着经济全球化的发展，包括广播产业在内的加拿大文化产业不可能"闭关锁国"，也面临全球竞争的挑战。因此，加拿大广播产业首先要解决生存的问题，其次才是在此基础上发展和壮大。在此前提下，加拿大的广播政策必须以经济目标为优先，创造产业发展的良好自由市场和经济环境，而不能以文化和政治目标为优先，给产业太多行政干预和束缚。一方面，发展是当今世界的主题，加拿大政府也把发展经济作为国家的主要目标，加拿大广播产业作为国民经济的一个部门，可创造就业，增加国民收入和国家财税收入。另一方面，广播产业发展壮大，才能既满足多种族、多元文化的加拿大社会的多样性文化需求，同时也有能力参与全球文化产业竞争。进而言之，在实现经济目标的基础上，才有可能实现广播的政治和文化目标，正所谓"皮之不存，毛将焉附"。

依靠私营部门和市场机制日益成为加拿大广播监管的主导理念。同许多西欧国家一样，加拿大曾经意图国有化所有私营广播，建立单

---

① 参见 Hoffmann - Riem W.，*Regulating Media*：*The Licensing and Supervision of Broadcasting in Six Countries*，New York：Guilford Press，1996。

一的公有制广播系统，但是此项政策在实践中被证明是不可行的。广播如果完全由国家包办，首先，国家财政压力很大，加拿大公众也不会同意广播完全以纳税人的钱来供养。其次，由国家办广播会损害广播独立于政治影响的基本原则，不利于民主的发展。最后，公共广播体制的生产效率也值得怀疑，不利于满足加拿大公众的多样化文化需求。正是基于以上原因，加拿大政府逐渐放弃了建立单一公共广播体制的初衷，而转向主要依靠私营部门和市场机制来实现广播政策的各项目标。实际上，自20世纪80年代新自由主义主导世界经济趋向以来，文化产业在西方各国日益被作为经济部门来看待，与其他产业一样，政策制定者更相信市场法则是文化产品类型与质量的保证。美国是在广播产业奉行"自由式监管"（permissive regulation）的代表，即由市场发挥主导作用，辅以FCC之有限监管，因为美国社会更加认可市场是实现言论自由和公共利益的最有效方式，对促进民主、发现真理和个人的自我实现都至关重要；市场固然有缺陷，但政府干预的弊端更甚。在美国影响下，包括加拿大在内的西方各国的广播监管实际上也趋于朝自由式监管方向发展。

## 本章小结

加拿大当下实施的1991年《广播法案》明确规定，加拿大广播系统应服务于保护、丰富和加强加拿大的文化、政治、社会和经济结构，这实际上便指明了加拿大广播政策的基本目标，即政治、经济和社会文化三方面的目标。加拿大广播政策80余年的历史演变，即是寻求政治、文化、经济目标的平衡与再平衡的过程，对政策目标的分析是研究加拿大广播政策的关键。当下，加拿大广播系统的格局即是代表政治、经济、文化利益的各政策参与者互相博弈的结果：一方面，私营广播成为加拿大广播系统的主体，市场力量在广播产业中发挥主导作用；另一方面，政府保持了对广播产业较为严格的监管，要求私营广播公司承担较多政治和社会文化义务，并保留公共广播作为广播系统的一个重要支柱。

在加拿大广播政策进程中，独立公共监管机构——加拿大广播电视和电信委员会（CRTC），是一个关键角色，既是政策的执行者，亦是政策的制定者。CRTC性质是独立公共机构，而并非政府部门或政府机构。换言之，政府只是在法律上规定对广播产业的总体指导方针和目标，而把广播产业的日常管理交由按公司治理结构运行的公共机构，政府与其保持"一臂之距"。作为公共管理机构，法律授予CRTC的权力很大，其不仅是《广播法案》规定的各项政策目标的执行者，还是具体广播政策和监管规定的制定者，成为"准司法机构"。当然，政府通过对CRTC成员的任命以及对CRTC决议"发回重审"的权力，保持对公共管理机构的有效控制。由于加拿大存在民主体制和公民社会，CRTC在具体决策过程中，必须采用公开听证的民主方式来收集公众和各利益相关方的意见，才能做出相关裁决或制定具体监管政策。不仅是CRTC的决策需要征询公众意见，加拿大政府历次颁布的《广播法案》，都事先通过政府成立的工作组或委员会进行民意征询，有时长达数年。加拿大广播政策的任何重大改变必须经过公众咨询（public consultation），公众参与广播政策过程已成为加拿大广播政策制定过程（policy process）的一个传统和特色。

就广播政策的政治目标而言，主要是指广播在加拿大被用于服务国家利益，捍卫文化主权。为加拿大人提供"加拿大内容"，乃是加拿大广播政策的基石和主要特征，而这正是为了维护加拿大的国家认同和文化主权。加拿大地处美国之邻，开放的边境和相通的语言使强势的美国文化更易进入加拿大。因此，如果政府不干预文化产业，不提供政策支持和资金保障，将无法为国民提供本土文化产品消费，势必削弱国民的国家认同和国家文化主权。早在加拿大广播体系建立之初，艾尔顿委员会即注意到美国文化对加拿大的巨大影响，从而把维护文化主权提上议事日程。此后，各个时期出台的政策报告和《广播法案》都把维护文化主权作为加拿大广播政策的一个主要目标。为了达到捍卫文化主权的政治目标，对广播产业的"加拿大内容"要求是一个核心政策，政府对广播的内容生产、传输、播放等各个环节都进行了政策干预：在终端，对广播电台和电视台规定了播放加拿大国产内容的最低数量要求；在中端，要求广播信号传输企业优先传送加拿大国产内容；在前端，以各种方式对本土内容生产提供资金保障。此外，对外资的限制，以及在国际贸易协定中提出"文化例外"原则，也主要是为了捍卫加拿大的文化主权。加拿大以捍卫文化主权为核心的一系列政策取得了很大成功，在世界上影响很大，受到很多国家的支持和效仿。

就广播政策社会文化目标而言，就是要求广播系统反映加拿大独特的社会和文化属性，包括官方双语、多种族和多元文化共存以及原住民的特殊地位。其中，应对魁北克分离主义，促进英、法两个主体民族之和解，维护国家团结是加拿大国内政治和文化领域的主要议题之一，也成为加拿大广播政策长期存在的一个社会文化目标。历史上，国家公共广播公司 CBC 曾被明确赋予促进国家团结（national unity）的使命。在当下实行的 1991 年《广播法案》中，主要是强调保证法语广播与英语广播具有同等重要的地位，共同构成加拿大广播系统的主体，并要求英语和法语广播应该提供给所有加拿大人，促进来自世界各地的移民融入加拿大社会。除了英法两大民族之外，来自世界各地的移民和世代居住在加拿大的各原住民群体，共同形成了加拿大多种族、多元文化并存的社会结构，促进各民族及其文化的融合，塑造共同身份认同，成为加拿大广播政策的另一项重要社会文化使命。为此，广播成为体现加拿大文化多元政策的重要领域，政府对少数民族广播采取支持和鼓励的政策，尤其是对土著人广播给予特别支持，体现了土著人在加拿大社会中的特殊地位。此外，加拿大广播政策社会文化目标也有与其他西方国家相同的"共性"，体现为规制有碍社会风化的广播内容，以及保护社会弱势群体的权益。总之，作为最有影响力的传统媒介，广播在加拿大既被用作解决社会问题的工具，亦是文化政策制定的主要领域。在公民团体和学者们看来，社会文化目标真正反映了公共利益，而与政治利益、商业利益相对立。

就广播政策的经济目标而言，就是依靠市场机制，支持私营广播成为加拿大广播系统的主导力量，创造就业，增加国民收入，满足加拿大社会多样性的文化需求，并参与全球文化产业竞争。为此，加拿大政府致力于创造私营广播产业发展的良好市场和商业环境，采取了包括版权保护政策、鼓励竞争政策、适度限制产业集中、在国际贸易协议中保护本国产业主和市场、促进数字广播和新媒体广播产业发展等措施。在过去30年，广播的经济目标已日益优先于政治和社会文化目标，加拿大广播系统也从以公共广播为主体转变为以私营广播为主体。加拿大广播产业这一政策转变的背景是20世纪70—80年代以来新自由主义经济在资本主义世界的兴起，以及由此引发的放松管制和私有化、市场化浪潮；在广播领域，西方各国政策制定者纷纷转向以市场力量为主实现广播的政治、经济和文化目标，加拿大也不例外。而就加拿大广播产业自身所处的独特的国内和国际环境而言，优先考虑经济目标也是广播产业生存、发展和壮大的需要。时至今日，包括私营广播公司、广播传输公司、独立节目制作公司、广告公司在内的私营部门已成为加拿大广播系统的中流砥柱。

对加拿大广播政策目标的分析表明，广播被用来解决国家不同时期面临的政治、文化和经济议题，如文化主权、民族团结、经济发展、社会公平等。加拿大广播政策的演变过程，是加拿大社会各界中代表公共利益、商业利益和国家主义者利益的政策参与者之间的博弈过程，也是政策制定者对广播的政治、经济和文化目标的不断调和、妥协和平衡的过程。总体而言，虽然经济目标日益取得优先地位，但是基于其国内和国际环境影响，加拿大广播政策目标仍然带有强烈的政治和文化色彩。

# 第四章　加拿大广播政策与其他西方国家之比较

由于涉及政治、社会、文化和经济利益，广播从诞生起就受到西方各国政府和立法机关的密切关注，或对广播进行严格监管，或至少以各种方式影响节目播出。① 公共利益、消费者权益保护是政府干预和监管媒体之正当性理由；监管措施的性质通常是限制，但也可以包括旨在促进本土生产、内容多样性、公共利益或节目质量的措施。北美、西欧和澳大利亚的广播系统，或以公共和商业并重，或以商业为主、公共为辅。其中，美国是最具商业广播传统的国家，而英国是最具公共广播传统的国家，本章将首先比较加拿大与这两个典型广播系统的政策异同，然后把加拿大置于西方广播业整体格局中，分析西方广播政策的总体特征和发展趋势。通过比较分析，将对加拿大广播政策所具有的共性与特性有更准确的理解和把握，明了加拿大广播政策是由加拿大自身所具有的哪些特殊国情所决定的，以及加拿大广播政策模式在西方世界中所处的地位及其影响。

## 第一节　加拿大广播政策与美国之比较

广播在美国出现之初即受到政府之管制。早在1912年，美国就

---

① 相对广播而言，其他媒体，如平面媒体、电影等在西方国家已不受政府的严格规制。参见 Napoli P. M., *Media Policy* [M] //Donsbach W., The International Encyclopedia of Communication. 2008, http://www.blackwellreference.com/subscriber/tocnode? id = g9781405131995_ yr2012_ chunk_ g978140513199518_ ss47 – 1。

制定了《无线电法案》(*The Radio Act*)，要求无线电经营者与传输者必须申请政府颁发的营业执照。但此法案并未能有效控制广播出现之初的乱象，到20世纪20年代，大约1000家广播电台处于无证经营状态，空中的无线电波信号呈现混乱和重叠的现象。此外，美国早期的无线电广播法案的制定还与加拿大有关。当时加拿大与美国有一起有关无线电的条约争端（treaty dispute），时任美国商务部长赫伯特·胡佛（Herbert Hoover）无力根据现有的法律解决；基于以上状况，国会于1927年通过《无线电管制草案》(*Radio Control Bill*)，并成立了最早的监管机构——联邦无线电委员会。随着形势的变化，美国国会于1934年通过了《通信法》(*Communication Act*)，其宗旨是保护广播的公共利益、便利性和必要性；同年，美国联邦通信委员会（Federal Communication Commission，FCC）成立，监管美国的广播与电信产业，FCC的成员由总统提名，其监管行为受国会监督，国会和法院都可以推翻FCC的决定。在职权分配上，美国广播监管基本上由联邦政府负责，各州政府只涉及对有线服务的一些监管。

美国当下的广播系统主要由商业广播构成，公共广播只是一个补充。美国广播出现之初，就是以私营广播为组织形式，这一点与加拿大是相同的。美国商业广播公司依靠广告来获取收入；有线广播公司亦依靠订户费取得收入。美国大型广播公司拥有向全国播放节目的网络，居于美国广播市场的主导地位；在此之外的广播公司被称为独立广播公司。与加拿大及西欧各国的公共广播不同，美国的公共广播由私营公司经营，但不进行商业化运作，由一些协会、基金会、大学或社区支持，联邦政府也会提供一些补助。美国公共广播服务（PBS）向公众提供文化、信息类节目以及少数民族节目。公共广播大约只占美国广播消费总量的3%。总之，美国广播系统是以商业模式运行的先驱和楷模。公共广播所占份额很小，是私营广播之外的一个补充形式。

就美国广播政策制定的参与者而言，主要有广播和电信产业界内的不同部门、公共利益团体、版权所有者、法院、总统及国会。因此，作为监管机构的FCC必须兼顾各方利益，与各方进行协商，做出可执行的政策决定。因此有学者指出，FCC 的政策决定总是渐进性的，而不是激进性，以避免引发相关利益方的反对。有学者指出，FCC 主要把自己视为对已有广播秩序和广播公司的促进者和支持者，因而对新来者采取了消极的态度；此外，在保护社会价值时，FCC 常常屈服于商业广播公司的压力，成为放松管制的对象和推动力量。

实际上，美国广播监管的正当性理由也是保护公共利益，美国的法律也确认无线电波为公共资源。在广播出现之初，由于电波是稀有资源，FCC 的监管也被赋予了管理"公共财产"的使命。1934 年《通信法》授权 FCC 关照美国公众的共同利益（common good），即"公共利益、便利和必要性"（public interest, convenience and necessity）；但是法案并未对广播秩序和广播公司的节目行为管制做出明确规定，只授权独立监管机构 FCC 制定总体规定，并颁发营业执照。美国最高法院也裁定广播产业是公众的委托人（proxy），确认 FCC 出于保护公共利益之目的，可制定关于节目内容的规定。① FCC 对营业执照的颁发如同其他西方国家一样，要进行公开的比较听证（comparative hearing），对不同申请者进行比较，对其提出保护公共利益的节目播出要求；但是有学者指出，FCC 在实践中对大型全国性广播网公司的新闻和经济力量控制手段很有限。

与欧洲各国不同的是，美国的"公共利益"并不是被社会文化政策或是国家利益所定义，美国社会更加认可市场是实现共同利益的最有效方式，而内容多样性也可由保证市场上有众多内容提供者来实现。美国社会对言论和新闻自由的理解对美国广播政策发挥了主导作用，社会主流观点认为言论自由对促进民主、发现真理和个人的自我实现至关重要。因此，相比其他国家，美国政府对言论的限制需要更严格的正当性理由。美国宪法第一修正案规定了言论和新闻自由原则，这成为广播产业界反对政府介入传媒之法律依据。1934 年《通

---

① 然而，从 20 世纪 80 年代开始，在里根总统和国会支持下，FCC 开始放松对广电产业的监管，在实际上放松了广播为公共信托品的原则。参见 Hoffmann - Riem W., *Regulating Media: The Licensing and Supervision of Broadcasting in Six Countries*, New York: Guilford Press, 1996。

信法》也规定FCC不能利用广播干涉言论自由；因此，美国从未出现过广播的垄断体制。[①] 即便美国有FCC作为监管机构，其职责也只是为广播系统运行创造最低限度的秩序条件，更像一种"交通管制"（traffic regulation）。进而言之，美国对广播的监管不是因为广播对引导舆论的重要作用，而只是为了给各广播公司竞争创造市场条件。美国政策制定者放松管制的一个理由是认为监管可以带来副作用，即限制广播公司的决策自由。由此可见，相比欧洲，美国以市场的自我调节方式优先于政府管制，开放市场进入和竞争是此原则的前提。可以说，相比市场缺陷，美国人更担心政府管制的缺陷。

美国虽然对广播产业实施以市场力量调节为主的政策，但是政府也对广播产业进行了必要的干预，以纠正市场失灵带来的弊端，其主要监管内容体现在以下几个方面：

第一，控制产业集中，促进竞争和多样性。为了追求规模经济效应，在市场经济条件下运行的广播公司必然趋于合并和集中，以节约成本，增加利润。但是，产业的集中会威胁内容多样性；为此，美国政府认可对广播产业采取特别措施来遏制集中，主要通过营业执照来控制两类集中：共同所有权和跨媒体所有权；对同一所有权在单一市场或全国市场可拥有的广播机构数量都有限制，例如，禁止四大电视网络（CBS、NBC、ABC、Fox）互相合并。此外，美国对外资参与美国广播产业亦有限制，即控股比例不超过25%。

第二，对节目内容进行适当监管，保护易受伤害价值（vulnerable values）。由于美国宪法不承认客观基本权利（objective basic rights），美国法律很少施加直接的节目内容规制，FCC也被禁止对节目进行审查。但是由于市场机制不能保证对不良内容的控制，诸如不雅、性、暴力等内容，美国政府因此致力于通过法律对消费者进行保护，特别是对青少年进行保护。1990年颁布的《电视节目改进法》和1992年出台的《有线电视消费者保护和竞争法》都加强了对消费者权益的保

---

[①] 相比较而言，在英国、加拿大等国家都曾经出现或意图建立由公共广播垄断的单一广播体制。

护。1992年的《有线法案》只对内容规制进行了最小规定,如限制不雅和色情内容,保护隐私等。

第三,对广告进行适度的限制,保护消费者权益。广告是美国广播系统不可或缺的组成部分,美国没有对节目插播广告有任何禁止(儿童节目除外)。1984年,政府更废除了对电视广告的时间限制。但是,美国一般广告法对广告有具体规定,而FCC针对儿童节目广告做出了严格限制;此外,政府还针对电视购物(teleshopping)制定了相关规定。

第四,在广播系统中坚持公平原则(fairness doctrine),保护弱势群体。首先,政府要求广播业者增加儿童节目的供应。1990年,国会颁布的《儿童电视法》和《儿童电视教育基金法》,就是这方面的努力成果。其次,保证广播系统内的平等就业权力(Equal Opportunity Employment)也是政府干预的一个领域,这与加拿大的广播政策是相通的。FCC通过颁发或更新营业执照,来审查广播业者是否有歧视,以保障少数民族、妇女等群体的平等就业权利。最后,保证地方性节目的播出。1984年《有线通信法》颁布,虽然这是一个放松管制的政策,但是规定了传输公司必须传输一定数量的地方节目。此外,针对政治性宣传节目,FCC规定各个广播公司在其节目中播放竞选同一职位的候选人时间必须相同。

总之,就广播的市场化与政府监管的关系而言,美国是一个先驱。美国政府和社会主流民意认为实现包括公共利益在内的各方利益的最佳方式是把广播节目的生产和流通主要交由市场力量支配,政府在其中只进行最小程度的必要干预。美国自1980年开始的广播产业放松管制政策,日益在其他西方国家盛行;美国对广播的放松监管理由和一些监管工具在西欧、加拿大及澳大利亚近年来实施的广播变革中被效仿。

综上所述,美国与加拿大广播政策的共同点主要体现在以下几个方面:第一,两个国家的广播都发端于私营广播,而目前私营广播都占据广播产业的主体地位。第二,CRTC与FCC都同时监管广播产业与电信产业,具有制定具体监管政策的广泛权力,但是都表现出与产业界协商执法的倾向。第三，两国对产业集中的控制都不甚严厉，分别由几家最大的广播公司占据本国市场。第四，两国的广播政策都注意保护社会弱势群体，关注社会公平问题，对儿童、少数民族等弱势群体进行了保护。

那么，美国和加拿大两个国家广播政策的不同点主要表现在哪些方面呢？首先，美国的公共广播在整体广播系统中只处于边缘地位，而加拿大公共广播虽然也日渐式微，但社会公众对公共广播的支持力量还很强大，加拿大政府也依然宣布公共广播是加拿大广播系统至关重要的组成支柱之一。其次，加拿大广播政策的主要议题和特征是保护国产内容，捍卫国家认同和文化主权，而美国广播政策对此议题则并无明显关注。以上两个不同点的原因还是与两国的具体国情相关，即加拿大国内的民族团结问题和来自美国的文化同化威胁迫使政府在广播政策上做出回应，而美国文化相对于别国文化处于强势支配地位，因此没有必要制定本土文化保护政策，也就没必要建立公共广播系统来确保这类政策的实施。再次，美国广播监管机构FCC的规管重点是市场秩序，而加拿大广播监管机构CRTC监管的重点是节目内容。最后，美国的广播规管比较注重法律建设，除了《通信法》，还制定了不少关于广播规管的具体法律，如《儿童电视法》《有线电视消费者保护和竞争法》《公共广播电视法》等，而加拿大则仅有一部《广播法案》，具体管理规定由CRTC制定和颁行。

## 第二节　加拿大广播政策与英国之比较

英国的广播政策和广播体制在世界上影响很大，成为很多国家学习和效仿的对象；加拿大最初的广播体制就是以英国的公共服务广播模式为参照建立起来的。英国公共服务广播的优良传统、英国广播公司（British Broadcasting Company，BBC）的治理模式及其专业水准、广播节目的多样性、公共与私营广播公司并存的二元管理模式、Channel 4这样的创新项目，都为世界很多国家所称道和效仿，特别是英国把广播视为公众受托人（trustee）并独立于政府的理念，在西方国家被广泛接受，成为很多国家管制广播的基本理念。根据英国广播政策历史演变的特征，可以把英国广播政策的发展和变迁分为三个阶段：第一个阶段是公共广播 BBC 单一垄断时代，从 1922 年到 1954 年；第二个阶段是 BBC 与独立广播公司二元垄断时代，从 1954 年到 1990 年；第三个阶段是放松管制和自由竞争时代，从 1990 年至今。

## 一 公共广播 BBC 单一垄断时代（1922—1954 年）

英国政府在广播出现之初即确立了单一的公共广播体制。在继承了 1922 年成立的私营英国广播公司的基础上，公共广播公司 BBC 于 1927 年获得皇家特许状和邮政部执照之后成立,[①] 从此开启了英国单一公共广播体制的时代。作为公共广播公司，BBC 的运行机制及特点体现在以下几个方面：第一，BBC 的法律义务并非由法令规定，而是由皇家特许条件、营业执照条件及 BBC 自制规章组成，因此 BBC 也不受各个时期成立的独立广播监管机构的监管；第二，保持不受政府影响，实行采编独立是 BBC 的基本原则之一；第三，BBC 在内部建立了收集不同利益集团和公众反馈意见的机制；第四，BBC 的听众和观众也需要获得执照才能接收广播电视节目，BBC 的运营资金在很长时期内完全来自政府向受众征收的执照费，1990 年后，才开始以付费电视的收入作为补充。

广播出现之初，英国即确定广播服务应该由公共公司来提供，作为公众受托人，实现国家目标，其地位和责任应该与公共服务一致，即把广播电视作为一种公共服务，传播信息、教育和娱乐。英国的公共广播和独立广播都受制于这个理论之支配，但有线广播则放松许多。当然，受托人理念在不同时期也受到挑战，反对者认为广播节目之供应应该由市场力量来决定，而不是制定条文来规定。即便如此，广播作为公共利益受托人的理念在英国社会根深蒂固，从英国在不同时期颁布的广播相关法案中，都可以找到体现受托人理念的规定。

---

[①] 由英国皇室颁发成立 BBC 的专利特许证，有效期为 10 年。

## 二 BBC与独立广播公司二元垄断时代（1954—1990年）

1954年，英国议会通过了《电视法》，政府成立了独立电视管理局（Independent Television Authority，ITA），其成员由内政大臣指派，政府向ITA颁发商业广播营业执照，再由其向各地区独立电视台授予特许经营权（franchises）；从此，英国广播业进入公私二元模式的时代。但是，英国虽是第一个引入公私二元广播体制的欧洲国家，私营广播却仍以垄断经营为其特点，政府没有放开市场竞争，各个地方广播公司基本上都是被ITA授权的独家经营公司，处于垄断地位。由此可见，英国政府引入商业广播是为了解决财务问题，并不想让商业逻辑支配节目内容，以实现广播的公共服务目标。

引入私营广播公司后，英国政府对公共广播公司与独立商业广播公司采取了分开监管的方式。英国公共广播公司BBC只受皇家特许状和协议（Charter and Agreement）及其自己制定的规章管制，并不受任何监管机构的管理。[①] 独立商业广播公司的监管机构则在历史上曾经过多次改组，最初是1954年成立的独立电视管理局。1973年《广播法》颁行后，英国政府将此机构改组为独立广播局（Independent Broadcasting Authority），将监管范围扩大至独立地方无线电台广播，[②] 1990年《广播法》颁行后，以上机构改组为独立电视委员会（Independent Television Commission）和电台广播局（Radio Authority）。2003年，英国议会通过《通信法》（*Communication Act*），成立了新的通信监管机构——通信办公室（Office of Communications，Ofcom），对广播和电信进行监管，并保留至今。无论机构如何变迁，有一点是不变的，即监管机构与政府保持"一臂之距"，最小化来自政府的影响。

总之，英国最初的公私二元体制与其他西方国家的公私二元体制有很大不同，以公私"双头垄断"为其特征。此外，英国对商业广播的监管也有政治文化目标和传统公共服务广播监管的特点。但不管怎

---

[①] 当然，英国文化传媒体育部（Department of Culture, Media and Sports）可以对BBC施加一定影响。

[②] 英国的地方独立无线电广播电台在1972年《音频广播法》（*Sound Broadcasting Act*）颁行后开始建立。

样，在欧洲国家中，英国对公私二元体制的监管经验最多，为其他西方国家提供了借鉴。

### 三 放松管制和自由竞争时代（1990年至今）

20世纪80年代中后期，在撒切尔主义盛行英国的背景下，英国广播业开始出现放松管制和市场化的迹象。英国议会于1984年颁行的《有线与广播法》（Cable and Broadcasting Act）[①] 更多地体现了放松监管的理念；与对BBC及独立商业广播公司的管理理念不同，政府对有线电视的监管已把公共服务目标在一定程度上进行了搁置，主要致力于产业目标和建立可与BBC及独立商业广播平衡的传媒。

1990年，英国议会通过新的《广播法》（Broadcasting Act），这成为英国私营广播产业发展的一个转折点。法案颁布后，英国正式取消了之前垄断式的公私二元体制，引入了市场竞争，在各地方广播市场引入更多频道，例如像Channel 5这样的商业地方广播公司。从此，地方广播被一家公司垄断的局面消失，政府允许各家广播公司在市场上自由竞争广告收入。目前，英国有五家商业电视网，其节目更多地由观众口味决定，但政府亦要求各广播公司播出一定时间的公共服务节目。此外，这次改革使新成立的独立电视委员会（Independent Television Commission，ITC）丧失了其前身IBA作为广播者的角色，成为单纯的商业广播监管者。但也有学者认为，与美国广播产业推行的放松管制不同，英国于1990年进行的广播改革，其主要原因并不是因为之前的体制有缺陷，而主要是在政治上对重组广播机构的关切。

另外，在引入商业广播市场竞争机制之后，为了避免市场缺陷对公共利益的损害，英国政府加强了对商业广播的内容监管，特别是涉及种族和道德问题的内容，比其他西欧和北欧国家更为严格，有学者把这种状况称为一对矛盾，即在经济上放松监管，在节目内容控制方面又过度监管，这实质上是政府在解除管制与公共服务传统之间寻找平衡。除了对节目内容的规制之外，其他政策监管内容还包括对广告

---

[①] 参见 U. K. Parliament，*Cable and Broadcasting Act* 1984，1984，http：//www. legislation. gov. uk/ukpga/1984/46/pdfs/ukpga_ 19840046_ en. pdf。

的限制、对产业集中的限制、保持政治中立原则等。①

2003 年，英国议会通过了《通信法》（Communication Act），给新成立的通信办公室（Ofcom）以广泛权力，监管英国的广播与电信产业，合并了广播电视标准委员会、独立电视委员会、电信办公室、广播管理局、广播通信管理局等旧部门。除此之外，《通信法》的其他内容包括：承认社区电视广播的合法地位、放松了对跨媒体所有权的限制、允许非欧洲国家的公司拥有英国的电视台、对广播内容监管进行了层次划分等。② 需要指出的是，新通过的法案充分融合了《欧洲无国界电视指令》的一些重要内容。

综上所述，英国广播业有重视公共服务的传统，虽在广播系统中较早引入私营成分，但在初期处于受监管的垄断经营之下，没有形成竞争局面，主要是为防止因追求经济目标而忽略公共服务。1980 年后，政府开始放松管制，广播系统逐渐向市场化、私有化发展；1990 年新《广播法》颁行后，经济刺激政策不断加强，英国广播业朝着市场（market broadcasting）模式的方向发展。

### 四 英国广播政策与加拿大之异同

就广播监管而言，加拿大对公共广播和私营广播实行统一监管，广播电视和电信委员会（CRTC）在加拿大同时监管公共广播与私营广播公司；而英国则对公共广播与商业广播实行"分而治之"的政策，通信办公室（Ofcom）在英国只监管私营商业广播，公共广播BBC 由皇家特许和协议及其自制规章约束。此外，CRTC 与 Ofcom 监管的主要产业都是广播与电信产业，但 Ofcom 管制的媒体范围要大很多，不只限于广播。

就私营广播的发展而言，加拿大的私营广播从广播出现时就存在，虽然政府最初意图是国有化所有的私营广播公司，但这个计划从未实现，实际上对私营广播采取了支持的政策，私营广播产业在加拿

---

① 参见 U. K. Parliament, *Broadcasting Act 1990*, 1990, http://www.legislation.gov.uk/ukpga/1990/42/contents。

② 参见 U. K. Parliament, *Communication Act*, 2003, http://www.legislation.gov.uk/ukpga/2003/21/pdfs/ukpga_20030021_en.pdf。

大不断发展壮大，直至成为加拿大广播系统的主体；而英国是在20世纪50年代才在广播系统引入私营成分，并且最初的政策是让私营广播处于垄断经营状态，到1990年《广播法》颁行后，才引入市场竞争。目前两国的私营广播产业都在市场机制下继续稳步发展，但公共广播在两个国家的广播系统中仍然是重要的组成部分。

就公共服务广播而言，加拿大最初的广播体制即是参照英国的公共广播模式建立起来的，因此英国的公共服务广播理念对加拿大影响很深，两国广播政策都有重视公共利益的传统。加拿大的广播系统虽然以私营广播为主体，但公共广播仍然占有重要地位，同时政府施加于私营广播产业的公共服务要求也比较多；英国虽然在广播市场引入竞争机制，但对商业广播也提出了比其他西欧国家更为严格的内容要求。需要指出的是，加拿大和英国两国政府的广播政策在定义公共利益时，都把促进国家团结（national unity）放在一个比较重要的位置上，因为两国都面临国内各种族之间的和谐相处问题。此外，加拿大政府把维护国家认同和文化主权作为公共广播政策的重要目标，以应对美国文化的"入侵"；而英国公共广播政策更多考虑的是促进民主、多样性、公平，以及保护弱势群体。

## 第二节　西方各国广播政策总体特征与发展趋势

严格来说，西方各国当下的广播体制在不同程度上都属于公私并存的二元体制，没有哪个国家是单一的公共或私营广播体制。在历史上，美国、加拿大、澳大利亚在广播出现之初是私营部门经营，后来才出现公共广播；而大多数西欧国家曾经是公共广播垄断的单一体制，直到1954年，当英国广播系统引入私营成分时才出现公私二元广播体制，此后其他西欧国家也陆续引入私营广播。自20世纪80年代以来，西方各国政府开始偏向市场力量对广播产业的调节，出现了放松管制和私有化浪潮，但是大多数国家的公共广播仍然在整体广播系统中占有重要地位。本节将分别对西方各国的商业广播政策和公共广播政策进行整体论述,[①] 并关注加拿大与其他国家的政策比较。

## 一 西方各国商业广播监管政策特征及其发展趋势

(一) 西方国家政府干预广播产业的正当性理由

20世纪80年代后,尽管西方各国广播逐步转向市场化运作方式,但是没有任何国家完全依靠市场力量调节广播产业,各国都对广播产业施加了较其他产业更为严格的监管政策。以英国1990年《广播法》为例,尽管确立了以市场为主要调控方式的基调,但同时附带了大量管制规定,如节目质量门槛、参与市场竞争的广播公司数量与种类、私营广播公司履行特殊节目义务、预防产业集中等。德国、法国等国家也遵循同样的做法。美国也并非对广播产业完全放任不管,对广播产业集中、广告、节目内容的多样性以及保护弱势群体都做出了规定。至于加拿大,其施加于私营广播公司的"加拿大内容"政策一直都没有放松,私营广播公司同样需要承担维护国家认同和文化主权的义务。

西方各国之所以对商业广播实施较为严格的监管,其正当性理由都是为了保障言论自由、促进民主,从而服务于社会整体公共利益,这可说是西方社会在新闻传播领域的普遍价值。但是,各个国家在如何保障以上价值上有不同理念和做法。在美国,言论自由是第一原则;为了保护言论自由,美国社会主流民意反对政府过多干预广播产业,主张以市场力量作为主要调节方式。但是,广播所提供的信息、教育和娱乐是文化产品,完全交由市场逻辑支配,必然会导致对公共利益的损害,因此在西欧及加拿大,政府更注重平衡言论自由与其他社会文化价值或政治目标,以纠正市场缺陷带来的弊端;例如加拿大实施的"国产内容政策"即是为了防止私营广播公司为了广告利益而过多播放美国节目。

---

① 严格来说,商业广播与私营广播这两个术语是有区别的。因为私营广播也可以是非营利性的,如美国的公共广播公司。本文论述的商业广播政策是指西方各国针对以营利为目的那部分广播产业的政策及监管措施,与非营利目的之公共广播相对。

## (二) 监管方式与监管特点

制定广播产业相关法律是西方各国政府对广播产业进行监管的最高形式。各国广播相关法律可以分为两个层次：第一个层次是规制广播产业的根本性法律，如美国、英国分别制定了《通信法》，加拿大、法国制定了《广播法》。第二个层次是解决广播产业具体问题的法律，如美国制定了《儿童电视法》、法国制定了《电子传播法》等。根据法律，各个国家一般都成立了与政府保持一定距离的独立监管机构，落实和监督法律的执行。各国广播监管机构有的同时监管公共与私营广播，如加拿大、澳大利亚和法国的监管机构，而有的则主要监管私营广播，如美国、英国、德国的广播监管机构。

由于西方国家的宪法都规定了言论自由的原则，所以各国广播相关法律对政府监管广播产业的职权范围都规定了一定限度，以不触犯言论自由、新闻自由这一根本原则。例如，西方各国一般都不对节目内容进行播前审查，以不触犯宪法规定的言论自由原则。但是，各监管机构通常要求广播公司保留其节目录音或录像一定期限，以备播后审查；监管机构通常是接到观众投诉时才执行播后审查。有些国家的产业界内部建立了播前审查制度，如加拿大和澳大利亚的产业界建立了自律性质的播前检查（prior clearance）机制，主要针对受限制的广告内容和儿童节目等。

由于制定严厉的规定并不一定能起到实际的效果，加拿大和美国的一些监管政策只是指导性的，不具强制约束力，被称为柔性监管（soft regulation）。例如美国 FCC 对广播节目内容和广告的指导性政策，而加拿大 CRTC 也倾向于与产业界进行协商执法。监管机构与被监管者进行协调合作，以柔性管制的灵活方式执法，主要是为避免产生争议而诉诸法律解决，或是违宪，这与西方国家放松管制的大气候有一定关系。此外，各国监管机构以行业自律为优先手段，例如，加拿大广播产业界有很多行业自律性质的标准协会。

一旦有业者不履行监管机构指定的义务，各国的惩罚措施通常是渐进式的，先从警告开始，若不奏效，再施以行政或刑事罚款。一些国家的监管机构可以直接进行罚款，如德国；而另一些国家则需要诉诸法院来判定罚款，如法国；还有一些国家由相关政府部门执行罚款，如澳大利亚交通与通信部；其他一些国家则事先要求执照持有者缴纳保证金，然后视业者在执照有效期内遵守相关规定和承诺的情况决定是否退还其保证金，执行这种制度的国家有英国和加拿大。

西方各国广播监管机构趋于与产业界利益保持一致。首先，监管机构趋于支持和保护现存秩序和现有业者，而不是支持新来者。例如，FCC为了保护地面电视，曾经延迟有线电视在美国的普及；澳大利亚、加拿大的监管机构也有过类似的行为。其次，保护本国广播公司的利益，例如美国的非复制法（nonduplication rules）与加拿大的同步置换法（simultaneous substitution rules），都要求本国有线传输公司给予本地广播公司优先转播同步播放节目的权利，以保证本地公司的广告收入。有学者指出，产业界需要监管机构的存在，因为可以起到保护产业的作用，业者与监管者实际上是盟友关系。最后，为了保护现有广播秩序，监管机构通常不愿对其政策进行剧烈的结构性变动，而是以渐进方式逐步改革；例如，加拿大广播政策的历史变迁即是一个"渐变的过程"。

（三）监管机构

西方各国监管机构最大的特点是与政府保持一定距离，被称为独立公共监管机构。西方国家广播监管机构独立于政府之影响，一般受到法律保护；例如在德国，监管机构的独立性受宪法保护；加拿大则有专门法律对CRTC的独立性进行了规定，即1976年加拿大议会通过的《加拿大广播电视和电信委员会法》（Canadian Radio-television and Telecommunications Commission Act）；在英国虽没有法律之明文保护，但英国广播监管机构向来有保持独立的传统，政府部门很难对其直接干预。大多数监管机构或多或少是自治机构，与政府的组织架构分离。然而，法律上的自治地位并不能保证实际操作中的完全自治，最明显的就是总统、内阁或议会通过对机构成员的任命或对拨款的控制来施加其影响。监管机构组成人员通常是来自与广播相关的各领域专家，组成具有多样化背景的专家委员会。

西方各国监管机构都依法成立，法律规定了监管机构可以行使的职权范围。一些国家的广播法律对监管机构的权力规定非常笼统，因此监管机构有很大空间制定具体政策。例如加拿大的 CRTC 和美国的 FCC；而英国和德国的广播法律对监管机构的职权的规定比较细致。此外，在美国（FCC）、加拿大（CRTC）和法国（ORTF），由唯一机构同时负责监管公共和商业广播公司；在其他一些国家则单独设立监管私营广播的机构，如英国的 Ofcom。就所监管的行业而言，有些国家的监管机构只负责广播产业，如德国各州的传媒管理机构；而更多国家的广播监管机构同时监管广播和电信产业，如美国、加拿人和法国的监管机构。有学者指出，广播与电信处于同一机构监管之下，可能会对两种产业的融合产生推动作用。需要指出的是，对广播监管机构做出的决定，业者并非没有反对权利，各国法律都规定被监管者可以上诉到法院进行裁决；例如，美国和德国的广播监管机构经常会输了官司，这促使监管机构在日常管理中也注意自己的监管行为不会引起与被监管者的法律纠纷。

（四）监管领域

如前文所述，自 20 世纪 80 年代以来，西方各国倾向于以市场化方式运作广播产业，各国政府在整体上采取了放松管制的政策，传统的监管领域和内容已经减少或放松。但是，由于广播产业作为文化产业的特殊性，没有任何国家完全依靠市场力量来调节广播产业，特别是西欧各国保持了在多个领域的管制政策来防止市场缺陷带来的弊端；加拿大出于国内和国外政治环境的要求，继续保持了对私营广播的本上内容要求。综观西方主要国家的广播监管政策，笔者认为重点监管领域包括促进广播的内部和外部多元化、确保广播公平反映社会各个群体的利益、对广播内容的限制性政策等。

1. 促进广播的内部和外部多元化

保证广播机构的内部多元化（internal pluralism）是指监管机构要求广播公司播放代表社会各方面利益的多元性节目内容；这主要是针对公共广播提出的要求，对私营公司而言，如果一个市场上的广播公司的数量过少（一般少于 3 家时），监管机构也会要求各个私营广播公司播放综合性节目。对经营全国性广播网的公司而言，各国广播法律一般要求其播放一定数量的新闻时事和地方性节目，防止为了追求受众数量而忽略节目类型多样化。与广播内部多元化相关的另一项政策是政府对独立制作公司的扶持。传统上，西欧国家的广播公司是制播合一的经营方式，而美国则是制播分离。20世纪80年代以来，西欧国家纷纷制定政策，要求各广播公司必须利用一定比例的独立公司制作的节目。如英国1990年《广播电视法》要求BBC和独立电视台在内的所有地面电视频道必须从独立制作公司那里购买不少于其播出节目总量25%的节目。此外，各国的广播传输政策也体现了多样性的原则，要求有线公司等传输企业必须加载一定比例的地方节目、少数民族节目等。

保证广播的外部多元化（external pluralism）是指各国广播政策致力于限制产业集中，保持广播公司之间的竞争态势，防止市场力量被滥用。美国和澳大利亚从创立之初，就确立了以私营广播为主的市场模式，创造市场经济条件，通过经济性竞争保证新闻竞争，从而促进观点多样性，这被称为"外部多元"模式。众所周知，在市场模式下运行的私营广播产业最大问题之一是集中，因为并购可以节约运营成本，带来规模效益。但是，产业集中不利于观点之多样化。基于此，几乎所有国家的广播法律都有限制产业集中的条款，包括对多重所有权（multiple ownership）和跨媒体所有权（cross-media ownership）的限制。但监管机构也面临两难境地，一方面是公共利益团体要求限制集中的呼声，另一方面是私营广播公司为了生存和发展而要求政府允许集中。总体而言，各国限制集中的政策并不很成功；例如FCC在20世纪90年代放弃了大量涉及美国广播产业集中的限制，加拿大广播产业目前的集中度也很高。

2. 确保广播公平反映社会各个群体的利益

西方各国的广播政策都注意确保广播节目反映各类社会群体，特别是与少数民族利益密切相关的节目，促进少数民族文化和语言身份认同，防止广播节目对种族、宗教、性别等刻画的偏见与模式化现象。英国、加拿大等国或由政府，或由产业界成立了广播标准委员会一类的机构来保证这类政策的执行。在美国，FCC制定了广播产业的就业机会平等政策，可以间接地实现少数民族的利益。此外，很多国家建立了少数民族或原住民广播公司（minority broadcasters），如加拿大、澳大利亚、西班牙、英国、比利时、瑞典等国家。[①] 少数民族广播公司通常需要国家的财政资助才能维持。对各国公共广播公司而言，一般都有法律义务保证其节目的多语言化（multilingualism），例如加拿大对法语广播给予和英语广播同等重要的地位。至于商业广播公司，一般不会太关注少数民族节目，除非该语言也是其他某个国家的官方语言，这样的节目至少可以出口。可见，承认并促进多元文化，使文化多元成为国家认同的一部分，是很多民族和文化多元国家广播政策的重要组成部分。

3. 国产内容保护政策

保护国产或本土内容是为了抵制别国强势文化入侵而采取的一种政策措施，目的是保护本国文化产业，并维护国家认同和文化主权。很多国家的广播法规都保障尽可能多的国产内容的生产与播出，其中法国、加拿大、澳大利亚是实施国产内容保护政策最突出的三个西方国家。相反，美国并没有类似的本土内容保护政策，因为外国生产的节目在美国市场接受度很低。美国几乎是单一语言市场，国内市场足够收回其生产成本，因而可以低廉价格进军国际市场。加拿大、澳大利亚以及大部分西欧国家都没有这样的市场和成本优势，在来自美国的物美价廉节目入侵的背景下，不得不采取保护国产内容的政策。具体而言，澳大利亚在节目限额政策上比较成功，而加拿大在鼓励把本国作为节目生产基地方面比较成功，甚至一些美国广播公司都愿意在加拿大生产节目。

4. 对广播内容的限制性政策

对广播内容的限制性政策，首先针对暴力、色情及其他不良内容，目的是保护观众（特别是青少年）不受这类节目的不良影响；根据节目内容暴力或色情的程度，又分为完全禁止和允许在深夜时段播

---

[①] 参见 Hoffmann - Riem W., *Regulating Media: The Licensing and Supervision of Broadcasting in Six Countries*, New York: Guilford Press, 1996。

出两个类别。总体而言，美国和德国的这类管制比较宽松，而英国比较严格，英国政府曾经专门成立广播标准委员会来加强管制。其次，对广播内容的限制性政策还包括对广告的限制，如插播广告、广告播出时间、隐性广告等；此外，很多国家禁止或限制酒类、烟草广告的播出。就各国具体情况而言，美国对广告的限制性规定非常有限，几乎完全废除；加拿大和澳大利亚也主要依靠行业自律，而欧洲国家对广告限制较多。

5. 对私营广播征费的政策

西方各国对私营广播实施了放松管制政策，从而对市场调节力量的依赖增加，而对私营广播公共服务的要求大为减少。公共服务义务的减少，使各国政府更加有正当性理由向私营广播公司或传输公司收取执照费，或要求其贡献于地方经济发展。例如，美国的社区一直寻求有线公司为其特许经营权支付一定费用；德国要求获得执照的地面广播公司承诺扩大在地方上的投资；澳大利亚、加拿大以及一些欧洲国家，把广播管制权作为一种产业政策手段，寻求发展独立节目制作产业；英国和澳大利亚还对频道进行拍卖，以增加政府财政收入。利用征收的费用，政府可以弥补其预算，也可利用收入来支持那些在市场上不能盈利但对公共利益不可或缺的节目类别的生产和播出。

## 二 西方各国公共广播政策特征及其发展趋势

### （一）西方各国公共广播现状

公共广播是指服务于一个国家或社区之社会、政治和文化需要的广播，没有政府或商业的重大影响。对世界各国而言，公共广播对于保持文化多样性至关重要。[①] 早在20世纪20年代广播出现时，西方国家就有了公共服务广播的概念，认为广播是公共资源，公民有普遍使用权。在实践中，西方各国公共广播的角色和使命却有所不同。在美国，公共广播公司主要提供商业地面广播公司不愿意播放的节目，如PBS作为非营利公共媒体，主要向公众提供教育和信息节目。在英

---

① 参见 UNESCO, Investing in Cultural Diversity and Intercultural Dialogue [R]. 2009, http://unesdoc.unesco.org/images/0018/001852/185202e.pdf.

国和其他欧洲国家，公共广播被视为一种公共服务，等同于公共教育或公共空间（public space），①就是要确保每个公民可以接收到高品质的节目，并以公共讨论促进民主。在西方民主国家，虽然政府仍然可以各种方式施加影响，但公共广播公司已脱离官方喉舌（government organ）的角色。基于各国的政治、社会和文化环境，公共广播在两个主要领域发挥作用，一是社区或社会凝聚力，二是国家认同和文化主权。Nordicty的研究认为，考虑到具体社会、政治、文化环境和条件，加拿大可从公共广播得到的潜在利益在各西方国家中居于前列。

如前文所述，在过去几十年，西方国家的广播产业普遍经历了放松管制和私有化浪潮，私营商业广播已日益占据市场主导地位；虽然如此，所有西方国家都保持了某种形式的公共广播。在西欧和加拿大，公共广播仍然被认为是广播系统中不可或缺的重要组成部分。英国自1990年引入市场竞争后，商业广播实力不断增强，已形成GWR、Capital等七大商业广播集团，具备与BBC竞争的实力；但是BBC在英国广播市场仍然占有主导优势，拥有5家全国性广播公司和43家地方广播公司，受众份额达53%。法国于1984年颁行了第一部商业广播法律，允许私营广播获取广告收入。现在私营广播占有法国市场2/3的受众，但是公共广播公司Radio France仍然经营7家公共频道。加拿大的私营广播产业虽然在收入和观众份额上已占主导地位，但公共广播公司CBC的地位仍然至关重要，在公众中拥有很大的支持度，政府在各个时期的政策文件中也多次确认了公共广播是加拿大广播系统的重要支柱。即便在商业广播占绝对优势的美国和澳大利亚，公共广播也依然存在，至少为公众提供了商业广播之外的一个供替代的选择。

（二）西方国家政府对公共广播支持之比较

各国公共广播的共同点是它们收入中很大一部分来自观众执照

---

① 参见Nordicity Group Ltd, Analysis of Government Support for Public Broadcasting and Other Culture in Canada［R］. 2006, http://www.nordicity.com/reports/CBC%20Public%20Broadcaster%20Comparison%20FINAL%20%28Submitted%29.pdf。

费、政府直接拨款及其他政府补贴。加拿大、澳大利亚、新西兰政府都以直接拨款方式来支持公共广播公司。大多数欧洲公共广播机构不是依靠某种形式的政府财政拨款，其大部分收入来自政府向电视台、电台的用户征收的执照费（license fee）。美国在联邦和州两级政府也主要以拨款方式给公共广播公司提供款项。联邦政府提供年度拨款给公共广播联合体（CPB），再由其拨款给公共广播服务台（PBS）、全国公共广播台（NPR）、国际公共广播台（PRI）及地方广播台。此外，各国政府还通过优惠税收政策对公共广播提供支持；一些国家的公共广播也有广告收入，如加拿大、瑞典等国家的公共广播公司。

就西方国家政府对公共广播的资助而言，2013年的调查数据表明，加拿大政府对公共广播的人均资助为33美元，不及各国平均值（82美元）的一半；在被调查的18个发达国家中居倒数第三，仅排在新西兰和美国之前（见图4-1）。按政府对公共广播资助金额的多少，可以把西方国家分为三个梯队，即高资助国家、中等资助国家和低资助国家。

第一梯队是高资助国家，包括挪威、瑞士、丹麦、瑞典、芬兰、德国及英国。这些国家的公共广播体制属于欧洲的盎格鲁—撒克逊公共广播模式（Anglo-Saxon model），其特征是以提供充足资金来保障公共广播独立性，使之不受政府或商业利益之影响，专注服务于社会、文化发展和民主。英国是此模式的主要代表，BBC已成为世界公共广播的领导者。德国的公共广播系统比较分散，法律规定广播属于各州管辖，一共有两个全国公共广播公司，即ARD和ZDF，它们分别由几个州一级的公共广播公司组成。除了地区分散性特点，德国公共广播公司还限制播放广告。瑞典则有三个公共广播公司分别以三种官方语言播出节目，除了公共资金，其25%的收入来自广告播放。

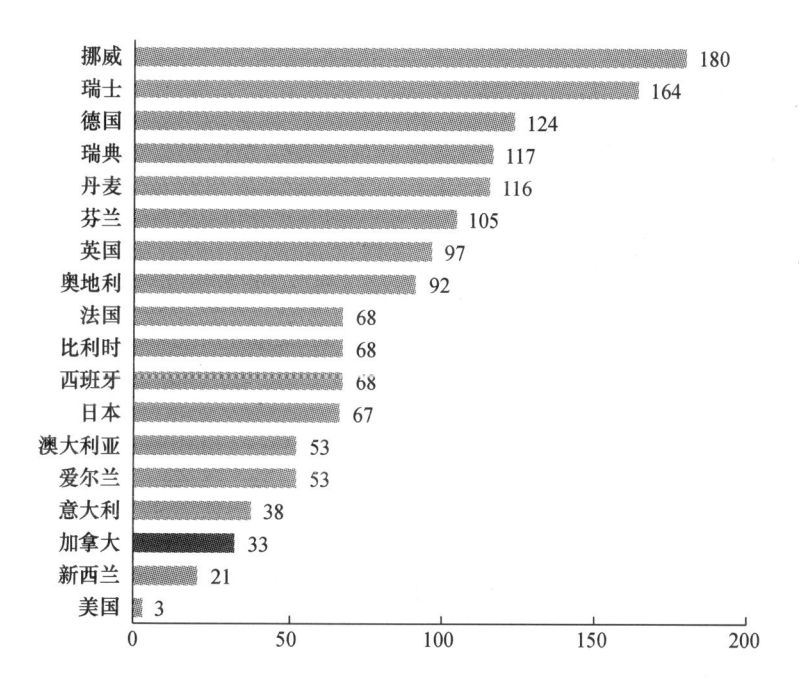

第四章　加拿大广播政策与其他西方国家之比较 | 193

| 国家 | 金额 |
|---|---|
| 挪威 | 180 |
| 瑞士 | 164 |
| 德国 | 124 |
| 瑞典 | 117 |
| 丹麦 | 116 |
| 芬兰 | 105 |
| 英国 | 97 |
| 奥地利 | 92 |
| 法国 | 68 |
| 比利时 | 68 |
| 西班牙 | 68 |
| 日本 | 67 |
| 澳大利亚 | 53 |
| 爱尔兰 | 53 |
| 意大利 | 38 |
| 加拿大 | 33 |
| 新西兰 | 21 |
| 美国 | 3 |

图4-1　西方各国政府人均公共广播资助金额比较2013

资料来源：Nordicity Group LTD, Analysis of Government Support for Public Broadcasting and Other Culture in Canada ［R］. 2013. http://www.nordicity.com/media/20141118 hruhvuqv.pdf。

第二梯队是中等资助国家，包括奥地利、法国、比利时、西班牙和日本。除了日本之外，其他国家都允许公共广播公司播放广告来补充其收入。这些国家与欧洲的盎格鲁—撒克逊公共广播模式相比，更多地受到商业影响。这一梯队的国家通过政府管制来调节商业广播公司的市场行为，以实现公共目标。特别是法国，针对商业广播公司实施了国产内容政策。通过政府的监管行为，使商业广播公司履行一定公共服务义务。与这些国家相比，加拿大公共广播公司也被允许播放广告，但公共资助水平低很多；加拿大政府也利用管制来施加公共目标于私营广播公司，最主要的就是"加拿大内容"政策。

第三梯队是低资助国家，包括澳大利亚、意大利、爱尔兰、加拿大、新西兰及美国。这些国家更多依靠市场来满足公众的广播需要。以美国为例，从广播出现那一天起，政府就避免干预广播部门之运营，主要以商业广播公司满足消费者的需要，当前公共服务广播是美国广播系统中很小的一个组成部分。近几十年来，加拿大、澳大利亚和新西兰已大幅对其广播部门实施放松管制和市场化，引入了更多私营成分。加拿大和澳大利亚对商业广播公司也实施了国产内容政策，以实现一定的公共广播目标。Nordicity 的研究认为，加拿大政府不太注意公共广播公司相对政府的独立性，又对私营广播施加管制政策来实现公共目标，这样既不利于广播公司很好地服务加拿大较小的法语市场，也不利于广播公司在英语市场上与美国节目竞争。

综上所述，相比其他西方国家，加拿大政府对公共广播的资助处于较低水平，但是加拿大的现实国情又决定了其对公共广播的需要。因此，近年来加拿大国内社会团体和学界中有很多人呼吁政府加大对公共广播的支持力度。

## 本章小结

20 世纪 80 年代以来，西方各国广播政策演变的总体特征是放松管制（deregulation），广播系统日益向私有化、市场化方向发展，公共广播日渐式微。加拿大和美国、澳大利亚一样，私营广播从广播出现之初即存在并未曾中断发展，20 世纪 80 年代后，私营广播产业更进一步发展壮大，时至今日，包括独立制作公司、私营广播和电视台、有线和卫星服务提供商以及广告公司在内的私营部门已是加拿大广播系统的中流砥柱。英国、法国、德国等西欧国家在传统上把广播作为公共服务，一度是公共广播垄断的单一体制；1954 年英国率先引入私营广播，并在 1990 年引入市场竞争机制；其他西欧国家的广播系统也经历了和英国大致相同的变革；目前私营广播已日益成为西欧国家广播系统的主体。西方国家广播政策这一历史性变革的背景是 20

世纪 80 年代以来西方新自由主义（neoliberalism）的兴起。经历战后"资本主义黄金时期"后，从 20 世纪 70 年代开始，发达国家进入漫长的经济萧条期（long downturn），各国政府把此归因为政府对经济干预太多，因此要重新回归自由市场经济，这种趋势一直持续至今。文化产业作为整体经济的一个部门，在市场化、放松管制大潮下，亦经历了此政策变化，特别是在传统上受政府监管较为严格的电信、广播产业。

广播业经历放松管制和市场化、私有化的西欧国家，内部出现政治激辩。以产业界为代表的拥护者坚持以市场增加消费者选择和满足其需求；以公共利益团体和学术界为代表的一方担心广播的公共服务功能丧失。辩论的结果是双方达成一定程度的妥协。首先，在坚持私有化和市场化为主的前提下，各国一般都建立起比其他产业更严格的广播法律控制机制，并要求独立监管机构加强对私营广播产业的监督和规管，以平息对引入私有成分和市场竞争后公共服务的担心。即便像美国、澳大利亚这样私营广播占绝对优势的国家也对广播产业施加了较严格的监管措施，主要防止权力的集中和制造社会不平等。其次，各国都不同程度地保留了公共广播，而且大多数国家的公共广播仍然是整体广播系统不可或缺的重要支柱。一方面，各国的公共利益团体和学术界对公共广播传统的支持力量还很强大；另一方面，一些国家由于其特殊的社会、文化和政治环境，需要公共广播来强化其国家目标的实现，如法国、加拿大和澳大利亚对捍卫文化主权的需要。德国甚至以宪法来保证广播系统的公私二元模式，认为只要商业广播不能确保履行公共服务义务，公共广播就应该得到扶持。英国的 BBC、意大利的 RAI、德国的 ARD 和 ZDF、法国的 Radio France、加拿大的 CBC 等都是在各国广播系统中占据重要地位的公共广播公司。总之，目前所有西方国家的广播系统都属于不同程度的公私混合模式，而且像加拿大这样的大多数国家，虽然私营广播占据市场主导地位，但公共广播仍然与私营广播一起构成广播系统的两大支柱，互为补充。

Sadler 曾经把广播政策和监管体制分为三类模式:[①] 第一类是家长式监管（paternalistic regulation），节目内容由市场和政府管制共同决定；此监管理念认为大众的喜好并不总是对文化发展有益，而广播对一个国家维护本国的文化遗产和传统作用巨大，因此以政府管制为主才可以实现真正的公众利益，而不是市场。第二类是自由式监管（permissive regulation），由市场发挥主导作用，辅以政府之有限监管；广告是广播产业的主要的资金来源，节目内容主要由大众需求和市场决定。第三类是多元式监管（pluralistic regulation）即家长式和自由式监管的"完美融合"，政府能够平衡市场和公共利益，广播不仅满足大众喜好，也提供有意义的公共服务。纵观西方各国广播政策之历史变迁，很难找到与以上任何一种模式完全对应的国家。但大致上可以说，加拿大及西欧国家在20世纪80年代前曾经以家长式监管为主，美国和澳大利亚则以自由式监管为主；当前西方国家整体上有向自由式监管发展的趋势，但包括加拿大在内的大多数国家仍以多元式监管为手段组织各自的广播体系。总之，把广播产业视为文化产业，一方面以市场化方式为广播产业主要运作方式，另一方面保留公共广播并对私营广播施加比非文化产业相对严格的监管，仍然是当前大部分西方国家的广播产业主导政策，这对我国正在进行的广电体制改革具有启示意义。

---

① 参见 Sadler R. L., *Regulation of Television Broadcasting*//Donsbach W., *The International Encyclopedia of Communication*, Blackwell Publishing, 2008, http://www.blackwellreference.com/subscriber/tocnode.html? id = g9781405131995 _ yr2012 _ chunk _ g9781405131995 25_ ss35 - 1。

# 第五章　加拿大广播政策对我国的启示

　　新中国成立以来，我国广播电视业经过60多年的发展，现已形成中央与地方广播电视播出机构并存，公有制为主体、非公有制经济成分有限参与，事业与产业共同推进的发展格局。新中国成立后，党和政府对广播电视系统的政策和监管也经历了不断调整和完善的过程，确立了宣传工作、事业建设和行业管理"三位一体"的具有中国特色的社会主义广播电视体制。党的十六大以来，在适应社会主义市场经济要求，进一步深化文化体制改革的背景下，广电部门对自身改革也进行了有益的探索，以管办分离、事企分开、转企改制为目标，政府出台了一系列新政策，努力形成事业产业统筹协调、分开运行、分类管理、科学发展的广播管理体制和运行机制。我国广播电视系统的改革虽然取得了一定成果，但是束缚广播电视生产力发展的体制问题尚未根本解决，充满活力、富有效率的生产经营机制还没有真正形成；在法制建设、监管体制、市场竞争、内容规制以及新媒体监管等方面还存在不少问题和挑战，改革有待进一步完善和深入。历经80余年历史演变，加拿大广播产业形成了以市场机制为主导，私营广播为主体的格局，积累了市场化、产业化运作的丰富经验；同时加拿大重视广播对于维护国家认同和文化主权的重要作用，强化广播监管，以防止市场缺陷造成公共政策目标的丧失。加拿大广播电视产业和我国有很多共通之处，两国面临一些相似的政治、经济和文化议题，加拿大广播政策的经验值得我们借鉴。本章将首先分析我国广播政策的基本特征，其次厘清我国广播产业及其政策存在的问题，最后在比较中加两国具体国情的基础上，提出我国可以从加拿大产业政策演变中吸取的经验和教训，以期对进一步完善和推进我国当前进行的广播电视体制改革有所裨益。

## 第一节　我国广播电视政策基本特征

任何公共政策之出台都是基于一定目标，解决一定问题。纵观我国广播电视政策60年的演进与发展可以发现，党和政府对广播电视业的干预，仍然是为了要解决国家的政治问题、社会文化问题和经济问题。因此通过考察政治、社会文化和经济目标，可以归纳出我国广播电视政策的主要特征。此外，监管机构的设立和广播电视技术政策[1]亦属于我国广播电视政策体系的组成部分，也是本节将要分析的内容。

### 一　监管机构的"管办合一"职能

新中国成立60多年以来，我国政府管理全国广播电视事业的中央机构经历了一系列变迁。改革开放前的名称有中国广播事业管理处、广播事业局、中央广播事业局；改革开放后的名称有广播电视部、广播电影电视部，国家广播电影电视总局，2013年改为"国家新闻出版广电总局"（以下简称"广电总局"）为国务院直属机构；广电总局的领导干部由中共中央宣传部和组织部共同管理。根据《广播电视管理条例》，国家广电总局的首要职责是宣传和引导正确舆论导向；主要权力和职责包括管理法规的制定、地方广播电台或电视台许可证的审查与发放、广播电视传输网络的规划、广播电视内容管制、广播电视频率的分配、对行业自律组织的指导等。表5-1显示了中央政府广播电视管理机构的历史沿革。从中央政府广播电视管理机构的演变可以看出：①广播电视在宣传业务上一直受中宣部的领导；②广播电视中央管理机构逐步升级为国务院直属机构；③国家把广播、电视和电影作为电子媒体统一管理。

---

[1] 此处是指国家关于广播电视基础硬件设施的管理政策，主要是传输网建设的相关政策，目标是保障人民使用广播电视的权利、合理分配频谱资源等。

表 5-1　　　　　中国广播电视监管机构历史沿革

| 时间 | 机构名称 | 上级主管单位 |
| --- | --- | --- |
| 1949 年 6 月 | 中国广播事业管理处 | 中央宣传部 |
| 1949 年 11 月 | 广播事业局 | 政务院新闻总署 |
| 1952 年 | 中央广播事业局 | 政务院文教委员会 |
| 1954 年 | 广播事业局 | 技术、行政业务由国务院二办领导，宣传业务由中宣部领导 |
| 1967 年 | 中央广播事业局 | 列为中央直属部门 |
| 1977 年 | 中央广播事业局 | 划归国务院领导，宣传业务归中宣部领导 |
| 1982 年 | 广播电视部 | 国务院组成部门 |
| 1986 年 | 广播电影电视部 | 国务院组成部门 |
| 1998 年 | 国家广播电影电视总局 | 国务院直属机构 |
| 2013 年 | 国家新闻出版广电总局 | 国务院直属机构 |

资料来源：根据国家广电总局网站信息整理。

我国广播电视的地方监管机构为各级广播电视行政部门，同时接受广电总局和各级人民政府领导。《广播电视管理条例》在第四条中规定，国务院广播电视行政部门负责全国的广播电视管理工作，县级以上地方人民政府广播电视行政部门负责本行政区域内的广播电视管理工作。不难看出，这是一种从中央到地方的分级负责、垂直管理的构架。广电总局在各省、自治区、直辖市和一些副省级城市设有分支机构，例如，山西省广播电影电视局、新疆广播电影电视局、北京市广播电影电视局、宁波广播电影电视局等。

我国各级广播电视行政部门既是监管机构，又是开办机构。《广播电视管理条例》明确了我国广播电视的管理机构是国务院和地方各级广播电视行政部门，同时规定，广电总局负责开办中央广播电台、电视台；各级地方广播电视行政部门负责设立当地广播电台、电视台；教育电视台由各级政府教育部门经广播电视行政部门批准后设立；禁止私人或外资开办广播电台、电视台。①

从以上分析可以看出，由于广播电视承担着为社会主义服务、宣传党和国家的方针路线、引导正确舆论的使命，我国建立了比较严格的广播电视监管体系。我国政府设立的从中央到地方的各级广播电视监管机构，在党的领导下，有非常广泛的职责和权力，包括广播电台、电视台的设立，广播电视业的监管，频谱资源的分配等。由于广播电视行政部门的角色集兴办、经营、监管三位于一体，导致管得过多、过死，管理部门自身行政压力大，而电台、电视台也处于行政事业体制保护下，缺乏活力；附属于电台、电视台的经营性单位虽然进行了转企改制，但无法成为真正的市场主体，不能适应社会主义市场经济的要求，也不利于调动社会各方力量发展广播电视产业。广播电视现行的"管办合一"的监管机构模式也受到各界越来越多的诟病，要求改革的呼声很大。为此，广电总局有关领导指出，广播电视行政部门作为政府的主管部门，要坚决实施政事分开、政企分开、管办分离的原则，履行经济调节、市场监管、社会管理、公共服务职能。目前，这方面的改革尚在进行之中。

## 二　确保广播电视为社会主义服务

我国广播电视政策的政治目标是确保广播电视事业为社会主义服务。新中国成立之初，新闻总署在1950年召开新闻工作会议，明确了我国广播事业的目标与功能，即广播电台应以发布新闻、传达政令、社会教育、文化娱乐为主。这个表述指出了广播作为媒介的普世价值：提供信息、启蒙与娱乐，但以发布新闻、传达政令为主。1997年颁布的《广播电视管理条例》在"总则"中规定："广播电视事业应当坚持为人民服务、为社会主义服务的方向，坚持正确的舆论导向。"广播电视部法规司负责人指出，我国广播电视的性质是社会主义性质，我国的广播电视的功能是党和人民的喉舌，是党和政府联系群众的桥梁和纽带，广播电台、电视台是国家重要的舆论宣传机关；

---

① 参见国务院《广播电视管理条例》，http://www.sarft.gov.cn/articles/2003/10/21/20070922142857170492.html。

时任广播电视部部长孙家正指出,确保广播电视节目传输质量体现了确保广播电视政治属性的要求。不难看出,在我国,广播电视具有意识形态属性和政治属性,广播电视的根本功能是作为党和政府的宣传工具;因此,政治目标是我国广播电视政策的根本目标,优先于社会目标和经济目标。

坚持党对广播电视事业的绝对领导,是确保广播电视事业为社会主义服务的关键。中国共产党是全中国人民利益的最忠实代表,坚持党的领导是我国走社会主义道路的根本保证。新中国成立之初,我国便确立了党领导广播事业的原则。1949年12月5日,中共中央在《关于中央政府成立后党的宣传部门工作问题的指示》中指出:广播事业局要在党(通过政府党组)的领导和党外民主人士的参与下负起管理广播事业的责任。此后,中央在不同时期设立的广播影视行政管理机构,虽然技术、行政业务由政府部门领导,但宣传业务都是由中共中央宣传部负责。后来作为中央政府广播影视行政部门——国家广播电影电视总局,其领导干部由中共中央宣传部会同中央组织部进行管理。中宣部负责提出宣传思想文化事业发展的指导方针,指导宣传文化系统制定政策、法规。

确保广播电视播出机构的所有权归国家所有,是实现广播电视政策政治目标的根本保证。我国广播电视所有权结构的根本特点是单一所有和经营主体,即播出机构只能由政府开办,禁止私人或外资开办电台、电视台。新中国成立之初,党和国家通过对资本主义私营广播电台的社会主义改造,实现了广播事业的国有化。1997年颁布的《广播电视管理条例》从行政法规的层面规定了广播电视播出机构只能由政府开办和所有,其他任何单位和个人不得设立广播电台、电视台。当下我国进行的广播电视体制改革,允许社会资本和外资有限参与的是节目内容的生产,而广播电台、电视台的开办权并未有任何程度的放开。

对广播电视节目的内容管制,是坚持社会主义舆论导向的重要手段。《广播电视管理条例》在内容管制方面有以下规定:①建立内容审查制度,对广播电视节目之制作、播放实施播前审查、重播重审。

②对节目制作机构实行许可证管理制度,要经广电总局批准方可开展节目制作业务。③审查、限制境外节目的播出,播出境外广播电视节目不得超过规定的比例。① ④要求地方台必须转播中央台和省台节目,传达党和政府的政令;此外,县以下各类电视站不得自办节目。为了改进新闻报道,提高舆论引导能力,中办、国办 2003 年下发了《印发〈关于进一步改进会议和领导同志的活动新闻报道的意见〉的通知》《关于进一步改进和加强国内突发事件新闻报道工作的通知》;2008 年,中办、国办《关于印发〈突发公共事件新闻报道应急办法〉的通知》,要求报道会议和领导同志的活动要坚持正确舆论导向,报道国内突发事件要正确引导舆论,注重社会效果,有利于党和国家的工作大局。此外,国家对新媒体广播电视的内容管制给予了重视,中办、国办 2002 年下发《关于进一步加强互联网新闻宣传和信息内容安全管理工作的意见》,2007 年下发《关于加强网络文化建设和管理的意见》,明确我国对互联网等新兴媒体的方针是:"积极发展、加强管理、趋利避害、为我所用。"

扩大广播电视的覆盖面,是把党和国家的声音传到千家万户的重要举措。为了改善少数民族和农村偏远、落后地区人民收听、收看广播电视的问题,我国相继实施了"西新工程"、广播电视村村通工程。原国家广播电影电视总局法规司司长朱虹指出,"西新工程"、广播电视村村通工程一方面解决了偏远地区收看广播电视的问题,另一方面"有效抵御了境外敌对广播的渗透和侵袭,实现了把反动有害的声音压下去,把党和国家的声音传到千家万户的目标"。

在当前进行的广播电视体制改革中,国家广播电影电视总局有关领导指出,"广播影视必须坚持党和人民喉舌的性质不能变,党管媒体不能变,党管领导干部不能变"。2000 年国家广播电影电视总局发文《关于广播电影电视集团化发展试行工作原则意见》,确定电子媒

---

① 境外剧不得超过电视剧总播出时间的 1/4,黄金时间(18:00—22:00)播放引进剧的比例须控制在 15% 以内。其中,在 19:30—21:30 除广电总局确定允许播放的引进剧外,不得安排播放。

介集团化改革必须在"以宣传为中心的前提下"进行；2001年，中办、国办《关于转发〈中央宣传部、国家广播电影电视总局、新闻出版总署关于深化新闻出版广播影视业改革的若干意见〉的通知》对报业集团、出版集团、发行集团、广播电视集团、电影集团的组建做了全面规定，明确新闻出版广播影视集团由党委宣传部领导，政府有关部门实行行业管理。2003年年底国家广播电影电视总局《关于促进广播影视产业发展的意见》提出"坚持国有为主、多种经济成分共同发展"；坚持国有为主，是为了"坚持和巩固党在意识形态领域的领导地位"。可见，对于意识形态控制的突出强调，一直是广播电视媒体改革不可逾越的边界和稳定的核心。

从以上分析可以看出，广播电视作为党和政府的喉舌，代表人民的利益，是重要的宣传舆论工具和宣传文化阵地，广播电视具有很强的政治、意识形态属性，对于维护中国共产党的领导和社会主义制度至关重要。原国家广播电影电视总局法规司司长朱虹指出，"西方敌对势力加紧对我进行西化、分化，加紧对我进行舆论战、信息战"，需要我们进行广播电视改革，"有效抵御西方意识形态渗透，保持马克思主义思想在我国意识形态领域的指导地位"。总之，广播电视作为我国最具影响力的传统媒介，对个人和社会的影响巨大，具有引导舆论、宣传党和国家的路线、方针和政策的作用。确保广播电视为社会主义服务是我国广播电视政策的政治目标，也是优先于社会文化目标和经济目标的首要政策目标。

### 三 促进和谐社会建设

我国广播电视政策的社会文化目标就是要使广播电视在解决我国社会问题上发挥作用，促进和谐社会的构建。社会问题的产生是由国情决定的。我国现在的基本国情是什么？首先，我国人口多，而资源相对较少，而且农村人口多，相对于城市还比较落后；其次，改革开放30多年以来，我国经济整体GDP已居世界第二，但人均收入还很低，而且贫富收入差距拉大，东西部地区发展不平衡；最后，我国有56个民族，是一个多元文化并存的国家，民族地区发展也不平衡。我国独特的国情决定了社会问题的多样性，如城乡差距问题、民族问题、收入分配公平问题、弱势群体问题等。有学者指出，来自社会领域的问题已成为当前中国前行中面临的主要问题，民生问题日益凸显、公平诉求日益焦聚、社会矛盾日益频发、腐败现象日益增多。

大力发展农村广播事业是我国广播电视政策的基本内容之一。新中国成立之初，毛泽东同志在党的七届六中全会上提出要"发展农村广播网"。1956 年，国务院下发《关于农村广播网管理机构和领导关系的通知》要求加强农村领导和管理工作。1969 年，财政部和中央广播事业局联合下发《关于农村广播网经费开支问题的通知》，把农村广播事业经费列入国家和地方预算。改革开放以来，党和国家对农村广播事业给予持续重视和支持。1997 年颁布实施的《广播电视管理条例》在总则中强调了"国家支持农村广播电视事业的发展""提高农村广播电视覆盖率"。2006 年，国办下发《关于进一步做好新时期广播电视村村通工作的通知》，正式启动"广播电视村村通"工程，目标是大力推进农村地区有线电视联网、直播卫星村村通工程、无线覆盖工程及地面数字电视工程，缩小城乡差距，使广大农村地区群众能够接收到多套广播电视节目。不难看出，对农村广播的重视，是党中央对整体农村工作重视的体现之一，保障广大农民的利益，确保农村稳定、农业发展对我国至关重要。

支持少数民族广播电视事业发展是党和国家一贯的政策。1997 年颁布的《广播电视管理条例》特别强调："国家扶持民族自治地方和边远贫困地区发展广播电视事业。"在西部大开发的同时，2000 年 9 月，西藏、新疆等边疆少数民族地区广播电视覆盖工程（简称"西新工程"）正式启动。"西新工程"是党中央、国务院领导同志直接部署的一项重要工程，具体措施包括：①投资 40 多亿元，新建、拓建 389 座发射台；②提高少数民族语言节目译制水平和民族地区的覆盖能力；③对西新工程实行建养并重的方针；④对中西部贫困地区村村通工程建设给予补助。2009 年，国务院下发《关于进一步繁荣发展少数民族文化事业的若干意见》，其中对民族地区的广播电视事业提出了进一步政策支持措施。支持少数民族地区广播事业的发展，一方面，保障了各族人民的广播使用权，使他们能够听上广播，看上电视，为他们提供信息、教育和娱乐服务。另一方面，也是为了增强党和国家的舆论宣传能力，揭穿西藏、新疆一些别有用心的人鼓动"独立"的谎言，维护国家统一。

对广播电视的内容规制是保障公民权益（特别是弱势群体的权益），发挥广播电视社会效益的必要手段。《广播电视管理条例》第三十二条规定，"广播电台、电视台应当提高广播电视节目质量"，禁止制作、播放煽动民族分裂，诽谤、侮辱他人，宣扬淫秽、迷信或者渲染暴力的内容。广播电视行政部门对广播电视内容的规制主要体现在三个方面：一是对妇女儿童的保护，如2004颁布的《广播电视影视加强和改进未成年人思想道德建设的实施方案》《关于广播、电影、电视正确使用语言文字的若干规定》等；二是对广告内容的规范，如2004年颁布的《广播电视广告播放管理暂行办法》、2011年颁布的《关于进一步加强广播电视广告播出管理的通知》和《〈广播电视广告播出管理办法〉的补充规定》等；三是对广播电视节目过度娱乐化、低俗化的限制，如2011年国家广播电影电视总局正式发布的《关于进一步加强电视上星综合频道节目管理意见》，被电视业界称为"限娱令"。除广播电视行政部门颁布的法规外，其他法律法规也对广播电视内容的规制产生效力，如《广告法》《残疾人保障法》《未成年人保护法》《妇女权益保障法》等。

从以上分析可以看出，我国广播电视政策体现了对社会文化问题的关切，一方面，确保相对落后地区人民的广播电视使用权，包括农村、民族自治地方和边远贫困地区；另一方面，鉴于广播电视对个人和社会的巨大影响，党和国家重视对广播电视内容进行规管，以保障社会弱势群体的权益，促进社会的公平和正义，倡导健康向上的社会风气。

### 四 推动广播电视的产业化发展

我国广播电视政策的经济目标是承认广播电视业的经济属性，推动广播电视的市场化、产业化发展，满足人民群众多方面、多层次、多样性的精神文化需求，创造经济效益，使包括广播电视产业在内的文化产业成为国民经济新的增长点和支柱产业。① 推动广播电视的产业化发展是基于国内、国际两个背景。在国内，随着我国社会主义市场经济体制的建立，客观上要求广播电视业发挥其经济属性，按市场机制运行；在国际上，随着经济全球化的日益加强，我国已加入了世贸组织，要求加快推动我国广播电视的产业化发展，增强我国广播电视产业的国际竞争力，并维护我国的文化安全。

广播电视体制、机制改革是实现我国广播电视政策经济目标的根本途径。新中国成立以来，我国广播电视事业在传统上按事业体制和机制运行，以保证其政治属性和宣传功能。随着改革开放的逐步深入，广播电视的经济属性也引起政治制定者的逐步重视。1987年，国家科委首次将新闻事业和广播电视事业纳入信息化产业序列，传媒的经济角色凸显出来。1997年颁布的《广播电视管理条例》在总则中指出，发展广播电视事业的目标之一是促进社会主义物质文明建设。2002年，党的十六大明确提出"积极发展文化事业和文化产业"的战略决策。2009年，国务院颁布了《文化产业振兴规划》，标志着发展文化产业上升到国家战略地位。正是在我国文化体制改革的大背景下，广播电视产业也展开了一系列体制、机制改革。

推行广播电视集团化改革，实现"事业单位的企业化经营"，是广播电视改革的开始阶段。2000年，国家广播电影电视总局《印发〈关于广播电影电视集团化发展试行工作的原则意见〉的通知》，明确广播影视集团属于事业性质，实行企业化管理。2001年，中办、国办《关于转发〈中央宣传部、国家广播电影电视总局、新闻出版总署关于深化新闻出版广播影视业改革的若干意见〉的通知》对广播电视集团、电影集团的组建做了全面规定，要求积极推进集团化建设。此后，在集团化改革实践中，由于事业性质的广播电视集团概念模糊，2005年，国家广播电影电视总局宣布不再批准成立事业性质的广播电

---

① 我国广播电视的收入来源主要是：广告收入、有线电视收视维护费、财政拨款。参见国家广播电影电视总局发展改革研究中心《中国广播电影电视发展报告（2011）》，社会科学文献出版社2011年版。

视集团。有学者指出，以"事业单位企业化管理"为特征的集团化改革是一种行政化的行为，而非市场化的行为，并未能带来按照市场法则进行的资源配置和结构安排。

推行"制播分离"，将经营性事业单位转制为企业是广播电视改革的进一步推进阶段。党的十六大后，中央已提出在电台、电视台进行制播分离改革的设想。2003年，国家广播电影电视总局发布《关于促进广播影视产业发展的意见》，规定"除新闻宣传以外的社会服务类、大众娱乐类节目，特别是影视剧的制作经营从现有体制中逐步分离出来"。2004年，国家广播电影电视总局在《广播影视工作要点》中，正式提出了制播分离改革，要求改变单纯自制自播模式。2006年，国家广播电影电视总局下发了《广播影视改革工作实施方案》，明确提出文艺、科技、体育类节目可以有选择地逐步探索实行制播分离。2008年，国办下发《关于印发文化体制改革中经营性文化事业单位转制为企业和支持文化企业发展两个规定的通知》，宣布可将宣传业务和经营业务分开，电台、电视台实行事业体制，将经营性部分的影视剧等节目制作、销售、传输网络等从事业体制中剥离出来，转制为企业。2009年，国家广播电影电视总局下发《关于认真做好广播电视制播分离改革的意见》，标志着制播分离改革步伐加快。

推行非公有资本"准入"政策，允许一般企业转制为股份制企业、股份制公司转制为上市公司是广播电视改革的深入阶段。2005年，国务院下发《关于非公有资本进入文化产业的若干决定》，鼓励非公有资本进入影视剧制作发行、广告、动漫、广播影视技术开发运用、建议经营有线电视接入网、参与有线电视接收端数字化改造等业务。2003年底国家广播电影电视总局发布《关于促进广播影视产业发展的意见》，"允许境外有实力的影视制作机构、境内国有广播影视节目制作单位合资组建由中方控股的节目制作公司"；2004年底国家修订《外商投资产业指导目录》时，将广播电视制作从以往的"禁止类"列入"限制类"。2005年，文化部、国家广播电影电视总局、新闻出版总署、国家发改委、商务部联合印发《关于文化领域引进外资的若干意见》，允许中外合作摄制电影、电视剧、动画片。在鼓励非公有资本进入广播电视产业的同时,政府也规定了各种限制政策;例如,作为播出机构的广播电台、电视台由国家完全经营,社会资本及外资皆不得参与;非公资本和外资只能在新闻时政以外的内容生产领域和不涉及政治的技术设施领域投资,且国有资本控股51%以上。

从以上分析可以看出,在社会主义市场经济条件下和经济全球化背景下,我国广播电视业原有的行政事业体制严重束缚了广播电视的生产力,因此必须改革,引入市场体制和竞争机制,解放和发展生产力,满足人民日益增长的多样性文化需求,并发展经济,创造就业,使包括广播电视产业在内的文化产业成为国民经济支柱性产业。我国目前广播电视业改革的基本特征是把公益性业务和经营性业务分开,分别采用事业体制和产业体制来运行;具体而言,主要是"制播分离",政治性与非政治性节目分开,技术性与非技术性业务分开。在广播电视改革进程上,大致经历了"事业单位企业化经营"、转企改制、对非公有资本有限开放三个阶段,体现了政府所采取的试点先行、循序渐进、逐步推开的文化体制改革路径。

### 五 从"网台分离"到"三网融合"

广播电视传输网政策是关于基础设施的技术性政策。政府针对传媒基础设施制定的管理政策是传媒政策的三大领域之一,政策议题包括扩大设施覆盖率、频谱分配等。传输网建设是广播电视事业的硬件基础,[①] 我国政府对频谱资源和传输网建设给予高度重视,规定全国广播电视频段和频率的分配由国务院广播电视行政部门负责,还确立了传输网在广播电视事业中相对于播出机构的独立地位和发展方针,制定、颁行了一系列传输网络管理政策。

我国电台、电视台网建设经历了从扩张到整合压缩的过程。党的十一届三中全会后,中央决定扩大广播电视开办的行政级别和开办主体。1983年中共中央《关于批转广播电视部党组〈关于广播电视工

---

① 根据我国《广播电视管理条例》,广播电视传输覆盖网,由广播电视发射台、转播台(包括差转台、收转台,下同)、广播电视卫星、卫星上行站、卫星收转站、微波站、监测台(站)及有线广播电视传输覆盖网等构成。

作的汇报提纲〉的通知》决定实行中央、省、市、县四级办广播、四级办电视、四级混合覆盖的兴办方针。1990年，国务院批准的《有线电视管理暂行办法》规定：机关、部队、团体、企事业单位可以申请开办有线电视台（站）。1993年，国务院《批转国家计委〈关于全国第三产业发展规划基本思路〉的通知》规定：动员社会各方面集资建设广播电视转播台（站）和其他文化体育设施。政府放开广播电视的兴办，促进了广播电视事业的迅猛发展，规模不断扩大。但是到20世纪90年代中期，我国不少地方出现了擅自设台建网、乱播滥放的现象。为了纠正这种现象，1996年，国务院办公厅下发《关于加强新闻出版广播电视业管理的通知》，要求对各级广播电视播出机构进行合并和精简。1997年《广播电视管理条例》发布，规定同一行政区域只能设立一个区域性有线广播电视传输覆盖网。2001年，国务院办公厅下发《关于转发〈中央宣传部、国家广播电影电视总局、新闻出版总署关于深化新闻出版广播影视业改革的若干意见〉的通知》，要求推动市、县广播电视播出机构的职能转变，加快广播电视传输网络的有效整合。经过几年来的治理调整，目前广播电视网台总量得到了有效控制。

广播电视行政部门致力于推动"网台分离"，确立广播电视传输网的产业化发展方针。1997年颁布的《广播电视管理条例》专辟一章，规定传输网相关政策，确认了广播电视传输覆盖网的独立地位。1999年，国务院办公厅《转发信息产业部、国家广播电影电视总局关于加强广播电视有线网络建设管理意见的通知》明确规定有线、无线播出机构合并。全国的有线电视台实现网台分离运作，有线电视台的节目制作部分合并到无线电视台，网络部分组建以省为单位的广播电视网络传输公司，一省一网，实行企业化运营。2008年，国务院办公厅《转发发改委等部门〈关于鼓励数字电视产业发展若干意见〉的通知》进一步强调，转变广播电视运营方式，推进实施网台分离，形成适应数字化发展需要的广播电视运营机构。网络传输企业与播出机构分离后，应当专注从事发射、转播广播电视节目的业务，不得擅自播放自办节目和插播广告。目前，全国广播电视系统"一省一网""网台分离"的工作基本完成。但也有学者指出，网台分离后，对台、网的管、办都在广播电视系统内，特别是地市以下基本实行局、台、网三位一体的运行管理体制，政府职能、宣传事业、网络产业统筹运行，与产业发展距离较远，仍然是政府垄断的局面。不难看出，"网台分离"、网络业务转企改制是政企分开、事企分开改革的一部分，作为广播电视系统硬件设施的传输网络，其运营属于技术性业务，与政治宣传的关系不大。

随着数字技术的快速发展，我国政府致力于推进广播电视从模拟向数字模式转变，并启动"三网融合"试点工作。[①] 2007年，国家广播电影电视总局发布《电视台数字化网络化建设白皮书》和《广播电台数字化网络化建设白皮书》，标志着我国全面推进广播电台和电视台数字化网络化工作的开始。2008年，国务院办公厅转发发改委等六部委《关于鼓励数字电视产业发展若干政策的通知》，被称为数字电视发展的"一号文件"，从发展目标、投融资环境、税收优惠、技术进步、市场培育和监管、"三网融合"[②]、知识产权保护七个方面对广播电视数字化作了明确规定。2009年，国务院审议并原则上通过了《电子信息产业调整和振兴规划》，明确将数字电视推广纳入国家集中力量实施的六大工程中。2009年8月，国家广播电影电视总局下发的《关于加快广播电视有线网络发展的若干意见》，要求加快建设集地面、有线、卫星于一体的数字电视网，加快双向化升级改造，积极与中国移动等电信部门合作，积极利用广播电视网开展互联网接入等业务，推进"三网融合"。可见，电信与广播电视传统上采取互相不进入对方业务领域的政策，而数字电视政策不但拉动了有线、地面、卫星传输网的发展，也推进了广播电视网、电信网、互联网的融合。但是，也有学者认为"三网融合"是广播电视与电信的"非对称开

---

① 数字电视，是指制作播出、传输、接收等环节中全面采用数字信号的电视系统。按照传输媒介，可分为地面、有线和卫星三种系统。其主要技术优势是：信号传输稳定可靠，不易受到干扰；图像稳定清晰；占用带宽低，节省了珍贵的频率资源。

② 三网融合是指电信网、广播电视网、互联网在向宽带通信网、数字电视网、下一代互联网演进过程中，三大网络通过技术改造，其技术功能趋于一致，业务范围趋于相同，网络互联互通，资源共享，能为用户提供语音、数据和广播电视等多种服务。

放"。目前，我国"三网融合"工作还处在试点阶段。

从以上分析可以看出，我国政府对广播电视传输网的所有权政策是"国家所有"，由中央政府广播电视行政部门控制频谱的分配，国有企业经营广播电视信号传输业务。广播电视传输网的发展政策是与播出机构分离，走"产业化"发展的道路，这是基于传输网建设属于技术性业务，与党和国家的政宣工作关系不大，因此成为广播电视体制改革中"事企分开"、分类发展政策的一部分。此外，随着数字技术的发展，我国政府亦致力于实现广播电视的数字化转换，并推动"三网融合"，实现资源的优化共享。

## 第二节 我国广播电视政策面临的挑战

经过 60 多年的发展，我国广播电视业已达到相当的规模，无论从广播电视人口覆盖来看，还是从广播电台、电视台播出的节目量来看，我国都已是名副其实的广播电视大国；但是与广播电视发达国家相比，我国广播电视业在总量、原创力、国际竞争力、平衡发展方面还有很大差距，还不是一个广播电视强国。在深化文化体制改革的大潮中，虽然我国广播电视部门进行了一系列改革尝试，取得了一定成果，但是还有很多问题没有解决或解决得不彻底，距离建立"运行有序的宏观管理体制和富有经营活力的微观运行机制"的目标还有很长的路要走，特别是广播电视的市场化、产业化和企业化改革阻力很大，还没有形成统一、开放、竞争、有序的现代广播电视市场体系。随着数字技术的发展和新媒体的出现，广播电视业的发展又涌现出不少新问题，这都给广播电视政策的制定带来挑战，需要政策制定者继续坚持改革精神，与时俱进，不断创新，推动我国广播电视产业的健康、有序发展，为实现从广电大国到广电强国的转变而努力。

**一 立法滞后之困：法律效力等级低与立法空白点多**

在世界范围内，广播电视是传统上受政府管制最严格的媒体。发达国家一般都制定了管制广播产业的法律，并随着时间的变迁进行修订，如加拿大的《广播法案》至今已经历五次修订。目前规制我国广播电视业效力等级最高的是《广播电视管理条例》，于1997年颁布实行。《广播电视管理条例》之外，我国还制定了其他一些行政性法规性质的"办法""条例""规定"，如《有线电视管理暂行办法》《卫星电视广播地面接收设施管理规定》；除此之外，就是一些规范性文件和部门规章，不具备法律效力，如《关于进一步加强广播电视广告播出管理的通知》《广电总局办公厅关于进一步加强电视剧文字质量管理的通知》《有线广播电视运营服务管理暂行规定》《电视剧内容管理规定》等。可见，现有法规效力等级低是广播影视系统的一个突出问题。《广播电视管理条例》出台至今已二十年，存在着不适应广播电视业改革发展形势的问题；有鉴于此，国务院分别于2013年和2017年进行了两次修订。但是法律效力等级更高的《广播电视法》至今还没有出台。

此外，在版权保护、有序竞争与反垄断、内容规制、弱势群体保护、新媒体广播电视等领域还没有完善的法规进行规制，成为立法空白点。总之，法制管理薄弱、法制建设滞后不仅削弱了政府规制广播电视产业的合法性，而且也阻碍了广播电视产业的快速、有序发展，需要中央和广播电视行政部门给予足够重视，尽早制定相关法律和政策。

二　监管机构之困："管办一体"与"政出多门"

在我国，国务院广播电视行政部门和地方广播电视行政部门都兼有双重角色。首先是作为播出机构的开办主体，即国家广播电影总局负责开办中央广播电台和电视台，各级地方广播电视行政部门负责开办各级地方广播电台和电视台。其次是监管者角色，国家广播电影电视总局监管全国广播电视系统的运行，各级地方广播电视行政部门监管地方广播电视系统的运行；国家广播电影电视总局与地方广播电视行政部门在行政上是直接的上下级关系。这即是所谓"管办一体"。在地方上，各级广播电视局与当地电台、电视台关系更加紧密，局台合一；国家广播电影电视局与电台、电视台及一些地方建立的广播电视集团已经成为"一家人"和一个利益集团，造成管办不分、又管又办、政企不分、政事不分的问题，这种广播电视产业的监管体制与社会主义市场经济的要求明显是不相适应的。

此外，我国广播电视监管的另一个问题是多头管理、政出多门。广播电视业在我国涉及多部门管理，不可避免会出现互相牵制和部门利益至上的做法。与广播电视业相关的政策往往"政出多门"，各种政策或规则的出台不是出于广播电视体制安排的理性选择，而是多方利益集团短期利益博弈的结果。以"三网融合"政策为例，有学者指出，发改委、工信部、广电总局、国标委多个政府部门，由于利益不尽一致，部门分割、地域分割的情况突出，甚至出现为了部门利益相互牵制的做法，导致"三网融合"难以取得实质性进展。随着数字技术的发展，互联网、移动新媒体等正成为新的市场主体，使广电部门与电信部门的利益关系更加复杂，而我国目前还没有设立专门机构进行统一科学的管理。

### 三 社会目标之困：对弱势群体和公共利益的关切缺位

第一，我国广播电视政策对儿童的保护有待加强。儿童是一个国家的未来，保护少年儿童不受电视广告的不良影响是各国广播电视政策的重要部分。我国现行的广告类法律、法规、部门规章共计300余部，但涉及儿童或未成年人的只有十几条。我国政府对广告进行监管的部门是国家工商行政管理总局下属的广告监督管理司，但是该司对儿童电视广告的监管责任划分并不是很明确，对儿童电视广告管理也缺乏可以遵循的准则，例如，对儿童的年龄、儿童广告投放范围、儿童收看电视时段等没有清晰界定。我国《广播电视管理条例》对政治目标关注较多，对社会目标关注较少，更没有任何专门针对儿童保护的规定。我国学者杨靖认为，涉及儿童广告的规定少且内容空泛、缺乏具体可操作性，没有一部专门的儿童电视广告监管法律是最为重要的问题。

第二，除了少年儿童，我国广播电视政策对其他社会弱势群体的关切亦有待加强。就广播电视网络覆盖而言，至今仍然有不少中西部偏远贫穷地区的农民无法享受到广播电视信息产品服务；就广播频率和电视频道类别而言，全国广播频率中开办对农频率和电视频道中开办对农频道的比例非常小。① 有学者指出，城乡之间的广播电视服务提供不对称实际上形成了"信息鸿沟"，是中国广播电视"谱写和谐社会乐章中的一个不和谐的音符"。在广播电视节目内容上，对弱势群体和社会底层人民的关注很少，反映少数民族、农民、老人、残障人士等特殊人群的节目严重不足。为了追求高收视率，广播电台、电视台将目标受众锁定在强势人群上，如富裕阶层、白领人士以及新新人类等；影视剧中反映的生活离普通老百姓太遥远。有学者指出，人数众多的城市贫民、农民、农民工、残疾人、孤寡老人等弱势群体，有被广播节目和电视镜头忽略的趋势。

第三，广播电视上的违法广告屡禁不止，对公共利益造成侵害。改革开放以来，我国一直实行允许各级电台、电视台播出商业广告的政策，广告收入是电台、电视台的主要收入。对广播电视广告活动进行全面规范的是1995年颁布的《广告法》。但是，自从改革开放后我国广告恢复期就出现的违法广告现象，迄今仍屡禁不止，呈现数量多、涉及多种行业的特点。究其原因，归根结底是新闻媒体机构未能严格把关，追求广告收入、受经济利益驱动是根本原因。对反复出现的违法广告问题，包括国家工商局、国家广播电影电视总局在内的部门发布了不少治理广播电视广告的通知，但不法广告问题仍然存在。2005年以来，中央通过多部门联席会议制度，加强了对虚假违法广告专项整治力度，取得一定成效；但也有学者指出，这种多头监管的方式常常造成部门间互相推诿现象；此外，广播电视行政部门自身是电台、电视台的管理者，管办不分也会影响其监管力度。总之，广播电视广告违法问题远未根治，如何提高规制效能仍然是政府面对的问题。

第四，政府对广播电视节目的不良内容管制有待加强。在世界范围内，保护特定观众群体不受广播电视内容伤害是一项重要内容管制政策，通过限制引起反感的内容，如不雅语言、性内容等，保护少年儿童、宗教人士、妇女等群体。此外，电视暴力内容也是媒体内容政

---

① 参见国家广播电影电视总局发展研究中心《中国广播电影电视发展报告（2011）》，社会科学文献出版社2011年版。

策长期关注的议题之一。我国广播电台、电视台虽然全部是公有性质的，但由于政策允许它们播放商业广告，广告收入在其收入结构中比例最大。① 有些电视台为了广告收入而不顾节目的品质，背离了大众媒介的公共利益标准；例如，近年来广播电视节目出现了过度娱乐化趋势。本来，提供娱乐是广播电视的功能之一，本身并没有错；但是各个电视台为了追求收视率，娱乐节目出现雷同、低俗化趋势，各个频道推出的综艺、娱乐节目大同小异，暴力、色情及粗俗语言常常出现在节目中。虽然国家广播电影电视总局出台了一些管理规定，但是并未有效制止这种现象。究其原因，一是广电部门只采用临时行政手段，多数情况下是通报批评，最多是叫停和罚款，缺乏法律规制，无法形成长效机制；二是广电部门出台的管理规定多是指导性原则，如"限娱令"，缺乏具体明确的实施细则，可操作性不强，使播出机构可以大打"擦边球"；三是地方广播电视行政部门与电台、电视台是"一家子"，地方监管形同虚设，违规处罚基本都由国家广播电影电视总局直接做出。

**四 经济目标之困：有序竞争的现代市场体系尚未真正形成**

我国广播影视业市场化改革的目标是要建立健全统一、开放、竞争、有序的现代广播影视市场体系。为此，政府监管部门要为广播企事业单位依法运营提供良好的制度环境和社会环境，依法监管经营活动，促进企事业单位在市场上平等有序竞争。广播电视体制改革的中心环节是推进经营性事业单位的转制，重塑市场主体地位，在体制上完成从计划经济、行政事业化模式向市场经济、产业化模式的转型，建立现代产权制度和现代企业制度。但是，由于存在观念、体制、政策、区域、利益和人才性障碍，改革在实际推进中遇到很多困难，一个充满活力、有序竞争的市场局面还没有形成。

第一，作为事业单位的各级电台、电视台之间的不平等竞争。虽然播出机构保留事业性质，不参与产业化改革，但是由于其主要收入依靠广告，因而也是市场竞争的主体。广播电台、电视台的事业性

---

① 2010年，全国广播电视总收入构成中，广告收入最多，占40.84%。

质，使其有行政级别之分，从上到下依次为中央、省、市、县四个行政级别。行政级别的存在使各级播出机构不能成为平等自由的市场竞争主体。比如，CCTV作为中央电视台所拥有的资源是地方台无法相比的，因而形成一家独大的地位。此外，各地广播电台、电视台有当地政府的财政担保和行政庇护，互相之间有地域之分，无法实现播出平台的跨地区竞争，实现优胜劣汰、资源整合。

第二，电台、电视台下属的国有企业未能成为真正市场主体。虽经过"转企改制"，电台、电视台下属的节目制作企业和网络传输企业，实际上更像是"准事业单位"。相当多的企业还是按照政府机构的办法运营，没有完全走向市场；转制后的国有企业一方面与民营企业竞争，另一方面又有其"上级单位"——广播电视行政部门的行政保护。播出平台与制作公司之间的"母子"关系，使分离出来的节目制作公司主体化和市场化的身份与地位难以确立与强化。

第三，我国的民营电视节目独立制作公司还处于非常弱势的地位。在广播电视产业发达国家，独立制作公司占有重要地位。我国广播电视行政部门虽然把部分节目类别的制作对民营公司开放，但对民营电视的政策限制还有很多；例如，对资金门槛、公有经济持股比例有严格规定。此外，由于没有自己的播出平台，民营节目制作企业对电视台高度依存，而国家也没有监督指导公平交易的政策措施，播出机构处于强势地位，"制作方"和"播出方"的地位极不平等。有学者认为，播出机构的垄断性和制作机构的非独立性，将会制约节目制作的自由竞争，从而无法形成多样性的节目制作市场。再加上我国目前也没有对播出机构播放独立制作公司节目的比例制定明确要求，民营电视传媒的生存状况还比较艰难。以北京地区为例，2010年，北京电视台的利润为3.20亿元，占北京市属广播电视制作经营机构当年总利润的52.46%，有374家节目制作公司亏损，约占总数的40%。另外一个问题是，我国缺乏常态化的节目交易市场，节目交易只能通过交易会、广博会等方式进行，节目的市场活跃程度比较低；节目销售商在中国电视娱乐节目流通市场上是一个比较薄弱的环节。综合以上情况可以看出，一个高效的公有、民营制作公司并行的机制和有活力的节目制作市场还没有建立起来。

第四,知识产权的保护力度亟待加强。在经济学意义上,竞争有利于消费者福利,是产品或服务质量和选择的保证。我国实行的是"四级"办广播电视的政策,各级、各地电台、电视台之间无序、不良竞争日益严重,有中央台与各省级卫视间的竞争,省台、市台、县台之间的竞争,以及各省卫视之间的竞争等。由于电视产业缺乏版权保护,一些制作机构投入巨大人力、物力、财力开发的原创节目形态,被制作单位及播出单位跟风模仿;例如近年来电视台综艺和娱乐节目的雷同、同质化现象严重,造成市场恶性竞争。广播电视产业是文化产业的一部分,对于文化产业而言,版权保护是保持其可持续发展的关键。特别是在制播分离后,公有与非公有制作企业在市场上要进行平等竞争,如何保护原创节目的知识产权,并以其版权贸易来促进广播电视业的产业化和市场化发展,是政策制定者需要考虑的重要问题。

### 五 新媒体监管之困:内容监管与部门协调不力

新媒体广播电视是指在互联网、移动设备(如手机)等媒体上进行广播电视内容的播放。新媒体广播电视的监管目前存在两方面的问题。一是内容监管问题,即如何遏制新媒体上的反动、色情、暴力等对受众有潜在伤害的内容。虽然广播电视行政部门颁布了一些管理规定,如《关于加强通过信息网络向公众传播广播电影电视类节目管理的通告》《互联网等信息网络传播视听节目管理办法》等,但是新媒体上的这类有害内容迄今仍屡禁不止,需要政府在政策的制定和执行上做进一步的努力。二是新媒体广播电视业务涉及不同政府部门之间的合作与协调,尤其是广播电视内容提供商和电信网络运营商之间的利益亟须协调。传统上,广播电视与电信遵循的是互相不进入对方业务领域的政策,而数字技术的发展使广播电视和电信两大行业之间的业务出现重叠,需要国家在政策层面进行协调和整合。"三网融合"正是在此背景下的一个尝试;但是截至目前,该项试点工作的推进仍十分艰难,甚至有专家称"三网融合""几近夭折"。此外,广播电视行政区域化的管理机制、有线电视网络市场的条块分割、封闭运行等现状与电信运营商的全程全网、线缆到户、统一运营相比很不对称,很难适应新媒体发展的需要,需要广电部门在政策上进行创新和突破。

综上所述,我国广播电视业在法制建设、监管体制、社会问题关怀、市场体系构建及新媒体规制等方面存在着各种亟待解决的问题。造成这些问题的原因是多方面的,既有政策性、体制性障碍,也有观念性、利益性障碍。解决这些问题,需要相关部门按照中央关于深化文化体制改革的要求,进一步解放思想,更新观念,打破束缚改革创新的思想观念和条条框框,加快建立适应社会主义市场经济要求的广播电视管理体制和运行机制,满足人民日益增长的多样性文化需求。

## 第三节 加拿大广播政策对我国的启示

在探讨加拿大广播政策对我国的借鉴意义之前,必须明确加拿大的哪些经验和做法是不能照搬到我国的,因为两国的社会制度根本不同。首先,在我国社会主义制度条件下,"坚持以公有制为主体"和"不搞私有化",已经是我们党和国家具有法律效力的规定,按照原则是不能动摇和改变的;在中国特色的社会主义市场经济条件下,国有经济控制国民经济的命脉,对经济发展起主导作用。加拿大广播政策的演变表明,政府最初也意图建立国家所有的单一公共广播系统,但是一直默许私营部门的存在,后来发展到承认私营广播的合法和平等地位,再到支持私营广播的发展,时至今日,私营广播已超越公共广播成为加拿大广播系统的主体。显然,加拿大政府对私营广播的政策转变模式是不能照搬到我国的。其次,任何关于广播电视体制改革的讨论和建议,必须把坚持广播电视作为党和人民"喉舌"的政治要求作为前提。包括加拿大在内的西方广播电视政策制定的一个根本原则是促进和培育民主,但是我们必须注意,西方资本主义民主有其内在固有的缺陷,与社会主义民主有根本的不同。我国的社会主义民主必须坚持党的领导和社会主义方向,我国广播电视事业必须坚定不移地把为社会主义服务作为首要目标。最后,中央对文化体制改革的要求中明确提出"坚持把社会效益放在首位,坚持社会效益和经济效益有机统一"。最近30年以来,加拿大广播政策则日益把经济目标放在优先地位,而不是政治和社会文化目标。显然,加拿大的这种做法不能照搬到我国。

虽然在社会制度和意识形态领域存在根本差异,加中两国广播政策的根本目标和理念是相似的,即加拿大是为了实现广播的美学(aestheticvalue)价值与经济价值之平衡,努力调和其国内公共政策领域的政治、经济和文化目标;而中国则是兼顾广播电视的意识形态属性与经济属性,既要考虑社会主义市场经济的要求,又要考虑广播电视作为党和人民喉舌的政治要求。历经80年的历史演变,加拿大广播产业积累了丰富的市场化、产业化运作的经验,同时加拿大重视广播对于维护国家认同和文化主权的重要作用,强化广播监管,在防止市场缺陷方面也积累了相当丰富的政策和监管经验;更重要的是,加拿大广播电视产业和我国有很多共通之处,两国面临一些相似的政治、经济和文化议题。因此,加拿大广播政策有很多好的做法和经验值得我国在结合本国国情的基础上有选择地借鉴。当然,加拿大的广播政策也并非是完美的,其国内也有不少批评之声,加拿大政府近年来也在评估在新形势下对《广播法案》进行修订。因此,加拿大广播产业市场化运作的经验对我国的启示分为正反两个方面,其不足或教训亦可作为我国广播电视政策制定的前车之鉴。

**一 建立广播电视市场运作体系**

纵观加拿大乃至西方广播政策近百年的演变史,最重大的变革即是放松管制及市场化、私有化趋势。以20世纪80年代为分界线,在此之前的加拿大和西欧国家基本上都实施了以公共广播为主导的广播体制,对广播电视产业实施大量干预的是政府,而不是市场力量,以确保广播电视产业实现各项公共政策领域的政治、文化和经济目标。20世纪80年代以来,受经济衰退的影响,新自由主义在西方兴起并成为持续至今的各国主流政治和经济意识形态。包括加拿大在内的西方国家广播政策也由此发生转向,放松管制和市场化、私有化成为主要趋势，依靠市场力量实现广播电视的政治、经济和文化目标成为广播政策的主流。

本书认为，私有化显然不适合我国的国情，但是加拿大乃至西方广播政策向市场化转变具有一定普适意义。首先，市场化运作是效率的保证和发展的需要。发展是当今世界的两大主题之一，各国都把经济发展作为首要任务，以满足本国人民的物质文化需要。广播电视产业要解决生存、发展和壮大的问题，既贡献于经济发展，也满足本国人民的文化需要，并参与全球文化产业竞争。包括加拿大在内的西方各国的广播电视产业发展历史表明，采取国家财政支持、政府干预为主的单一公共广播垄断体制不利于广播电视产业的生存、发展和壮大，当然也无法有效实现广播的政治、经济和文化目标。近年来，我国广播电视政策的一个根本特征就是试图解决行政、事业性质束缚与市场、解放生产力的矛盾。在2015年十二届全国人大会议上，李克强总理在《政府工作报告》中强调"发展是硬道理"，发展是解决中国所有问题的关键。我国广播电视事业也应该首先解决发展问题，这样才能更好满足人民日益增长的多层次、多样性精神文化需要，并应对全球文化产业竞争，推动中国文化走向世界。其次，市场机制可以保证一个健康而有活力的思想市场（marketplace of ideas），有利于发挥人民群众的智慧，促进公共讨论和发扬社会主义民主，因此，加拿大广播政策演变对我们最大的启示即是全面实行市场化运作，这是解放和发展广播电视生产力的关键，也有利于贯彻"二为"和"双百"方针，促进社会主义民主社会的建设。为此，本书建议，在坚持社会主义公有制为主体的前提下，在坚持四项基本原则的框架内，全面建立适应社会主义市场经济要求的广播电视业市场运作体系。具体而言，一是广播电台、电视台全面从国有事业单位转制为国有企业；二是引入竞争机制，成立第二家全国广播电视网。

(一) 广播电台、电视台全面从国有事业单位转制为国有企业

我国当前进行的广播电视体制改革有一个很大的保留，即作为播出机构的广播电台、电视台不参与产业化改革，保留事业性质；不进行市场化运作，坚持政府主导。电台、电视台试行"转企改制"的范

围仅限于文体娱乐等非政宣类节目的制作和广播电视信号传输业务（如图5-1所示）。本书建议，广播电台、电视台应该全面实行转企改制，组建国有企业，进行现代企业化管理和市场化运作。

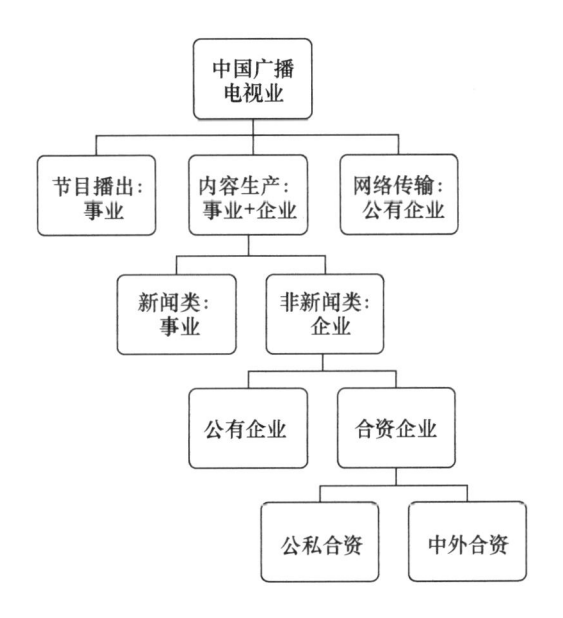

**图 5-1 我国广播电视业转企改制示意图**

广播电台、电视台按事业单位管理和运作，已越来越显示出与社会主义市场经济环境不相适应的弊端。首先，虽然电台、电视台保留事业性质，不参与产业化改革，但是由于其主要收入依靠广告，① 因而也是市场竞争的主体；一方面扮演党和政府喉舌的角色，另一方面也依赖广告商，有学者把这种状况称为"对政治权力和广告商"的"双重畏惧和依赖"，由此造成广播电视种种道德缺失以及乱象。其次，广播电台、电视台的事业性质，使其有行政级别之分，中央和地

---

① 根据国家广电总局发展研究中心2011年的统计，全国广播电视总收入构成中，国家财政收入只占11.93%。在非财政收入中，广告收入排在第一位，占总收入的40.84%。相比之下，加拿大公共广播公司 CBC 的收入主要来自议会拨款，达到63%，广告收入仅占27%。参见国家广播电影电视总局发展改革研究中心《中国广播电影电视发展报告（2011）》，社会科学文献出版社2011年版。

方各级播出机构不能成为平等自由的市场竞争主体；各地广播电台、电视台有当地政府的财政担保和行政庇护，互相之间有地域之分，无法实现播出平台的跨地区竞争，实现优胜劣汰、资源整合。最后，由于电台、电视台是由广播电视行政部门开办的事业单位，与分离出来的节目制作公司及网络传输企业之间是"母子"关系，后者受到其"母公司"行政保护，实际上更像是"准事业单位"，仍然按照事业方式运营，没有完全走向市场，使民营节目制作企业处于不平等的竞争地位。

广播电台、电视台转制为国有企业，仍可保证服务于社会主义，引导正确舆论导向。现行广播电视体制改革保留电台、电视台的事业性质，主要是基于广播电视作为党和人民的喉舌，是重要的思想文化阵地，具有意识形态的特殊性。实际上，对广播电视媒体而言，所有权与控制权是关键。广播电台、电视台转制为国有企业，所有权仍然在国家手中，同时还可以发挥党委的政治核心作用，在国有企业内部监督中起主导作用，确保节目终审权和播出权仍然牢牢控制在党和人民手中，引导正确舆论导向。在西方国家，媒体管制问题的关键甚至不在于是公共控制还是商业控制，而在于国家政策和法律规制文化产业可以生产什么内容，以及受众被允许消费什么内容。加拿大福勒委员会在1965年给加拿大政府的报告中即指出，广播体系中起决定性作用的是节目内容，其他都是"家务活"。因此，电台、电视台进行转企改制，所有权和控制权仍然属于国家，并由党委实施监督，再加之以广播电视法规对内容进行规制，应该完全可以使广播电视坚持正确的舆论导向。转制为国有企业后，各级广播电台、电视台成为平等市场主体，在坚持正确舆论导向使命的前提下，抛开原有事业单位模式的种种束缚，在市场上有序竞争，解放生产力，提高生产效率，满足人民日益增长的多层次、多相关性文化需求，实现经济效益和社会效益的统一，并促进我国广播电视产业壮大实力，参与国际竞争，推动中华文化走向世界。

(二) 成立第二家全国广播电视网

全面建立我国广播电视业市场运作体系，除了广播电台、电视台应该转企改制，成为市场主体之外，还需要引入竞争机制，其中最主要的就是改变我国只有一家全国性广播电台——中央人民广播电台，和一家全国性电视台——中央电视台的现状。任何形式的市场垄断都会对消费者权益造成损害，而广播电视产业的垄断还会导致对观点多样性的损害。我国全国性广播和电视市场分别由一家机构垄断，不利于满足人民日益增长的多样性、多方面、多层次的精神文化需求，也不利于促进社会主义民主社会的发展。因此本书建议，组建第二家全国性国有广播电台和第二家全国性国有电视台，分别与中央人民广播电台和中央电视台竞争。

近年来，我国的中央广播电视播出机构，特别是中央电视台（简称央视）已受到越来越多的诟病。首先，作为中央级的国家电视台，央视由国家广电总局直接开办，在行政级别上显然高于由各级地方广播电视行政部门成立的地方电视台，使各级地方播出机构处于不平等的市场竞争地位。其次，作为唯一的全国性电视台，只有央视的节目是面向全国市场和观众的，而地方电视台的节目以地方市场和观众为主。可见，CCTV作为中央电视台所拥有的资源是地方台无法相比的，因而造就其在我国电视市场上一家独大的地位。多年来，央视自身的利益关系也呈现复杂化趋势。以全国人民的春节大餐——"春晚"为例，央视凭借其对演艺资源的控制、行政资源的倾斜、收视资源的独占，赚取了大量利益，被称为"计划经济的制作，市场经济的销售"。再以央视《同一首歌》为例，其品牌来自央视，使用的是央视的传播资源，而企业为地方政府出钱，地方政府要表现政府形象，一个本来是公益的活动变成了特殊的商业演出，为央视获得惊人的利润。

在加拿大，国家公共广播公司CBC是面向全国播出的广播电视机构，与其在市场上竞争的尚有多家全国性广播电视公司，例如私营性质的CTV、非营利性质的土著人电视网APTN等。其他西方国家也大都有多家全国性广播公司在市场上平等竞争。在英国，与BBC竞争的有ITV、Channel 4、Channel 5等；在美国，有四大全国电视网络互相竞争，即CBS、NBC、ABC及Fox。在全国性市场上有多家广播公司互相竞争，可以提高节目质量，增加观众的选择，并促进观点的多样性，有利于促进和培育民主社会。对我国而言，可以参照电信产业有中国移动和中国联通两家国企竞争的局面，成立第二家全国性电视台，其性质是国有电视台，与央视形成在全国市场上的竞争关系，结束央视一家独大的垄断地位。两家全国性国有电视台在市场上平等竞争，一方面，可以促进节目质量的提高，增加观众的选择；另一方面，在坚持马克思列宁主义、毛泽东思想、邓小平理论、三个代表重要思想和科学发展观为主流意识形态的框架内，促进观点的多样性，促进对公共问题的讨论，促进社会主义民主社会的建设。

## 二 增加各少数民族内容在广播电视中的呈现

我国是一个多民族、多元文化并存的国家，除汉族之外，尚有55个少数民族，其中蒙古族、维吾尔族、壮族、回族、藏族五个较大的民族成立了民族自治区。我国各民族共同组成中华民族大家庭，各民族文化共同构成绚丽多彩的中华文化。近年来，在境内外各种分裂势力影响下，西藏和新疆相继出现了与所谓"藏独"和"疆独"相关的民族冲突事件，例如2008年西藏拉萨发生的"3·14重大暴乱事件"、2009年新疆乌鲁木齐市发生的"7·5打砸抢烧严重暴力犯罪事件"。西藏和新疆的分裂主义者甚至在海外成立了所谓的"流亡政府"，从事分裂祖国的活动。从某种程度上说，当前我国面临着前所未有的民族团结的挑战。

贯穿加拿大广播政策历史演变的两大特征，一个是维护文化主权，另一个就是促进民族和解、维护国家团结。广播被当作解决民族问题的主要工具，对我国具有重要借鉴意义。和我国类似，加拿大也是一个多民族、多文化并存的国家；历史上，魁北克分离主义使加拿大政府多次面临民族分裂危机。加拿大广播政策以承认种族和文化之多元性为基础，在保证英语和法语广播为核心的前提下，支持土著人及其他少数民族广播的发展，重视各种族文化在广播电视上的呈现，发挥广播电视对于激发和搭建跨文化交流、对话和理解的桥梁的作用，调和不同文化和价值观，促进民族融合，维护共同国家身份认同。这对我国而言具有重要借鉴意义。

我国也一贯支持少数民族广播电视事业发展，通过在西藏、新疆等边疆少数民族地区实施广播电视覆盖工程——"西新工程",把党和国家的声音传进西部少数民族的千家万户。但是,我国广播电视当前一个突出问题是对少数民族及其文化的呈现严重不足,特别是作为国家级广播电视机构的中央人民广播电台和中央电视台,反映各少数民族需求、文化和生活的节目太少。因此本书建议,增加各少数民族文化在广播电视上的呈现,增进汉族对少数民族文化之了解,增进各少数民族对彼此文化之了解,使各民族文化相互影响、相互交融,不断丰富和发展中华文化的内涵,提高中华民族的文化认同感和向心力。如此,便可减少主流文化群体对少数民族文化的排斥,同时也可减少少数民族群体的"自我隔离"倾向,增加其融入主流社会的意愿,减少类似"切糕事件"的发生。[①]参照加拿大广播政策的经验和做法,本书有三项具体的建议:

第一,增加各级广播电台、电视台,特别是中央人民广播电台和中央电视台,对少数民族生活、文化和需求的呈现。具体来说,一是广播电视行政部门可以规定中央人民广播电台和中央电视台播出少数民族节目的最低比例;二是国家设立专项基金,增加对少数民族节目制作的投入。[②]

第二,我国可以试行成立一个全国性民族电视台,或者至少在中央电视台开辟一个民族频道。由于土著人在加拿人社会的特殊地位,加拿大成立了土著人全国广播电视网 APTN,面向全国观众,每天播出三次节目,60% 为英语节目,15% 为法语节目,25% 为各种原住民语言节目。APTN 的成立对文化和种族多样性的构建发挥了重要作用,促进了加拿大的文化多样性和跨文化交流,成为加拿大多元文化社会的一个标志。对我国而言,蒙古族、维吾尔族、壮族、回族、藏族是

---

① 2012 年 12 月 3 日,湖南省岳阳市公安局官方微博@岳阳公安警事发布了一则消息,村民凌某在购买新疆人核桃仁切糕时,因语言沟通不畅造成误会,双方口角导致肢体冲突引发群体殴打事件。参见《价值 16 万切糕事件》,百度百科,2012 年。

② 为了确保提供最低数量的少数民族语言之节目,加拿大政府要求所有的地面广播传输公司保证每传送十个主体语言节目时,必须传送一个少数语言节目。为了支持少数民族节目制作,成立了第三语言节目制作基金。参见本书第三章。

五个较大的少数民族，在我国社会有特殊地位。但是，现在成立五个全国性民族电视台显然不太现实，而如果只成立民族问题比较突出的藏族或维吾尔族全国电视台，对其他少数民族有失公平。因此，本书建议成立一个涵盖各少数民族的全国性民族电视台（或至少在中央电视台开辟一个民族频道），以五大少数民族节目为主，兼有其他各少数民族节目。在播出语言上，因为要面向全国观众，应该以汉语普通话为主，再加一定比例的五大少数民族语言。

第三，在国际广播中增加少数民族语言和文化节目。加拿大联邦政府和魁北克省共同资助的法语电视台 TV5，以有线及卫星向全球法语社区播出节目，可以把流散于世界各地的法语少数民族"聚合"起来。我国也可以参照此做法，在中央台的国际广播中增加藏族和维吾尔族等少数民族语言和文化节目，抵制分裂主义者对我国流散于海外的各少数民族侨民的影响。

### 三 制定《通信法》

立法滞后是我国广播电视业当前存在的主要问题之一，不利于广播电视体制改革的深化，也不适应社会主义市场经济的要求。首先是现行管理条例法律效力等级低。目前我国还没有一部广播法律，广播电视工作中覆盖面最宽、效力等级最高的是1997年颁行的《广播电视管理条例》，此外还有一系列具体管理办法、规定相配套。其次是立法空白点多，版权保护、有序竞争与反垄断、内容规制、弱势群体保护等领域还没有完善的法规进行规制。

包括加拿大在内的西方发达国家一般都制定了管制广播产业的法律，并且随着形势的变化和时间的变迁进行更新，如加拿大的《广播法案》至今已经历五次修订。此外，近年来西方发达国家广播立法的一个新趋势是把电信产业包括进来，制定统一的《通信法案》（Communication Act），以适应广播产业和电信产业的融合趋势。例如，英国于2003年以《通信法案》取代了1990年颁行的《广播法案》。近年来，在加拿大也出现对广播和电信分开立法的批评之声。虽然监管机构都是加拿大广播电视与电信委员会，但是规管电信产业的是《电信法案》，规管广播产业的是《广播法案》。因此，加拿大广播电视与电信委员会于2008年提议制定一个新的单一法案,以统一《广播法案》《电信法案》和《无线电通信法案》,对无线电、电信、广播、电视传输、互联网进行统一规制。

在我国,随着数字技术和新媒体的发展,广播电视产业和电信产业也出现日益融合的趋势。目前,对我国电信产业进行规制的是产业部在2000年出台的被称为"小电信法"的《中华人民共和国电信条例》。参照加拿大的经验和教训,本书建议,我国不但应该尽快制定广播法,而且应该把电信产业也考虑进来,制定统一法律——《中华人民共和国通信法》,对电信、广播电视、互联网进行统一规制。在法律起草之前,也可以参照加拿大的做法,由全国人大常务委员会成立一个特别工作组,指派广播电视领域的专家任主席,进行公开征询,收集公众、产业界及其他各方的建议,最后由工作组出台报告,向人大提出制定通信法的具体建议。

### 四 成立独立广播电视监管机构

当前,我国广播电视监管体系存在的最大问题是管办合一、局台一体。广电总局及各级地方广电分局,既是行政管理部门,同时又是在市场上存在竞争关系的各级广播电视台的开办者,形成纵横交错的利益关系,因而无法形成有效的监管机制。此外,广电部门又与电信等部门发生外部利益冲突,不可避免会出现互相牵制和部门利益至上的做法。由此,造成了我国广播电视业的种种"乱象"。我国广播电视的"行政事业管理模式"是在计划经济时期形成的,是中国政治体制和文化体制的产物,已经越来越不适应社会主义市场经济发展的要求。在深化文化体制改革背景下,虽然广电部门也反复强调要实现政事分开、政企分开,但是只要行政部门和广播电视台在法律上、体制上存在"一体"的关系,就不可能从根本上解决问题。

加拿大国家公共广播公司CBC成立之初,既是市场上的竞争者,又是私营广播公司的监管者。随着私营广播产业的发展和市场化运作要求,CBC的双重身份受到越来越多的诟病。1958年,加拿大政府成立了独立的广播电视监管机构,与政府保持"一臂之距",直接向议会报告,同时监管公共广播公司与私营广播公司。此后,广播产业与电信产业日益融合，为了提高监管效率，加拿大议会于1976年通过法案，把电信和广播的监管机构合二为一，成立了"加拿大广播电视和通信委员会"（CRTC）。不仅是加拿大，其他很多西方国家也把广播、电信置于同一机构监管之下，如英国的通信办公室（Ofcom）、美国的联邦通信委员会（FCC）。参照加拿大的经验并结合我国具体国情，本书提出以下建议：

第一，为适应社会主义市场经济条件的要求，广播电台、电视台要成为独立的市场主体，因此必然要求"管办分离"。鉴于广播电视台的开办者是广电行政部门，建议人大通过立法，成立一个独立广播电视监管机构，直接向人大汇报。

第二，鉴于全球范围内广播电视产业与电信产业的日益融合，我国电信和广播电视应该置于同一部门监管之下，减少两部门互相牵制，以有利于统筹规划与管理，提高监管效率。

第三，基于以上两点，本书建议通过人大立法，把广电总局和工信部的部分监管职能合并，成立"通信委员会"，统一监管电信、广播电视电影、互联网及移动新媒体。新部门应该独立于广电总局及工信部，直接向人大汇报。

第四，"通信委员会"与广电总局的职权关系，可以参照加拿大的经验。在加拿大联邦政府部门中，文化遗产部是广播产业的对口部委，其职责主要是规划与广播相关的政策、向议会提议立法、提交关于广播的监管建议、启动资助项目等；而CRTC主要是负责日常监管，包括频率分配、执照管理、解决争议以及制定具体管理规定。在英国，通信办公室与英国"文化传媒体育部"（DCMS）的职权关系也与此类似。

第五，对"通信委员会"的人员组成，首先，参照加拿大的做法，应该是由熟悉广播电视产业的专家型的委员组成。其次，我国当初实行"管办合一"的体制，主要是为确保广播电视作为党和人民喉舌的功能，所以"通信委员会"的主席和成员可以由中宣部和组织部共同指派，来确保正确的政治方向。

在十二届全国人大一次会议上，我国大部制改革方案出台，其中广电总局与新闻出版总署合并,成立"新闻出版广电总局"。这项合并方案表明了中央进一步推进文化体制改革,对新闻宣传部门整合、归并的意图。本书建议,新组建的"新闻出版广电总局"如果继续作为广播电视台的开办者,就不宜同时兼任监管者,其主要职责应该是负责广播电视业大政方针的规划;对广播电视产业的日常监管,成立直接向人大报告的独立监管机构来负责,实现"管办分离";同时,要考虑全球范围内的电信产业与广播电视产业融合的现实,把广播电视与电信置于同一机构监管之下。

**五 保护弱势群体的广播电视权利**

加拿大广播政策对弱势、少数群体权益的保护给予很大重视,体现了社会人文关怀,促进了社会和谐。弱势、少数群体是指在性别、年龄、性取向、身体、宗教、种族、社会经济地位等方面处于相对弱势或在总人口中不占主导的群体,例如妇女、儿童、少数民族、残障人士等。保护弱势、少数群体的权益,一是要限制可能对特定群体造成伤害的内容;二是要保证角色的公平、非歧视性描绘;三是要为弱势、少数群体提供广播系统的公平就业机会;四是要为残障人士提供可供其利用的广播电视节目。参照加拿大的经验和做法,本书提出以下建议:

第一,在广播电视中增加反映弱势、少数群体和民生的内容。我国广播电视节目内容对弱势、少数群体的关注很少,反映少数民族、农民、农民工、老人、宗教人士、残障人士等特殊人群的节目严重不足。为了追求高收视率,广播电台、电视台将目标受众锁定在强势人群,如富裕阶层、白领人士以及新新人类等;很多影视剧中反映的"高端"生活离普通老百姓太遥远。即便有些节目中出现了弱势、少数群体的形象,其角色描绘也往往呈现定型化、模式化和脸谱化。因此,本书建议广播电视监管部门出台相关政策,一是要求播出机构保证播出最低数量的反映弱势、少数群体的节目;二是从节目制作环节上,激励生产和制作反映弱势、少数群体的节目。对弱势、少数群体给予更多的关注,为其提供更多适合的文化产品,对社区建设、邻里关系、减少犯罪等都有所裨益,从而对我国构建各阶层和谐共处的社会主义社会产生积极意义。值得指出的是，2013年开年，我国广播电视新闻节目已开始悄然发生一些改变，"买菜大妈、北京雾霾、成都曹家巷拆迁……抢了国家领导人的位子，上了《新闻联播》的头条，国家领导人活动和会议占据头条的时候不到1/4"（如图5-2所示）。

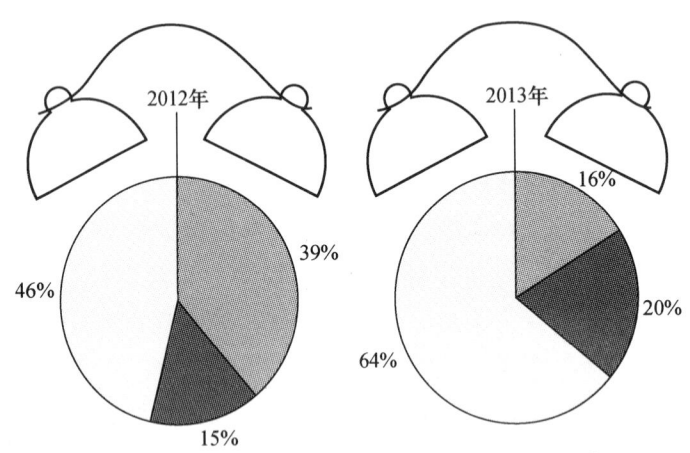

2012年：时政报道39%，其他国内报道46%，国际报道15%
2013年：时政报道20%，其他国内报道64%，国际报道16%

■ 时政报道：会见、外交、会议、领导活动、宣传重点、公告等
□ 其他国内报道：经济、社会、科技、教育、文化、医疗卫生、军事等
■ 国际报道：除外交报道外，其他一切国际报道

**图5-2　2012年、2013年《新闻联播》报道类型时长对比**

第二，为弱势、少数群体提供在广播电视系统的平等就业机会。CRTC于1992年颁布《就业平等政策》，要求申请新执照或是执照延期时，业者需要提供其机构内部关于就业平等的信息，诸如能够证明男女员工享有平等就业机会的资料。在1997年公布的《平等就业政策》修订案中，CRTC还特别规定了广播公司在其节目播放时要确保四类职员在电视镜头或电台播音中有平等出镜的机会，即女性、土著人、残障人士和有色人种。我国广播电视系统目前为社会弱势、少数群体提供的工作机会明显不足。以国家级的中央电视台为例，少数民族主持人数量很少，虽然纳森（蒙古族）、白岩松（蒙古族）、撒贝宁（回族）等著名主持人是少数民族，但是他们的民族特征不明显，一般观众可能根本不知道他们是少数民族，而藏族、维吾尔族的主持

人则更少。因此，本书建议广播系统（特别是中央台）应该为弱势、少数群体增加工作机会，特别是保证少数民族职员在电视镜头或电台播音中有平等出镜的机会，体现中华民族大家庭中各民族享有平等的权利，增加各少数民族观众的中华文化认同感和归属感。

第三，为听力或视力障碍者提供适合其利用的电视节目。根据中国残疾人联合会公布的数据，2010年末我国残疾人总数为8502万；其中，视力残疾1263万人，听力残疾2054万人。为全面构建社会主义和谐社会，我们应该让3317万视听残障人士和全国人民一样享受广播电视服务。但是，我国目前还没有出台相关政策来强制要求广播电台、电视台保证其播出的节目为听力或视力障碍者提供特殊服务。因此，本书建议：我国可以参照加拿大的做法，由广播电视监管机构出台相关规定，至少要求国家级的中央电视台保证其播出的节目为听力障碍者提供闭路字幕，为失去视力或视力不佳的观众提供音频解说服务。

综上所述，基于我国广播电视产业的实际情况和存在的问题，加拿大广播政策对我国的主要启示包括：建立市场运作体系、增加少数民族内容呈现、制定《通信法》、成立独立监管机构以及保护弱势群体权益。除此之外，加拿大广播政策在其他一些方面对我国也有一定借鉴意义，如实施国产内容政策，捍卫国家文化主权；对广播内容规制采取政府监管与行业自律相结合的方式，强调行业自律的作用；建立投诉委员会，发挥公众对广播电视内容的监督力量；在广播政策制定过程中，重视通过公共咨询、公开听证等方式征询民意；吸引外国公司在加拿大制作节目、鼓励外国公司制作关于加拿大文化的节目等。其中，国产内容政策是加拿大广播政策的基石之一，目的是为了抵抗美国文化的影响，捍卫国家文化主权。我国虽然也有保障文化主权和文化安全的问题，但是就广播电台、电视台播放的节目而言，国产内容是绝对主体，所以不存在非国产内容的迫切威胁。但是在网络电视方面，需要注意非国产影视剧"风靡"网络的现象，例如国内主要视频网站，如搜狐、爱奇艺、优酷、乐视、暴风等提供大量的非国产影视剧，并以此为"卖点"；美剧、韩剧、日剧等在网上拥有大批中国"粉丝"。

## 本章小结

　　广播电视事业在我国具有很强的政治、意识形态属性，是重要的宣传文化阵地。我国广播电视政策的根本目标，即是确保广播电视作为党和人民的喉舌，为人民服务，为社会主义服务，坚持正确的舆论导向。我国的广播电台、电视台只能由广播电视行政部门开办，由党委领导，按事业单位的方式管理和运作。

　　随着我国社会主义市场经济体制的建立和经济全球化的发展，我国广播电视的行政管理体制和事业运行机制已越来越不能满足人民日益增长的多层次、多样性文化需要，也不利于参与全球文化产业竞争，增强中华文化国际影响力。根据中央关于深化文化体制改革的要求，广播电视系统也按节目播出、节目生产和节目传输三类业务，进行了分类改革。节目播出机构是控制广播电视政治方向的关键，保留事业体制，只能由政府开办。节目生产分为两类：新闻时政类节目生产保留事业体制，由电台、电视台内部制作；文体娱乐类节目的生产实现产业化运作，由播出机构成立的企业来经营，民营和外资也可有限参与。节目传输实行产业化运作，由附属于播出机构的企业来经营。概而言之，就是制播分离、网台分立。

　　我国广播电视改革的目标是要实现政企分开、政事分开、事企分开，建立充满活力、富有效率的管理体制和生产经营机制。但是，由于存在观念、体制、地域、利益等障碍，改革虽取得一定成绩，但束缚广播电视生产力的问题没有得到根本解决。首先，按事业体制运作的中央和各级广播电视台，受行政级别的保护，存在部门、地域等既得利益，内部改革无法实质性推进，运行机制僵化，生产效率低下；全国各级电台、电视台为追求广告收入在市场上无序竞争，频道和节目出现同质化、低俗化现象。其次，行政监管部门和广播电视台在法律上、体制上的"一体"关系没有改变，不可能从根本上实现管办分离，政令不通、监管不力、部门利益至上等问题频现。总之，我国广播电视业的有效监管体制和有序市场运作体系还没有真正建立起来，改革仍需要向"深水区"进一步推进。除了体制、机制改革有待深入，我国广播电视业存在的其他主要问题包括立法滞后，对弱势、少数群体权益的关切不足，以及在数字技术的发展和产业融合趋势下，各政府部门之间的合作与协调问题。

基于我国广播电视产业的实际情况和存在的问题，加拿大广播政策的经验和做法对我国具有一定借鉴意义。为此，本书提出以下建议：实现广播电视台全面转企改制，引入与央视竞争的第二家全国性电视台，全面建立社会主义广播电视市场运作体系；开辟全国性民族频道或电视台，增加少数民族内容呈现，促进各民族文化相互影响、相互交融，提高中华民族的文化认同感和向心力；制定《通信法》，对电信、广播电视、互联网进行统一规范与管理；成立独立监管机构，实现管办分离的有效管理体制和运行机制；保护弱势、少数群体的广播电视权益，促进社会主义和谐社会建设。总之，在保证广播电视作为党和人民喉舌地位不变、社会效益优先的前提下，为适应社会主义市场经济的要求，我国广播电视产业应全面按市场化方式运作，解放和发展广播电视生产力，满足人民多层次、多样性精神文化需要，促进文化产业成为国民经济支柱性产业，增强中华文化的全球竞争力和影响力。

# 结 语

　　加拿大国土面积位居世界第二，人口却只有不到 3500 万。在广袤的土地上生活着稀少的人口，而且分散在几个大城市和地区中心，如多伦多、蒙特利尔和温哥华。加拿大又是一个多种族和多元文化共存的国家，说英语的加拿大人为第一大主体民族，说法语的加拿大人为第二大主体民族（主要居住在魁北克地区），原住民在加拿大社会具有特殊地位，来自世界各地的移民构成加拿大众多的少数民族。在地理上，加拿大邻近美国——一个拥有发达传媒文化产业、庞大人口和经济的国家；两国语言相通，边境开放，美国的传媒和文化对加拿大冲击巨大。正是加拿大所具有的特殊国情决定了政府要对广播电视产业进行必要干预和监管，以确保加拿大的政治、经济和文化利益。广袤的国土和分散的人口，使加拿大有增加国民凝聚力之需要；与文化传媒产业实力强大的美国相邻，面临被美国文化同化的威胁，使加拿大有捍卫本国文化主权之需要；多民族、多元文化的社会属性，使加拿大有促进各民族和谐相处之需要；国内市场小，又分为英语和法语两个市场，文化产业生产成本高，使加拿大有保障广播电视产业的生存和发展之需要。正是基于加拿大自身的政治、文化和社会结构以及所处的国际环境，加拿大制定了符合自身国情的广播政策，设定了要实现的政治、文化和经济目标。

　　加拿大广播政策的政治目标主要是保持不同于美国的文化认同，捍卫国家文化主权；社会文化目标主要是促进各民族和谐相处，维护国家团结。笔者认为，这两项政策目标的本质都可以归结为一点，即塑造加拿大的国家认同（national identity）和国家意识（nationhood）。实际上，作为一个曾经由英、法分别控制的北美殖民地，发展到现今的多种族、多元文化国家,在过去 100 年,加拿大一直面临塑造国民共同的国家身份认同之挑战,而文化具有增加社会凝聚力的力量,因此加拿大政府一直致力于以文化来定义和追求国家意识;作为最有影响力的传统媒介,广播电视也自然成为一个主要文化政策工具。[①] 在加拿大构建国家认同的过程中最大的两个威胁,乃是来自魁北克分离主义和来自美国对加拿大的文化同化。因此,促进国家团结和捍卫文化主权成为贯穿加拿大广播政策历史演变的两大主要特征,自 1920 年以来的每一项广播政策问题基本上都可与这两个议题挂钩。

为了确保为广播电视产业设定的政治文化目标得以实现,一个强大的中央广播体系是根本保障。为此,加拿大政府最初意图建立公共广播单一垄断的体制,国有化所有私营广播;国家公共广播公司 CBC 既是市场上的竞争者,又是私营广播的监管者。但是,公共广播体制在此后的发展中越来越不能适应市场经济的要求。首先是国家财政压力很大,其次是公共广播体制生产效率低下,最后是公办广播削弱了广播的民主潜力。随着经济全球化和通信、传媒产业融合的发展,包括广播产业在内的加拿大文化产业面临全球竞争的挑战,加拿大广播产业首先要解决生存和发展的问题。正是基于以上原因,在全球范围内放松管制和市场化、私有化趋势下,加拿大政府逐渐放弃了建立单一公共广播体制的初衷,成立了独立的广播监管机构,支持私营广播的发展,以依靠市场力量为主来实现广播政策的各项目标;时至今日,私营部门已成为加拿大广播系统的中流砥柱。因此从整体来看,在过去 30 年,经济目标在加拿大广播政策中日益处于优先地位,但同时加拿大政府仍然重视文化主权和民族团结的公共政策目标,对私

---

[①] 加拿大学者 Edwardson 曾把政府为构建国家意识而进行的加拿大化(Canadianization)历史分为三个时期:第一个时期是建国之始的亲英国家主义,政府支持艺术,赋予传媒国家使命,确保从殖民地向国家之转化以大英帝国为其根源;第二个时期是 20 世纪 60 年代中期到 70 年代初,新国家主义者(new nationalist)致力于以多元文化主义构建国家认同;第三个时期从 20 世纪 60 年代末持续至今日,政府通过对文化产业之直接投入来促进联邦统一(federal unity),形成今日自文化遗产部以下运行的庞大文化官僚机构。参见 Eedwardson R. Introduction: A Guide to Canadianization [M] //Canadian Content: Culture and the Quest for Nationhood Toronto University of Toronto Press. 2008。

营部门实施较为严格的监管，要求私营广播公司承担较多公共义务，并保留公共广播为广播系统的重要组成部分。

　　加拿大广播政策 80 余年的历史演变，即是寻求政治、文化、经济目标的平衡与再平衡的过程。加拿大现今之广播体系是多方力量互相博弈的结果，既有公众支持公共服务广播的社会压力，也有产业界要求创造有利于经济发展环境的压力，还有国家主义者要求捍卫文化主权和国家团结的政治压力。加拿大广播政策制定涉及的利益方和参与者包括联邦政府、各省政府、联邦主义和国家主义支持者、魁北克分离主义者、私营广播业公司、内容创作者工会、国家公共广播公司、社区激进运动者及其他社会和文化团体，各方都毫无例外地以公共利益为其政策游说的正当性理由。但是，在加拿大学术界和公共利益团体看来，只有广播的社会文化目标才代表真正的公共利益，即推动社会的变革与进步、促进社会民主和公平；学者们批评政府以国家利益和国家目标取代公共利益，而私营业者以消费者的选择代表公众利益。然而，最近 30 年以来，加拿大广播产业的放松管制和市场化、私有化的政策取向表明，发展的目标最终取得在广播政策中的优先地位，以市场经济决定社会关系成为政府干预的原则；在保证广播电视产业生存和发展的基础上，政府确保各项国家政策目标和公共利益目标得以实现。

　　近年来，加拿大国内也出现要求修订《广播法案》和进行监管改革的呼声。在数字技术和新媒体广播电视快速发展的形势下，一个突出问题是广播监管机构目前对新媒体采取的"不规管"政策。在新媒体环境下，加拿大广播政策的目标仍然是"讲述加拿大故事"，保护加拿大的文化不被"美国化"。新媒体对节目内容之传输日益分流广播产业的受众和广告收入，而新媒体对节目内容生产的"贡献"机制却尚未建立，这可能最终导致高品质"加拿大内容"生产的萎缩。另一个问题是数字化技术的发展使通信相关产业之融合日益加深。在国际上，西方很多国家都已在采取措施应对此问题，例如英国已制定统一的通信法取代广播法，但加拿大目前有三部法律规管广播和电信产业，因此不少加拿大学者呼吁在新的技术环境和国际环境下修订《广播法案》。总之，全球化、数字化、互联网的发展、受众分化、媒体分化、产业融合等通信领域出现的新趋势都产生了修订《广播法案》和进行监管改革的呼声，包括对传统广播电视部门"放松监管"、对新媒体"施加监管"、对电信和广播产业"整合监管"等各种声音。

加拿大广播政策的经验和教训对我们最大的启示即是全面实行市场化运作，解放和发展广播电视业生产力。市场化运作是加拿大乃至全球广播电视产业发达国家在市场经济条件下的普遍做法，一方面可提高效率，增加活力，做大做强广播电视产业；另一方面可促进观点之多样化，培育一个健康而有活力的思想市场。为此，本书建议，在坚持社会主义公有制为主体的前提下，在坚持四项基本原则的框架内，全面建立适应社会主义市场经济要求的广播电视业市场运作体系。具体而言，一是广播电台、电视台全面从国有事业单位转制为国有企业，成为独立市场主体；二是引入竞争机制，成立与央视竞争的第二家全国性广播电视台。与建立市场运作体系相配套，一是要制定《通信法》，关照电信产业与广播电视产业的融合趋势；二是要成立独立广播电视监管机构，从根本上实现管办分离。总之，建立社会主义市场化运作体系是解放和发展广播电视生产力的关键，一方面可以满足人民日益增长的多层次、多样性文化需要，并参与全球文化产业竞争，推动中华文化走向世界；另一方面也有利于贯彻为人民服务、为社会主义服务和百花齐放、百家争鸣的方针，促进社会主义文化大繁荣、大发展。

加拿大广播政策对我国的另一个重要启示是发挥广播电视系统的特殊作用，促进社会主义和谐社会的建设。促进民族和解、维护国家团结是贯穿加拿大广播政策演变史的一个主要特征，当前加拿大广播政策不但给予法语广播和英语广播同等地位，而且支持土著广播的发展及其他少数民族内容在广播电视上的呈现，以促进各民族文化之交流和融合，塑造共同的国家认同；我国当前广播电视的一个突出问题是少数民族内容的呈现严重不足，不利于通过各民族文化相互影响、相互交融来提高中华民族的文化认同感和向心力。为此，本书建议不仅各少数民族聚居地区的广播电台、电视台应该增加少数民族内容的呈现，而且应该成立一个全国性民族电视台，或者至少在中央电视台开辟一个民族频道，面向全国观众播出反映少数民族生活、文化和需求的节目，增进汉族对少数民族文化之了解，也增进各少数民族对彼此文化之了解。此外，加拿大政府重视保护社会弱势群体的广播权益，体现人文关怀，促进社会公平。参照加拿大的经验和做法，本书建议：一是在广播电视中增加反映弱势、少数群体和民生的内容；二是为弱势、少数群体提供在广播电视系统的平等就业机会；三是为听力或视力障碍者提供适合其利用的电视节目。

党的十八大以来，我国新当选的党和国家领导人的有关谈话表明，改革和发展将继续成为当今中国的主题。2012年12月，习近平总书记在广东考察时强调改革不停顿，开放不止步，"要敢于啃硬骨头，敢于涉险滩"，既勇于冲破思想观念的障碍，又勇于突破利益固化的藩篱。2013年3月，李克强总理在参加"两会"团组审议时强调"发展是硬道理"，"发展是解决中国所有问题的关键"。可见，我们应该进一步解放思想，在结合我国具体国情的基础上，运用包括借鉴发达国家广播电视产业运作经验在内的创新思维，进一步地推进我国广播电视体制机制改革，为实现我国从广电大国向广电强国转变的目标而扎实努力。

# 参考文献

[1] Lincoln C., Our Cultural Sovereignty: The Second Century of Canadian Broadcasting [M]//Standing Committee on Canadian Heritage. 2003, http://www.parl.gc.ca/content/hoc/Committee/372/HERI/Reports/RP1032284/herirp02/herirp02 - e. pdf.

[2] Vipond M., Broadcasting [M], Oxford University Press, http://www.oxfordreference.com/10.1093/acref/9780195415599.001.0001/acref - 9780195415599 - e - 210.

[3] 胡锦涛：《坚定不移沿着中国特色社会主义道路前进，为全面建成小康社会而奋斗：在中国共产党第十八次全国代表大会上的报告》，http://www.xj.xinhuanet.com/2012 - 11/19/c_113722546.htm.

[4] 江泽民：《全面建设小康社会，开创中国特色社会主义事业新局面：在中国共产党第十六次全国代表大会上的报告》，http://www.ce.cn/ztpd/xwzt/guonei/2003/sljsanzh/szqhbj/t20031009_1763196.shtml.

[5] 黄永林：《从资源到产业的文化创意：中国文化产业发展现状评述》，华中师范大学出版社2012年版。

[6] 朱虹：《从广电大国到广电强国》，华中师范大学出版社2011年版。

[7] 蔡帼芬：《加拿大媒介与文化：Canadian Media and Culture》，中国传媒大学出版社2004年版。

[8] 国家广播电影电视总局发展研究中心课题组：《发达国家广播影视管理体制和管理手段研究》，中国传媒大学出版社2007年版。

[9] 朱虹:《广播影视业:改革与发展》,河南大学出版社 2004 年版。

[10] Armstrong R., Broadcasting Policy in Canada [M], Toronto: University of Toronto Press, 2010.

[11] Raboy M., Missed Opportunities: The Story of Canada's Broadcasting Policy [M], Montreal; Buffalo: McGill – Queen's University Press, 1990.

[12] 郭镇之:《第一媒介:全球化背景下的中国电视》,清华大学出版社 2009 年版。

[13]《汉语大词典》,上海辞书出版社 2007 年版。

[14]《朗文当代高级英语词典》,外语教学与研究出版社 2004 年版。

[15] Broadcasting Act [M]. Minister of Justice, 1991.

[16] 杨波:《坚持"两手抓":实现广播事业和广播产业协调发展》,http://www.cnr.cn/wcm/gt/lt/t20050516_ 171338.html.

[17] Chandler D., Munday R., Media Industries [M], A Dictionary of Media and Communication. Oxford University Press Inc, 2012.

[18] Wagman I., Winton E., Canadian Cultural Policy in the Age of Media Abundance: Old Challenges, New Technologies [M] // Shade L. R. Mediascapes: New Patterns in Canadian Communication. Toronto, Ont.: Nelson Education, 2010.

[19] Raboy M., Influencing Public Policy on Canadian Broadcasting [J]. Canadian Public Administration—Administration Publique Du Canada, 1995, 38 (3): 411 – 432.

[20] 刘斌:《政策科学研究》,人民出版社 2000 年版。

[21] Policy [M] //Park C., A Dictionary of Environment and Conservation., Oxford University Press, 2007, http://www.oxfordreference.com/views/ENTRY.html? subview = Main&entry = t244.e6207.

[22] Policy [M]. Wikipedia, 2012, http://en.wikipedia.org/wiki/Policy.

[23] Public Policy [M] // Darity W. A., JR., International Encyclopedia of the Social Sciences, 2nd ed. Detroit: Macmillan Reference

USA, 2008: 618 – 620 [2012/8/5], http://go.galegroup.com/ps/i.do?id=GALE%7CCX3045302124&v=2.1&u=crepuq_mcgill&it=r&p=GVRL&sw=w.

[24] 苏东水:《产业经济学》,高等教育出版社2000年版。

[25]《国家产业政策》,百度百科,http://baike.baidu.com/view/1438871.htm.

[26] Boll S., Ungoverning the Economy: The Political Economy of Australian economic policy [M], Melbourne; New York: Oxford University Press, 1997.

[27] Garethmyles J. N., Industrial Policy [M], Oxford University Press.

[28] 罗雷:《加拿大广播事业的发展》,《现代传播》1982年第2期。

[29] 蔡帼芬:《加拿大的广播电视》,中国城市出版社1996年版。

[30] 郭镇之:《加拿大广播制度纵览》,《新闻与传播研究》1994年第2期。

[31] 郭镇之:《加拿大广播政策史评》,《现代传播——北京广播学院学报》1996年第6期。

[32]《北美传播研究》,北京广播学院出版社1997年版。

[33] 郭镇之:《中外广播电视史》,复旦大学出版社2008年版。

[34] 郑涵、金冠军:《当代西方传媒制度》,上海交通大学出版社2008年版。

[35] 林琳:《冲突、协调与发展:当代西方国家广播电视体制与管理》,复旦大学出版社2000年版。

[36] 魏永征、张咏华、林琳:《西方传媒的法制、管理和自律》,中国人民大学出版社2003年版。

[37] 张建敏、邹定宾:《民族性与多样化——加拿大广播电视业观察与思考》,《新闻记者》2009年第4期。

[38] 孙维佳:《国际电视业中的"加拿大现象"》,《新闻战线》1989年第Z1期。

[39] 周峻:《加拿大广播电视的政策保护》,《中国记者》2001年第2期。

[40] 李鹏:《加拿大传媒业观察:本土文化与新媒体战略》,《传媒》2011年第11期。

[41] 朱晶:《困境与对策——加拿大广电传媒抵制美国化浪潮》,《电视研究》2000年第7期。

[42] 郭镇之:《全球电视传播环境对中国与加拿大的影响》,《国际新闻界》1997年第5期。

[43] 郭镇之:《加拿大广播公司的新战略》,《中国广播电视学刊》2000年第8期。

[44] 郑涵:《当代西方广播电视体制商业模式研究》,《上海大学学报》(社会科学版)2002年第4期。

[45] 《镜像与她者:加拿大媒介与女性》,中国传媒大学出版社2009年版。

[46] 李月莲:《外来媒体再现激发文化认同危机——加拿大传媒教育运动的启示》,《新闻与传播研究》1998年第4期。

[47] 陈晓宁:《广播电视新媒体政策法规研究:国外法规与评介研究》,中国法制出版社2001年版。

[48] 申家宁:《加拿大电缆电视的历史及概况》,《电视研究》1994年第4期。

[49] Attallah P. M., Shade L. R., Mediascapes: New Patterns in Canadian Communication [M], Thomson Nelson, 2002.

[50] Bird R. A., Anthony R., Documents of Canadian Broadcasting [M], Ottawa: Carleton University Press, 1988.

[51] Schultz R. J., Still Standing: The CRTC, 1976 – 1996 [M] // G. Bruce Doern, Margaret M. Hill, Michael J. Prince, et al. Changing the Rules: Canadian Regulatory Regimes and Institutions, 1999: 29 – 55.

[52] Goldstein K. J., From Assumptions to Scarcity to the Facts of Fragmentation [M] // Taras D., Pannekoek F., Bakardjieva M.,

How Canadians Communicate Ⅱ: Media, Globalization and Identity. University of Calgary Press, 2007.

[53] Hunter L. A. W., Iacobucci E., Trebilcock M., Scrambled Signals: Canadian Content Policies in a World of Technological Abundance [J], CD Howe Institute Commentary, 2010 (301): 1 - 34.

[54] Noam E. M., TV or not TV: Three Screens, One Regulation? [R], 2008, http://www.crtc.gc.ca/eng/media/noam2008.htm.

[55] O'Neill B. CBC.ca Broadcast Sovereignty in a Digital Environment [J], Convergence: The International Journal of Research into New Media Technologies, 2006, 12 (2): 179 - 197.

[56] Young D., Why Canadian Content Regulations Are Needed to Support Canadian Music [M] // Greenberg J., Elliott C., Communication in Question: Competing Perspectives on Controversial Issues in Communication Studies, Toronto: Nelson Education, 2008: 223 - 229.

[57] Raboy M., Abramson B. D., Proulx S., et al., Media Policy, Audiences, and Social Demand [J], Television & New Media, 2001, 2 (2): 95 - 115.

[58] Proulx S., Raboy M., Viewers on Television Between Policy and Uses [J], Gazette, 2003, 65 (4 - 5): 331 - 346.

[59] Savage P., The Audience Massage: Audience Research and Canadian Public Broadcasting [M] // Lowe G. F., Bardoel J., From Public Service Broadcasting to Public Service Media. Göteborg, Sweden: Nordicom, 2006: 215 - 233.

[60] Carroll W. K., Hackett R. A., Democratic Media Activism Through the Lens of Social Movement Theory [J], Media, Culture & Society, 2006, 28 (1): 83 - 104.

[61] Raboy M., Canada: The Hybridization of Public Broadcasting [M] // Raboy M. Public Broadcasting for the 21st Century. Luton, UK: University of Luton Press, 1996: 103 - 117.

[62] Hoskins C., Mcfadyen S., Finn A., The Environment in Which Cultural Industries Operate and Some Implications [J], Canadian Journal of Communication, 1994, 19 (3).

[63] Nolan M., Case Study in Regulation: CTV and Canadian Broadcast Policy [M] //Public Administration and Policy: Governing in Challenging Times, Scarborough: Prentice Hall Allyn and Bacon Canada, 1999: 126 - 135.

[64] Careless J., Canadian Lobby No More [N], Radio World, June 8, 2010, http://www.radioworld.com/article/101616.

[65] CRTC. Navigating Convergence: Charting Canadian Communications Change and Regulatory Implications: Convergence Policy, Policy Development and Research [R]. 2010, http://www.crtc.gc.ca/eng/publications/reports/rp1002.htm.

[66] Nordicity Group Ltd. Analysis of the Economics of Canadian Television Programming [R]. 2009, http://www.nordicity.com/reports/App%20C%20Final%20Nordicity%20Report.pdf.

[67] Raboy M., Linguistic Duality in Broadcasting Policy: A Microcosm of Canada's Constitutional Politics [M] // Holmes H., Taras D., Seeing Ourselves: Media Power and Policy in Canada. Toronto: Harcourt Brace & Company, 1996: 154 - 172.

[68] Karim K. H., The National-global Nexus of Ethnic and Diasporic Media [M] // SHADE L. R. Mediascapes: New Directions in Canadian Communication. Toronto: Nelson Education, 2010: 256 - 270.

[69] Murray C., Media Infrastructure for Multicultural Diversity [J], POLICY, 2008, 63.

[70] Roth L., Snapshots and Dialogues: Canadian Ethnic Television Broadcasting and Social Cohesion [M] //D'Haebebs L., Hooghe M., Vanheule D., et al. New Citizens, New Policies: Developments in Diversity Policy in Canada and Flanders. Gent: Academia Press, 2006: 171 - 200.

[71] Roth L., (Re) Colouring the Public Broadcasting System in Canada: A Case Study of the Aboriginal Peoples Television Network [M]// Fuller L. K., Community Media: International Perspectives (aboriginal/ indigenous experiences, current case studies, virtual community visions), London: Sage Publications, 2007.

[72] Skinner D., Minding the Growing Gaps: Alternative Media in Canada [M] // Shade L. R., Mediascapes: New Patterns in Canadian Communication. Toronto: Nelson Education, 2010: 221 - 236.

[73] Scatamburlo - D'Annibale, Asquith K., Opening the Floodgates: Foreign Ownership, Neoliberal Ideology, and the Threat to Democratic Media Culture [M] // Greenberg J, Elliott C., Communication in Question: Competing Perspectives on Controversial Issues in Communication Studies. Toronto: Nelson Education, 2008: 42 - 50.

[74] Dornan C., Other People's Money: The Debate over Foreign Ownership in the Media [M] // Taras D., Bakardjieva M., Pannekoek F., How Canadians Communicate II: Media, Globalization, and Identity, Calgary: University of Calgary Press, 2007: 47.

[75] Telecommunications Policy Review Panel. Final Report [R]. 2006, http://www.ic.gc.ca/eic/site/smt - gst. nsf/vwapj/tprp - final - report - 2006. pdf/MYMFILE/tprp - final - report - 2006. pdf.

[76] Canada, Parliament. House of Commons. Standing Ccommittee on Industry Science and Technology. Canada's Foreign Ownership Rules and Regulations in the Telecommunications Sector [R]. 2010, http://www2. parl. gc. ca/content/hoc/Committee/403/INDU/Reports/RP4618793/indurp05/indurp05 - e. pdf.

[77] Mcewen M., A Report to the CRTC: Media Ownership, Rules Regulations and Practices in Selected Countries and Their Potential Relevance to Canada [R], 2007, http://www.crtc.gc.ca/eng/publications/reports/mcewen07. htm.

[78] Taylor G., Shut-Off: The Digital Television Transition in the United

States and Canada [J], Canadian Journal of Communication, 2010, 35 (1).

[79] Bonin G. A., Canada's Transition to Digital Television: From Policy to Reality [J], International Journal of Digital Televison, 2010, 1 (2): 135 – 154.

[80] Barney D., Communication Technology [M], University of British Columbia Press, 2005.

[81] Barratt N., Shade L. R., Net Neutrality: Telecom Policy and the Public Interest [J], Canadian Journal of Communica – tion, 2007, 32 (2).

[82] Raboy M., Media and Democratization in the Information Society [M]// Girard B., Siochru S. O., Communicating in the Information Society. Geneva: Unrisd, 2003: 101 – 119.

[83] Lewis A., Froman J., Public Policy [M] // Sills D. L. International Encyclopedia of the Social Sciences, New York: Macmillan, 1968: 204 – 208 [2012/8/5], http://go.galegroup.com/ps/i.do?id=GALE%7CCX3045001020&v=2.1&u=crepuq_mcgill&it=r&p=GVRL&sw=w.

[84] 蒋劲松:《理论对于经验的主导作用与整体主义》,《自然辩证法研究》2003 年第 11 期。

[85] Ruben B. D., Culture and Communication [M] // Schement J. R., Encyclopedia of Communication and Information, New York: Macmillan Reference USA, 2002: 206 – 209 [2012/7/20], http://go.galegroup.com/ps/i.do?id=GALE%7CCX3402900067&v=2.1&u=crepuq_mcgill&it=r&p=GVRL&sw=w.

[86] Horkheimer M., Adorno T. W., Dialectic of Enlightenment [M], New York: Continuum, 1994.

[87] Hesmondalgh D., The Cultural Industries [M], Los Angeles; London: SAGE, 2007.

[88] Frith S., Culture Industries [M] //Payne M., Dictionary of Cultur-

al and Critical Theory, Blackwell Publishing. 1997, http://www. blackwellreference. com/subscriber/tocnode? id = g9780631207 535_ chunk_ g97806312075356_ ss1 – 68.

[89] Text [M] //Chandler D., Munday R., A Dictionary of Media and Communication. Oxford University Press Inc., 2008, http://www. oxfordreference. com/views/ENTRY. html? subview = Main& entry = t326. e2764.

[90] UNESCO. Cultural Industries: A Challenge for the Future of Culture [R]. 1982.

[91] Cultural Industries [M] //Dictionary of Trade Policy Terms. Cambridge University Press, 2007, http://www. credoreference. com/entry/cuptpt/cultural_ industries.

[92] Turner B., Adorno, Theodor Wiesengrund [M] //Cambridge Dictionary of Sociology. Cambridge University Press. 2006, http://www. credoreference. com/entry/cupsoc/adorno_ theodor_ wiesengrund_ 1903_ 1969.

[93] Horkheimer M., Adorno T. W., The Culture Industry: Enlightenment as Mass Deception [J], Media and Cultural Studies: Keyworks, 2001: 71 – 101.

[94] Adorno T. W., Bernstein J. M., The Culture Industry: Selected Essays on Mass Culture [M], London; New York: Routledge, 2001.

[95] Bettig R. V., Media as Culture Industries [M] //Schement J. R., Encyclopedia of Communication and Information. New York: Macmillan Reference USA. 2002: 209 – 216, http://go. galegroup. com/ps/i. do? id = GALE% 7CCX3402900068&v = 2. 1&u = crepuq_ mcgill&it = r&p = GVRL&sw = w.

[96] Elavsky C. M., Culture Industries [M] //Donsbach W. The International Encyclopedia of Communication, Blackwell Publishing, 2008, http://www. blackwellreference. com/subscriber/tocnode? id = g978 1405131995_ chunk_ g97814051319958_ ss176 – 1.

[97] Grosswiler P., Cultural Studies [M] // Schement J. R., Encyclopedia of Communication and Information, New York: Macmillan Reference USA, 2002: 199 - 206 [2012/7/20], http://go.galegroup.com/ps/i.do? id = GALE% 7CCX3402900066&v = 2.1&u = crepuq_ mcgill&it = r&p = GVRL&sw = w.

[98] Brennen B. S., Williams, Raymond (1921 - 1988) [M] // Schement J. R., Encyclopedia of Communication and Information. New York: Macmillan Reference USA, 2002: 1087 - 1089 [2012/7/30], http://go.galegroup.com/ps/i.do? id = GALE% 7CCX 3402900295&v = 2.1&u = crepuq _ mcgill&it = r&p = GVRL&sw = w.

[99] Political Economy [M] //The Sage Dictionary of Cultural Studies. Sage UK, 2004, http://www.credoreference.com/entry/sageukcult/political_ economy.

[100] Cultural Economy [M] //Dictionary of Human Geography. Blackwell Publishers, 2009, http://www.credoreference.com/entry/bkhumgeo/cultural_ economy.

[101] 胡惠林：《文化产业概论》，云南大学出版社2005年版。

[102] Lash S., Lury C., Global Culture Industry: The Mediation of Things [M], Cambridge: Polity, 2007.

[103] Regulation [M] //Chandler D., Munday R., A Dictionary of Media and Communication, Oxford University Press Inc., http://www.oxfordreference.com/views/ENTRY.html? subview = Main&entry = t326.e2291.

[104] Media Policy [M] //Chandler D., Munday R., A Dictionary of Media and Communication, Oxford University Press Inc., http://www.oxfordreference.com/views/ENTRY.html? subview = Main&entry = t326.e1679.

[105] Media Law [M] //Chandler D., Munday R, A Dictionary of Media and Communication, Oxford University Press Inc., http://

www. oxfordreference. com/views/ENTRY. html? subview = Main& entry = t326. e1670.

[106] Mcquail D. , Media Performance : Mass Communication and the Public Interest [M], London; Newbury Park, Calif: Sage Publications, 1992.

[107] Braman S. , Where Has Media Policy Gone? Defining the Field in the Twenty-first Century [J], Communication Law and Policy, 2004, 9 (2): 153 – 182.

[108] Napoli P. M. , Media Policy [M] //Donsbach W. , The International Encyclopedia of Communication Blackwell Publishing, 2008, http://www. blackwellreference. com/subscriber/tocnode? id = g97 81405131995 _ yr2012 _ chunk _ g978140513199518 _ ss47 – 1.

[109] Fiss O. M. , The Irony of Free Speech [M], Cambridge, Mass: Harvard University Press, 1996.

[110] Napoli P. M. , Foundations of Communications Policy : Principles and Process in the Regulation of Electronic Media [M], Cresskill, N. J. : Hampton Press, 2001.

[111] Napoli P. M. , Media Policy [M] //Donsbach W. The International Encyclopedia of Communication. 2008, http://www. blackwellreference. com/subscriber/tocnode? id = g9781405131995 _ yr 2012_ chunk_ g978140513199518_ ss47 – 1.

[112] Hamilton J. , Dduke Conference on Media V. , Public P. , Television Violence and Public Policy [C] // Television Violence and Public Policy. 1998, Ann Arbor. University of Michigan Press.

[113] Entman R. M. , Wildman S. S. , Reconciling Economic and Non - economic Perspectives on Media Policy: Transcending the "Marketplace of Ideas" [J], Journal of Communication, 2006, 42 (1): 5 – 19.

[114] Mueller M. , Ruling the Root Internet Governance and the Taming

of Cyberspace [EB/OL], http://search. ebscohost. com/login. aspx? direct = true&scope = site&db = nlebk&db = nlabk&AN = 75989.

[115] Hazlett T. W. , Rationality of US Regulation of the Broadcast Spectrum, The [J], JL & Econ, 1990 (33): 133.

[116] Bygrave L. A. , Bing J. , Internet Governance Infrastructure and Institutions [EB/OL], http://public. eblib. com/EBLPublic/PublicView. do? ptiID = 430398.

[117] Napoli P. M. , Seaton M. Necessary Knowledge for Communications Policy: Information Inequalities and Commercial Data Access and Usage in the Policymaking Process [J], Bepress Legal Series, 2006: 1624.

[118] Bernard A. , Public Policy [M], The Canadian Encyclopedia Historica Foundation of Canada, 2012, http://www. thecanadianencyclopedia. com/PrinterFriendly. cfm? Params = A1ARTA0 006550.

[119] Birkland T. A. , An Introduction to the Policy Process: Theories, Concepts, and Models of Public Policy Making [M], Armonk, N. Y. : M. E. Sharpe, 2001.

[120] Regulation [M] //William A. , Darity J. , International Encyclopedia of the Social Sciences. Macmillan Reference USA, http://go. galegroup. com/ps/i. do? id = GALE% 7CCX3045302222&v = 2. 1&u = crepuq_ mcgill&it = r&p = GVRL&sw = w.

[121] Public Policy in Oxford Refer [J] . 2010.

[122] Policy Analysis [M] // Darity W. A, JR. International Encyclopedia of the Social Sciences. 2nd ed. Detroit: Macmillan Reference USA, 2008: 296 - 297 [2012/8/5], http://go. galegroup. com/ps/i. do? id = GALE% 7CCX3045301964&v = 2. 1&u = crepuq_ mcgill&it = r&p = GVRL&sw = w.

[123] Althaus C. , Bridgman P. , Davis G. , et al. , The Australian Policy Handbook [M], Crows Nest, NSW: Allen & Unwin, 2007.

[124] Granatstein J. L. , Sir John Aird [M], The Canadian Encyclopedia,

http://www.thecanadianencyclopedia.com/articles/sir - john - aird.

[125] Raboy M., Broadcasting and The Idea of the Public: Learning from the Canadian Experience [D], 1986.

[126] Peers F., Private Broadcasting, 1939 - 45 [M] //The Politics of Canadian Broadcasting, 1920 - 1951, Toronto: University of Toronto Press, 1969: 346 - 365.

[127] Paullitt, Massey Commission [M], The Oxford Companion to Canadian History. Oxford University Press, http://www.oxfordreference.com/10.1093/acref/9780195415599.001.0001/acref - 9780195415599 - e - 1001.

[128] Kallmann H., Massey Commission [M], The Canadian Encyclopedia, 2012, http://www.thecanadianencyclopedia.com/articles/emc/massey - commission.

[129] Edwardson R., Introduction: A guide to Canadianization [M]// Canadian Content: Culture and the Quest for Nationhood Toronto University of Toronto Press, 2008.

[130] Sidor N., Royal Commission on Broadcasting [M], The Canadian Encyclopedia, 2012, http://www.thecanadianencyclopedia.com/articles/royal - commission - on - broadcasting.

[131] Task Force on Broadcasting Policy. Report of the Task Force on Broadcasting Polic [M] . 1986.

[132] Hoffmann - Riem W., Regulating Media : The Licensing and Supervision of Broadcasting in Six Countries [M], New York: Guilford Press, 1996.

[133] Berland J., Applebaum - Hébert Report [M] . Encyclopedia of Music in Canada, 2012, http://www.thecanadia nencyclopedia.com/articles/emc/applebaumhebert - report.

[134] Beaudoin G - A., Canadian Charter of Rights and Freedoms [M], The Canadian Encyclopedia. http://www.thecanadian encyclopedi-

a. com/articles/canadian - charter - of - rights - and - freedoms.

[135] Raboy M. , The Role of Public Consultation in Shaping the Canadian Broadcasting System [J], Canadian Journal of Political Science/Revue canadienne de science politique, 1995, 28 (3): 455 -477.

[136] CRTC. Broadcasting Notice of Consultation CRTC 2009 -411 [M]. 2009, http://www.crtc.gc.ca/eng/archive/2009/2009 -411.htm.

[137] CRTC. Public Notice CRTC 1998 -41 [M]. 1998, http://www.crtc.gc.ca/eng/archive/1998/pb98 -41.htm.

[138] Dunton A. D. , Canadian Radio - television and Telecommunications Commission [M] //Potter J., 2012, http://www.thecanadianencyclopedia.com/articles/canadian - radiotelevision - and - telecommunications - commission.

[139] Canada Parliament House of Commons, Standing Committee on Canadian Heritage. Emerging and Digital Media: Opportunities and Challenges [R]. 2010, http://www2.parl.gc.ca/content/hoc/Committee/403/CHPC/Reports/RP4592140/chpcrp03/chpcrp03 - e.pdf.

[140] Raboy M. , Bonin G. , From Culture to Commerce to Culture: Shifting Winds at the CRTC [M] // Moll M. , Shade L. R. For Sale to the Highest Bidder: Telecom Policy in Canada, 2008: 61 -69.

[141] Lincoln C. , Tass R. , Cianciotta A. , Integration and Cultural Diversity: Report of the Panel on Access to Third - language Public Television Services [R], 2004, http://dsp - psd.pwgsc.gc.ca/Collection/CH44 -84 -2004E.pdf.

[142] Standing Committee on Canadian Heritage. CBC/Radio - Canada: Defining Distinctiveness in the Changing Media Landscape [R]. 2007, http://www.parl.gc.ca/HousePublications/Publication. aspx? DocId =3297009&Mode =1&Parl =39&Ses =2&Language =E.

[143] Canada. Office of the Commissioner of Officiial Languages. Shadows Over the Canadian Television Landscape: The Place of French on the Air and Production in a Minority Contex [R]. Ottawa, 2009.

[144] Raboy M., Influencing Public Policy on Canadian Broadcasting [J]. Canadian Public Administration, 1995, 38 (3): 411-432.

[145] Salter L., Odartey-Wellington F., How It Works: The Powers of the CRTC and How They are Used [M] //Salter L, Odartey-Wellington F., *The Crtc and Broadcasting Regulation in Canada* 2008: 149-200.

[146] CRTC. About the CRTC [EB/OL]. http://www.crtc.gc.ca/eng/backgrnd/brochures/b29903.htm.

[147] Government Law Center of Albany Law School. Public Authority Information Clearinghouse [EB/OL]. http://www.publicauthority.org/.

[148] Comptroller'S Office. What is a Public Authority? [EB/OL]. http://www.osc.state.ny.us/pubauth/whatisauthority.htm.

[149] Doern G. B., Regulating on the Run: The Transformation of the CRTC as a Regulatory Institution [J]. Canadian Public Administration, 1997, 40 (3): 516-538.

[150] Hall R., The CRTC as a Policy-maker, 1968-1982 [M]. 1991.

[151] Salter Liora O.-W., Felix N. L., Garcia, Vera P., Regulation and Its (dis) Contents: The CRTC as Social and Policy Regulation [M] // Salter L., Odartey-Wellington F. N. L., The CRTC and Broadcasting Regulation in Canada. Thomson Carswell, 2008, http://books.google.ca/books? id = rYqGLQAACAAJ.

[152] CRTC. Canadian Program Certification [M]. http://www.crtc.gc.ca/eng/info_ sht/tv11.htm.

[153] CRTC. Commercial Radio Policy 2006 [EB/OL]. http://

www. crtc. gc. ca/eng/archive/2006/pb2006 - 158. htm.

[154] CRTC. Revised Content Categories and Subcategories for Radio [M]. 2000, http: //www. crtc. gc. ca/eng/archive/2000/PB 2000 - 14. htm.

[155] CRTC. The MAPL System - defining a Canadian Song [M]. http: //www. crtc. gc. ca/eng/info_ sht/r1. htm.

[156] CRTC. Canadian Program Certification [M]. 2010, http: //www. crtc. gc. ca/eng/info_ sht/tv11. htm.

[157] CRTC. Broadcasting Distribution Regulations [M]. 1997, http: //laws - lois. justice. gc. ca/eng/regulations/SOR - 97 - 555/page - 7. html#h - 23.

[158] CRTC. Broadcasting Public Notice CRTC 2006 - 158: Commercial Radio Policy 2006 [M]. 2006, http: //www. crtc. gc. ca/eng/archive/2006/pb2006 - 158. htm.

[159] Factor. About Us [EB/OL]. http: //www. factor. ca/AboutUs. aspx.

[160] Factor. Annual Report 2011 - 2012 [R]. 2012, http: //www. factor. ca/annualreport. aspx.

[161] Musicaction. Music Action [EB/OL]. http: //www. musicaction. ca/Accueil.

[162] Canada Media Fund. Independent Auditors' Report and Financial Statements [R]. 2011, http: //ar - ra1011. cmf - fmc. ca/index. php/finance/auditors_ report/.

[163] Telefilm Canada. Mission [EB/OL]. http: //www. telefilm. ca/en/telefilm/telefilm/mission.

[164] CMPA and the APFTQ. Profile 2011: An Economic Report on the Screen - based Production Industry in Canada [R]. 2012, http: //www. cftpa. ca/newsroom/pdf/profile/Profile2011Eng. pdf.

[165] Canada. Department of Justice [M]. Investment Canada Act. 1985, http: //laws - lois. justice. gc. ca/eng/acts/I - 21. 8/

index. html.

[166] Grant P. S. , The UNESCO Convention on Cultural Diversity: Cultural Policy and International Trade in Cultural Products [M]// Mansell R. , Raboy M. The Handbook of Global Media and Communication Policy. Wiley – Blackwell, 2011.

[167] Canada Parliament House of Commons. Standing Committee on Canadian Heritage [R]. CBC/Radio – Canada: Defining Distinctiveness in the Changing Media Landscape. 2008, http://www2. parl. gc. ca/HousePublications/Publication. aspx? DocId = 1033332 &Language = E&Mode = 1&Parl = 36&Ses = 1.

[168] CBC/Radio – Canada. Reaching Canadians in Many Ways: Corporate Plan Summary: 2009 – 2010 to 2013 – 2014 [R]. 2009, http://www. cbc. radio – canada. ca/docs/plan/2009/index. shtml.

[169] Nordicity Group Ltd. Analysis of Government Support for Public Broadcasting and Other Culture in Canada [R]. 2006, http://www. nordicity. com/reports/CBC% 20Public% 20Broadcaster% 20Comparison% 20FINAL% 20% 28Submitted% 29. pdf.

[170] Taras D. , The CBC and the New Wave of Public Broadcasting [M]// Greenberg J. , Elliott C. Communication in Question: Competing Perspectives on Controversial Issues in Communication Studies. Toronto: Nelson Education, 2008: 4 – 10.

[171] CBC. Who We Are, What We Do [EB/OL], http://cbc. radio – canada. ca/en/explore/who – we – are – what – we – do/.

[172] Salter L. , Potter J. Community Broadcasting [M]. The Canadian Encyclopedia, http://www. thecanadianencyclopedia. com/articles/community – broadcasting.

[173] CRTC. Regulatory Frameworks for Broadcasting Distribution Undertakings and Discretionary Programming Services [M]. 2008, http://www. crtc. gc. ca/eng/archive/2008/pb2008 – 100. htm.

[174] CRTC. Ethnic Broadcasting Policy [M]. 1999, http://www.

crtc. gc. ca/eng/archive/1999/pb99 – 117. htm.

［175］ CRTC. Order Respecting the Distribution of the Aboriginal Peoples Television Network ［M］. 1999, http: //www. crtc. gc. ca/eng/archive/1999/Pb99 – 70. htm.

［176］ CBSC, CCNR. Canadian Association of Broadcasters' Equitable Portrayal Code ［EB/OL］, http: //www. cbsc. ca/english/codes/epc. php.

［177］ CRTC. Equitable Portrayal Code ［M］. 2008, http: //www. crtc. gc. ca/eng/archive/2008/pb2008 – 23. htm.

［178］ Canadian Broadcast Standards Council. CRTC Public Notice ［R］. 1988, http: //www. cbsc. ca/english/links/crtcdocuments/pn 1988, 159. php.

［179］ Canada Broadcast Standard Council. About the CBSC ［EB/OL］. http: //www. cbsc. ca/english/index. php.

［180］ Advertising Standards Canada. Broadcast Code for Advertising to Children ［M］. 2004.

［181］ CRTC. Code for Broadcast Advertising of Alcohlic Beverages ［M］. 1996, http: //www. crtc. gc. ca/eng/general/codes/alcohol. htm.

［182］ CRTC. Policy on Violence in Television Programming ［M］. 1996, http: //www. crtc. gc. ca/eng/archive/1996/Pb 96 – 36. htm.

［183］ CAB. CAB Code Regarding Violence in Television Programming ［M］. 1992, http: //www. cab – acr. ca/english/social/codes/violencecode. shtm.

［184］ 姜文斌、傅才武：《历史文化交流在建构国家形象中地位与作用的实证研究——基于蒙特利尔"秦兵马俑展"观众问卷的分析》，《福建论坛》（人文社会科学版）2012年第4期。

［185］ CRTC. A New Policy with Respect to Closed Captioning ［M］. 2007, http: //www. crtc. gc. ca/eng/archive/2007/pb2007 – 54. htm.

［186］ CRTC. Access to TV for People with Visual Impairments: Audio Description and Described Video ［J］. 2009.

[187] Thomas E. , Canadian Broadcasting and Multiculturalism: Attempts to Accommodate Ethnic Minorities [J], Canadian Journal of Communication, 1992, 17 (3).

[188] Gledhill J. , Neoliberalism [M] //Nugent D. A. J. V. , Companion to the Anthropology of Politics, Blackwell Publishing. 2007, http://www.blackwellreference.com/subscriber/tocnode.html? id = g9781405161909 _ chunk _ g978140516190922 # sthash. WV 5LY9OY. dpuf.

[189] CRTC. CRTC Communications Monitoring Report [R]. 2012, http://www.crtc.gc.ca/eng/publications/reports/PolicyMonitoring/2012/cmr. htm#toc.

[190] Statistics Canada. Government Expenditures on Culture: Data Tables [R]. 2012, http://www.statcan.gc.ca/pub/87f0001x/87f0001x2012001 – eng. htm.

[191] Office of the Auditor General of Canada. Canadian Broadcasting Corporation Special Examination Report – 2013 [R]. 2013, http://cbc.radio – canada.ca/_ files/cbcrc/documents/submissions/oag – 2013 – e. pdf.

[192] Canada Parliament House of Commons, Standing Committee on Canadian Heritage. Issues and Challenges Related to Local Television [R]. 2009, http://www2.parl.gc.ca/content/hoc/Committee/402/CIIPC/Reports/RP4005108/chpcrp02/chpcrp02 – e. pdf.

[193] CRTC. Diversity of Voices [M]. 2008, http://www.crtc.gc.ca/eng/archive/2008/pb2008 – 4. htm.

[194] CRTC. Building Success: A Policy Framework for Canadian Television [M]. 1999, http://www.globalmediapolicy.net/node/361.

[195] CRTC. Canadian Local Over – the – air Television Stations Have Converted to Digital Television [EB/OL], http://www.crtc.gc.ca/eng/info_ sht/bdt14. htm.

[196] CRTC. New Media [M], 1999, http://www.crtc.gc.ca/eng/

archive/1999/pb99 - 84. htm.

[197] CRTC. Review of Broadcasting in New Media [M]. 2009, http://www.crtc.gc.ca/eng/archive/2009/2009 - 329. htm.

[198] CRTC. Amendments to the Exemption Order for New Media Broadcasting Undertakings [M]. 2009, http://www.crtc.gc.ca/eng/archive/2009/2009 - 660. htm.

[199] Regulation [M] //Chandler D., Munday R. A Dictionary of Media and Communication. Oxford University Press Inc., 2012, http://www.oxfordreference.com/views/ENTRY.html? subview = Main&entry = t326. e2291.

[200] Davie W. R., Regulation of Radio Broadcasting [M] //Donsbach W., The International Encyclopedia of Communication. Blackwell Publishing. 2008, http://www.blackwellreference.com/subscriber/tocnode.html? id = g9781405131995_yr 2012_chunk_g978140513199523_ss3 - 1.

[201] Sadler R. L., Regulation of Television Broadcasting [M] //DONSBACH W., The International Encyclopedia of Communication. Blackwell Publishing, 2008, http://www.blackwellreference.com/subscriber/tocnode.html? id = g9781405131995_yr2012_chunk_g978140513199525_ss35 - 1.

[202] Senate and House of Representatives of the United States of America. Communications Act of 1934 [M]. 1934, http://transition.fcc.gov/Reports/1934new.pdf.

[203] FCC. 50th Annual Report/Fiscal Year 1984 [R]. Washington, DC, 1984.

[204] Hearst S., Broadcasting Regulation in Great Britain [M] // Blumler J. G., Television and the Public Interest: Vulneraable Values in West European Broadcasting. London: Sage, 1992: 61 - 78.

[205] U. K. Parliament. Cable and Broadcasting Act 1984 [M]. 1984, http://www.legislation.gov.uk/ukpga/1984/46/pdfs/ukpga_

19840046_ en. pdf.

[206] U. K. Parliament. Broadcasting Act 1990 [M]. 1990, http://www. legislation. gov. uk/ukpga/1990/42/contents.

[207] U. K. Parliament. Communication Act [M]. 2003, http://www. legislation. gov. uk/ukpga/2003/21/pdfs/ukpga_ 20030021_ en. pdf.

[208] UNESCO. Investing in Cultural Diversity and Intercultural Dialogue [R]. 2009, http://unesdoc. unesco. org/images/0018/001852/185 202e. pdf.

[209] Jiang W., Fu C., How Does the Foreign Public Respond to China's Cultural Exchange Programs Aborad? Survey Evidence from the 2011 Terracotta Army [J], Asian Social Science, 2013, 9 (1).

[210]《中共中央宣传部主要职能》，人民网，http://cpc. people. com. cn/GB/64114/75332/5230610. html.

[211] 国务院：《广播电视管理条例》，1997，http://www. sarft. gov. cn/articles/2003/10/21/20070922142857170492. html.

[212] 孙家正：《在学习、贯彻〈广播电视管理条例〉座谈会上的讲话（一九九七年八月二十二日）》，《中国广播电视学刊》1997年第9期。

[213] 涂昌波：《新中国60年广播电视发展政策演进》，《中国广播电视学刊》2009年第10期。

[214] 涂昌波：《新中国60年来广播电视发展政策演进初探》，《现代电视技术》2009年第10期。

[215] 国家广播电影电视总局：《关于促进广播影视产业发展的意见》，http://news. xinhuanet. com/newmedia/2004－02/20/content 1323651. htm.

[216] 包心鉴：《当前我国社会问题与社会管理的政治学分析》，《理论视野》2012年第1期。

[217] 杨明品：《电视节目发展转型期的政策引导——〈关于进一步加强电视上星综合频道节目管理的意见〉解析》，《电视研究》2012年第5期。

[218] 国家广播电影电视总局发展改革研究中心：《中国广播影视发展报告（2011）》，社会科学文献出版社 2011 年版。

[219] 郑映红：《我国广播电视行业面临的问题及政策制度选择》，《中共福建省委党校学报》2005 年第 7 期。

[220] 杜志红：《解放生产力：广播电视政策改革的历程和方向》，《声屏世界》2010 年第 2 期。

[221] 朱虹、黎刚：《关于推进广播电视制播分离改革的若干思考》，《现代传播——中国传媒大学学报》2009 年第 6 期。

[222] 沈向军：《关于鼓励数字电视发展政策的思考》，《广播电视信息》2009 年第 1 期。

[223] 芥末、王效杰：《广播电视数字化技术政策解读》，《中国传媒科技》2008 年第 3 期。

[224] 戴姝英：《美国监管低俗电视节目措施的借鉴意义》，《学术交流》2009 年第 9 期。

[225] 杨靖：《国外儿童电视广告监管要素分析》，《电视研究》2009 年第 1 期。

[226] 姚伟钧、彭桂芳、姜文斌：《中国网络文化安全面临的若干问题探讨》，《中国文化产业评论》，上海人民出版社 2010 年版。

[227] 张国才：《改革开放以来我国广播电视广告规制的发展与问题》，《中国广播电视学刊》2009 年第 1 期。

[228] 任媛媛：《"限娱令"的政策效应与电视业的生态转型》，《青年记者》2012 年第 12 期。

[229] 吴克宇：《解析政策 交流经验 发现问题——全国电视制播分离改革论坛成果一览》，《当代电视》2010 年第 3 期。

[230] 闫成胜：《日韩两国广播影视产业政策及其对我国的启示》，《中国广播电视学刊》2012 年第 6 期。

[231] 张苏敏、朱天博、宋香云：《我国城市广播电视发展趋势与政策需求》，《今传媒》2010 年第 11 期。

[232] 傅才武、纪东东、姜文斌：《文化市场一体化进程与文化行业体制的结构性矛盾及其因应策略》，《江汉论坛》2010 年第 5 期。

[233]《中共中央关于深化文化体制改革,推动社会主义文化大发展大繁荣若干重大问题的决定》,http://www.gov.cn/jrzg/2011-10/25/content_1978202.htm.

[234] 李克强:《政府工作报告——2015年3月5日在第十二届全国人民代表大会第三次会议上》,2015,http://www.wxyjs.org.cn/zyldrhd_547/201503/t20150317_169093.htm.

[235]《央视春晚的谱系权力榜》,《三联生活周刊》,http://ent.sina.com.cn/v/m/2011-02-18/12053233397.shtml.

[236]《央视"同一首歌"圈钱黑幕》,三联生活周刊,http://news.163.com/07/0619/13/3HBQE87D00011229.html.

[237] 姜文斌:《英国公共文化政策创新及启示》,载祁述裕《中国文化政策研究报告》,社会科学文献出版社2011年版。

[238]《价值16万切糕事件》,百度百科,2012年。

[239] CRTC. A Competitive Balance for the Communications Industry [R].2008,http://www.crtc.gc.ca/eng/publications/reports/cprp.htm.

[240] 李晓婷、朱晓佳、张洁瑶等:《反映反映呗:2013年〈新闻联播〉改版文本分析》,《南方周末》,http://www.infzm.com/content/85744.

[241] 中国残疾人联合会:《2010年末全国残疾人总数及各类、不同残疾等级人数》,http://www.cdpf.org.cn/sytj/content/2012-06/26/content_30399867.htm.

[242]《习近平在广东考察时强调:做到改革不停顿开放不止步》,http://news.xinhuanet.com/politics/2012-12/11/c_113991112.htm.

[243]《就〈广播电视管理条例〉的颁布施行广电部负责人答记者问》,《中国有线电视》1997年第11期。

[244] 刘祥平、肖叶飞:《中国广播电视公共服务:政策与规制》,《甘肃社会科学》2010年第5期。

[245] 刘澄、顾强、郑世林:《基于"三网融合"背景的我国电信及广电管制政策研究》,《经济体制改革》2012年第4期。

# 后 记

2010年9月，我受国家留学基金委公派，来到有190余年历史的加拿大麦吉尔大学（McGill University），在艺术史与传播学系下属的"传媒研究中心"（Media @ McGill）学习。我的外方导师 Marc Raboy 教授是加拿大著名广播政策研究学者，曾经被加拿大议会文化遗产委员会聘为两位专家顾问之一，参与起草了加拿大广播政策史上有名的《林肯报告》（*Linclon Report*）。以外方导师领衔的传媒研究中心在加拿大本国广播政策研究方面的实力雄厚，好几位中心研究人员都在做相关研究，中心文献室收藏有大量关于加拿大广播政策研究的文献资料；中心还经常邀请世界各地的传媒及广播产业研究学者来讲学。在耳濡目染之下，我逐渐对加拿大广播政策的研究产生了兴趣。广播电视作为最有影响力的传统媒介，即使在新媒体和互联网快速发展的加拿大，仍然具有其他媒介无可比拟的优势，人们可以在家里、在汽车里、在工作场所非常便利地接收到广播电视节目，广播电视对个人和社会仍然有巨大影响力，因而始终是国家公共政策关注的重点。在加拿大，广播是目前唯一由政府通过执照管制的媒体，而电影、录音、书报、数字新媒体等都不受政府的执照管制。

由于萌生了研究加拿大广播政策的想法，我在日常生活中开始关注加拿大的广播和电视节目。在电视节目方面，CTV 的节目比较丰富，娱乐性也比较强；而 CBC 电视台的节目相对比较严肃一些，娱乐节目也趋于高雅的品位；在电视上还可以看到土著人电视台的节目及其他少数民族的内容。加拿大电视节目的特点是私营电视台与公共电视台节目并存，美国节目与加拿大节目并存，英语和法语节目并存。此外，我注意到，在观看法语节目听不懂时，人们可以通过放置在电视机顶上的解码器看到翻译成英文的字幕。在电台节目方面，CBC Radio 1 以新闻和访谈类节目为主，不播放广告；CBC Radio 2 则播放一些音乐、歌曲等娱乐节目；私营广播电台则各有千秋，但是音乐和歌曲是主要节目内容，中间插播广告。令我意外的是，我甚至可以收听到一个中文广播电台，但不是全天播出，只是在上午播出两个小时。在接触和体验加拿大广播电视的过程中，我脑海中也闪现出不少问题，例如，为什么只有广播受到加拿大政府管控？公共广播和私营广播在加拿大广播系统中的力量对比如何？加拿大对广播电视播放民族节目内容是如何规定的？法语广播和英语广播相比地位如何？加拿大广播电视产业的运作是以市场机制主导，还是政府干预为主？带着这些问题，我开始查阅相关资料，并向外导及传媒研究中心其他老师和同学请教。

经过一段时间的文献阅读和学习，我发现加拿大广播电视产业所处的国内和国际环境与我国有不少相通之处，两国面临一些相似的政治、经济和文化议题。我国目前正在进行的以解放文化生产力、适应社会主义市场经济要求为目标的文化体制改革中，广播电视部门的改革是一个重要组成部分，而加拿大广播政策的经验和教训对我国颇具借鉴意义。在同国内导师及外方导师探讨后，我决定把选题定为加拿大广播政策研究。在此后的两年留学中，我充分利用麦吉尔大学传媒研究中心的学术条件，以及麦吉尔大学图书馆丰富的藏书，专注于资料收集和研究工作；在此期间，我还在传媒研究中心的一位老师带领下参观了加拿大国家广播公司 CBC 位于蒙特利尔的法语总部，对一些工作人员及主持人进行了访谈，其中有法语节目主持人 Philippe Marcoux，著名英语节目 *Daybreak Montreal* 的主持人 Mike Finnerty。

这样，经过在加拿大两年的学习，再加上回国后的调研与资料收集，终于完成了这本拙著。虽然反复斟酌，几易其稿，但是由于水平有限，书中不足之处必不在少，恳请读者指正。

在本书即将付梓之际，我要感谢我的导师黄永林教授，他学识渊博、为人正直，在我做人与治学两方面都给予了谆谆教导，让我受益良多。我还要感谢我的另一位导师姚伟钧教授，他学问深厚且平易近人，无论是在学习上还是在生活上，总是给我无微不至的帮助。武汉大学的傅才武教授、加拿大麦吉尔大学的外方导师 Marc Raboy 教授在我求学和撰写本书过程中给予我莫大帮助，我深表感谢。此外，华中师范大学的李晓明、王玉德、詹一虹、纪东东等教授，麦吉尔大学的 Will Straw、Darin Barney 等教授也在我求学期间提供了宝贵的帮助和指导，在此一并致以深深的谢意。

最后，感谢中国社会科学出版社的王曦女士、刘晓红女士，她们不辞辛劳，为本书的顺利出版做了大量工作。

姜文斌

2017 年 4 月 17 日